非连续短纤维增强乳化沥青碎石下封层性能研究

刘燕燕　凌天清　谭　华　张红波　黄中文　著

人民交通出版社股份有限公司
China Communications Press Co.,Ltd.

内 容 提 要

本书共分为十一章,针对半刚性基层沥青路面反射裂缝问题,提出非连续短纤维增强乳化沥青下封层的处理工艺,并对其性能进行研究。根据研究成果,本书系统地介绍了不同品种纤维与沥青界面黏结吸附性,纤维表面处理方法与改性效果,短纤维增强机理,抗裂性能有限元、扩展有限元分析,抗裂纤维封层的等效模量,短纤维增强下封层断裂能和路用性能,路面裂缝发展与力学指标灰色关联度,配合比设计半理论半经验公式,以及工程应用实例。

本书可作为从事路面结构科研、设计、施工、检测、咨询等工作的研究人员、技术人员、管理人员的参考用书,也可供高等院校师生学习参考。

图书在版编目(CIP)数据

非连续短纤维增强乳化沥青碎石下封层性能研究 / 刘燕燕等著. — 北京 : 人民交通出版社股份有限公司, 2019.11

ISBN 978-7-114-15380-8

Ⅰ. ①非… Ⅱ. ①刘… Ⅲ. ①乳化沥青—沥青路面—路面面层—研究 Ⅳ. ①U416.217

中国版本图书馆 CIP 数据核字(2019)第 205179 号

书　　名:非连续短纤维增强乳化沥青碎石下封层性能研究
著 作 者:刘燕燕　凌天清　谭　华　张红波　黄中文
责任编辑:张一梅
责任校对:孙国靖　扈　婕
责任印制:张　凯
出版发行:人民交通出版社股份有限公司
地　　址:(100011)北京市朝阳区安定门外外馆斜街 3 号
网　　址:http://www.ccpress.com.cn
销售电话:(010)59757973
总 经 销:人民交通出版社股份有限公司发行部
经　　销:各地新华书店
印　　刷:北京虎彩文化传播有限公司
开　　本:787×1092　1/16
印　　张:12
字　　数:259 千
版　　次:2019 年 11 月　第 1 版
印　　次:2019 年 11 月　第 1 次印刷
书　　号:ISBN 978-7-114-15380-8
定　　价:35.00 元
(有印刷、装订质量问题的图书由本公司负责调换)

前　言

随着半刚性基层沥青路面的大量使用,裂缝问题日益突出,并已成为该结构的主要缺陷。为了抑制因半刚性基层开裂而导致沥青面层开裂型早期破坏,国内外学术界和工程技术界多年来已进行了大量的研究和实践,特别是在预防半刚性基层自身开裂方面研究较多,在路面材料选择、结构组合设计与施工等方面,积累了不少有益的经验和有效的对策,比如:基层选择骨架密实结构,适当减少水泥剂量,适当增加面层厚度,设置碎石裂缝缓解层,半刚性基层预锯缝等。除此之外,还有在基层与面层之间利用土工布、土工格栅、特种金属网等设施作为半刚性基层裂缝出现后的防反射裂缝夹层,以及利用低模量、高弹性、高变形率应力吸收层作为夹层。这些措施达到了一定的防裂效果,但各种措施的防裂效果和防裂机理不相同,且各种措施防裂效果很有限。

本书提出在半刚性基层和沥青面层之间铺筑非连续短纤维增强乳化沥青碎石下封层(FR-SAMI),并对该结构层的材料组成、阻裂机理、力学性能和配合比设计方面开展了详细的研究,力求帮助读者系统地了解该结构的性能特点。

本书共分为十一章,第一章主要介绍了目前半刚性基层沥青路面裂缝现状与分析,第二~四章介绍非连续短纤维增强乳化沥青碎石下封层(FR-SAMI)特点、组成材料及优化方法,第五~七章介绍短纤维增强机理与抗裂性能有限元分析,第八、九章介绍非连续短纤维增强乳化沥青碎石下封层(FR-SAMI)断裂性能和路用性能,第十章介绍裂缝发展与力学指标灰色关联度,第十一章介绍非连续短纤维增强乳化沥青碎石下封层(FR-SAMI)配合比设计与工程实例。

本书由刘燕燕、凌天清、谭华、张红波、黄中文著,第一章由黄中文著,第二章由刘燕燕、凌天清、王元元著,第三章由刘燕燕著,第四章由刘燕燕、谭利娟著,第五章由刘燕燕、张红波著,第六章由丁静声、陈思坤著,第七章陈思坤、张红波著,第八、九章由刘燕燕、凌天清著,第十章由刘燕燕、熊剑平著,第十一章由刘燕燕、谭华著。全书在编写过程中得到了广西交通科学研究院有限公司、广西道路结构与材料重点实验室基金项目(2015gxjgclkf-003)、特殊地区公路工程教育部重点实验室基金项目(310821151104)的支持。在研究和编写过程中得到魏密、冯明珠、黄贤锦、吴智取、许勇、胡力、熊出华等人的大力支持,在此表示感谢。

在编写的过程中本书参阅了大量的文献资料,均列于书后,在此向参考文献的作者表示感谢。由于时间和作者水平有限,书中不足之处,恳请读者批评指正。

作　者

2019 年 6 月

目　录

第一章 半刚性基层沥青路面裂缝现状与分析

第一节 沥青路面开裂病害类型及危害

一、沥青混凝土路面裂缝病害现状

改革开放以来，我国公路建设得到了快速发展。截至2017年底，全国公路通车总里程已达477.35万km，其中，高速公路达到13.65万km，里程已超过美国，居世界第一。

我国90%以上的高速公路使用半刚性基层沥青路面，但随着半刚性基层沥青路面的大量使用，裂缝问题日益突出，并已成为该结构的主要缺陷。我国高等级公路沥青路面的一般设计使用寿命为15~20年，若在通车3~5年内产生较大面积损坏和严重病害，即属于过早破坏或早期破坏。经调查，不论南方还是北方，我国的半刚性基层沥青路面发生早期破损的情况相当普遍[1]。

1. 普通干线公路病害现状

"十二五"期间，对全国各省（自治区、直辖市）普通干线公路的抽检调查发现，龟裂是普通干线公路最主要的病害，占全国沥青路面损坏的48.7%，占比接近一半；横向裂缝和纵向裂缝次之，分别占全国沥青路面损坏的23.3%和22.7%；修补和其他占比不到5.3%。

由各区域来看，我国东部、中部、西部普通干线公路沥青路面的病害面积中，龟裂占比依次增大，而横向裂缝、纵向裂缝和修补占比则依次减小，见表1-1[1]。

"十二五"期间（2012—2015年）全国普通干线公路沥青路面病害数量对比 表1-1

区域	横向裂缝（条/km）	纵向裂缝（m/km）	龟裂（m^2/km）	修补及其他（m^2/km）
东部	25.9	29.3	35.4	9.4
中部	23.8	25.3	44.6	6.2
西部	22.7	20.7	52.2	4.4

2. 高速公路病害现状

"十二五"期间，通过对全国各省（自治区、直辖市）高速公路进行抽检调查发现，全国高速公路沥青路面损坏的主要类型中，纵向裂缝占比最大，占全国沥青路面损坏的37.15%；横向裂缝占比次之，占31.20%；修补及其他病害占比第三，占28.18%；龟裂病害占比第四，占3.47%。从区域对比来看，由东部往西部纵向裂缝所占比例逐渐增多、修补所占比例逐渐减小，西部横向裂缝所占比例要明显高于东部和中部，东中部则基本持平，中部的龟裂所占比例则高于东部和西部，见表1-2[1]。

"十二五"期间(2012—2015年)高速公路沥青路面病害数量对比表　　表1-2

区　域	横向裂缝(条/km)	纵向裂缝(m/km)	龟裂(m^2/km)	修补及其他(m^2/km)
东部	23.8	26.1	3.4	46.6
中部	23.5	31.4	6.0	39.0
西部	37.1	42.9	2.2	17.8

二、沥青混凝土路面裂缝病害类型

沥青路面建成后,不论是柔性基层还是半刚性基层,都会产生各种形式的裂缝,它是路面最常见的病害。

按路面开裂的主要原因,裂缝可分为三大类:

(1)由于行车荷载的作用而产生的结构性破坏裂缝,称为荷载裂缝。

(2)由于沥青面层温度变化而产生的温度裂缝,包括低温收缩裂缝和温度疲劳裂缝,称为非荷载裂缝。

(3)由于填土固结沉陷或地基沉陷引起的桥涵两端横向裂缝,或在路段上出现较长的纵缝,称为沉降裂缝。

从裂缝扩展方向来看,裂缝可分为自下而上裂缝(Down-Top Cracking,DTC)和自上而下(Top-Down Cracking,TDC)裂缝。两类裂缝按照它们的表现形式,又可分为横向裂缝、纵向裂缝、龟裂和块状裂缝。

1. 横向裂缝

横向裂缝,如图1-1所示,是指与道路中心线大体垂直的裂缝,主要表现为单根裂缝,最初多出现于道路的两侧。横缝轻微时多为局部细线状裂缝,横缝严重时通常贯穿整个路面宽度,有时伴有多个横向或斜向的支缝。

图1-1　横向裂缝

横向裂缝是沥青路面最为常见的一种病害,通常被看作路面早期损坏现象之一。地基、基层以及面层对横向裂缝的产生具有深远的影响。横向裂缝具体分为地基不均匀沉降原因导致的横向裂缝,基层材料收缩和施工不当原因导致的横向裂缝,以及面层温度、面层材料老化和材料质量原因导致的横向裂缝。

2. 纵向裂缝

纵向裂缝主要是指与道路中线基本保持平行的长直裂缝,如图1-2所示。纵裂通常出现在行车道,有时也会出现在超车道或停车带上,而且通常以单条或多条平行的裂缝形式出现,有时伴有少量的支缝。

图1-2 纵向裂缝

纵向裂缝产生的主要原因有地基出现不均匀沉降,造成路面纵向开裂;路基边缘压实度不够,其实际密实度与路堤中部的密实度有显著差异,前后摊铺相接处的冷接缝未按照相关要求进行处理,因结合不紧密而相互脱离导致纵向裂缝;或者是路面进行拓宽时,新老路基出现差异性沉降,路基失去稳定,表现为路堤内的破裂面(顶部破裂面在老路范围内)外的土体下沉侧移,将路面拉裂造成纵向开裂。另外,近年来,许多欧美国家发现公路上出现的许多纵向裂缝发生在道路表面,它们分布于行车道两侧轮迹带边缘,并逐渐由沥青面层表面开始向下延伸。出现在轮迹带附近的源于表面而向下扩展的纵向裂缝已经成为高等级沥青路面的主要损坏类型之一,它们对磨耗层的耐久性和功能寿命有强烈的影响[2]。

3. 块状裂缝

块状裂缝,如图1-3所示,是指纵向和横向裂缝相互交错而使路面分裂成一种近似矩形的多边形大块,块的尺寸约为50cm以上,面积在0.1~10m^2。

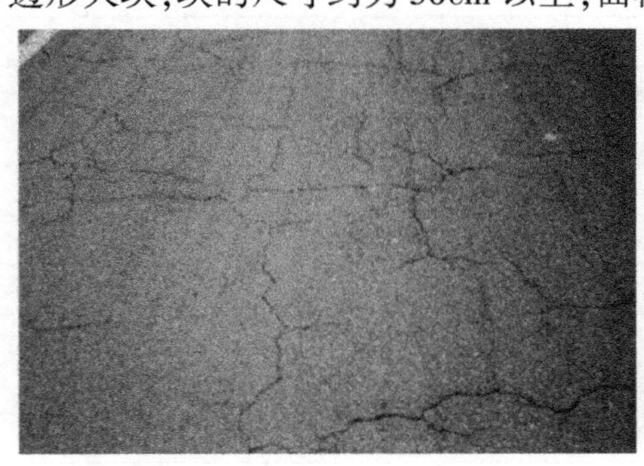

图1-3 块状裂缝

块状裂缝不仅在形状与尺寸上与龟裂不同,两者产生的原因与位置也不同。龟裂通常出现在行车区域,主要是由荷载引起,而块状裂缝是由路面不规则裂缝交错形成。沥青路面出现块状裂缝主要有两种原因:一种是由于温度的循环变化导致沥青混合料出现周期应力和周期应变;另一种是由于半刚性基层的不均匀性所引起。而在车辆荷载作用下则会使病害情况发生进一步恶化,最终导致大面积的块裂现象。

4. 龟裂

龟裂也称网裂,如图1-4所示,是指裂缝与裂缝之间相互连接形成类似鳄鱼皮状小网格式的、成块的、不规则破碎性的网状裂缝。在龟裂的形成初期,由于裂缝比较小,对沥青路面的使用性能影响不大。一旦遇到雨雪天气,水流就会顺着裂缝渗入面层或基层,造成底面层及路面基层强度减弱,并出现唧浆破坏,长此以往,便会加速龟裂面积扩大以及裂缝扩展,最终导致沥青路面出现坑槽现象,给行车带来极大的安全隐患。

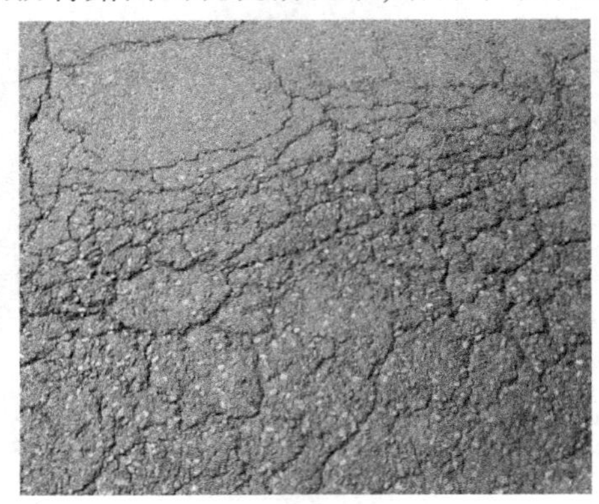

图1-4 龟裂

形成龟裂的主要原因是由于施工导致的路面整体强度不足、路面结构层缺陷、基层排水不良、面层摊铺时集料离析、路基或路面局部压实不均匀,然后在雨水和行车荷载的反复作用下形成的。另外,沥青在施工期间或长时期使用过程中的老化,也是造成沥青路面出现龟裂病害的重要因素。

5. 各类裂缝严重程度划分

沥青路面各种裂缝类型以及严重程度等级划分见表1-3。

各类裂缝严重程度划分　　表1-3

裂缝类型	分级	分级指标	计量单位
横向裂缝	轻	缝宽:≤3mm	m^2
	重	缝宽:>3mm	m^2
纵向裂缝	轻	缝宽:≤3mm	m^2
	重	缝宽:> 3mm	m^2
块状裂缝	轻	块度:>1m;平均缝宽1~2mm	m^2
	重	块度:0.5~1m;平均缝宽>2mm	m^2
龟裂	轻	块度:0.2~0.5m;平均缝宽<2mm	m^2
	中	块度:<0.2m;平均缝宽:2~5mm	m^2
	重	块度:<0.2m;平均缝宽:大于5mm	m^2

三、裂缝病害对道路造成的影响

沥青混凝土路面裂缝出现初期虽然对路面结构破坏没有太大的影响,但是经过长时间的积累之后，其潜在隐患就会暴露出来，进而对沥青路面造成破坏。

裂缝对沥青路面危害主要表现在以下几个主要方面：

1. 缩短路面的使用寿命

当汽车车轮从裂缝的一侧经过到达裂缝的另一侧时，裂缝两侧的荷载变化不再连续，使路面裂缝两侧发生大的应力突变，形成很大的上下剪切和表面受拉作用，使裂缝进一步扩展。另外，当沥青路面出现裂缝后，路面各种杂物以及水就会沿着裂缝进入面层或基层，由于半刚性基层是一个致密材料层，水不可能由基层下渗排走从而一直滞留于面层与基层间，当沥青面层有水和杂物存在时，将会降低沥青的黏附性，从而导致沥青混合料强度、劲度减少，并且水比油更容易浸润基层，它会置换出沥青，使层间发生脱离。一旦基层由连续状态变为不连续状态，在车辆荷载、水分、霜冻等因素的综合作用下，磨耗层常会沿裂缝发生集料或小块沥青的剥落，继而很快出现大面积的网裂、推挤、松散、坑洞等大变形破坏；另一方面在雨季，路面裂缝中的自由水，在行车载荷的作用下，会产生相当大的动水压力，压力水不断冲刷基层材料中的细料，细料浆被逐渐压挤出裂缝，形成沥青面层裂缝处的唧浆，细料浆一旦被唧出，沥青面层就会沿着裂缝产生下陷现象，同时在裂缝的两侧引起新的裂缝，导致路面裂缝两侧破碎，并逐渐引发大面积损坏。这些病害的出现会加速路面结构的破坏，使路面的使用寿命达不到预定的设计年限。

2. 影响行车的舒适性和安全性

路面出现开裂后给道路结构的整体性和连续性造成了破坏，导致沥青路面出现网裂、推挤、松散、坑洞等一系列病害，这些病害将会削弱路面的整体平整度进而影响路面的使用品质，当车辆在这种有病害的道路上高速行驶时，很容易造成交通事故，因此路面病害的出现将会给行车带来一定的安全隐患。另一方面，当道路各处分布着密集的各类病害时，将会使道路的美观性大大降低，驾驶员在行车过程中将得不到一个良好的驾驶体验。

3. 造成巨大经济损失

随着国家经济实力的提升，我国的道路建设得到了迅猛的发展，其中高速公路总里程已跃居世界第一。但是建好的公路经过一段时间的使用后，就出现了一些早期病害，特别是路面裂缝，若得不到有效的处置，将会对路面结构造成严重破坏，从而对道路的使用性能造成影响。因此，路面病害也成为我国道路建设过程中一个亟须解决的问题。由于我国道路里程体量巨大，因此在对其病害进行整治时需要投入巨额的资金，另外，在高等级公路上进行补强、加铺层设计时，会严重影响交通的正常运营，同时给行车带来极大的不便，需要耗费巨大的人力、物力、财力才能解决。

第二节　裂缝病害形成机理分析

一、路面反射裂缝(Down-Top)形成机理

1. 半刚性材料产生干缩裂缝和低温收缩裂缝

半刚性基层材料由于其温度收缩、干燥收缩特性而产生裂缝，在半刚性基层上铺筑较薄沥青面层时，由于沥青对温度的敏感性，以及在疲劳荷载作用下，半刚性基层裂缝便反映到

面层上形成反射裂缝[3]。温度变化下的收缩应力和交通荷载作用下的主拉应力（或剪应力）的共同作用，是反射裂缝形成的直接原因。在冬季低温下，当基层开裂后，由于基层失去抵抗拉应力的作用，就在开裂位置将应力传递给面层，形成面层在开裂处的应力集中，而在低温下沥青面层的模量较大，变形能力较弱，仅能承受较小的温度应力，因而极易形成反射裂缝，此时如果再加上偏荷载主拉应力的作用，应力值就可能超过材料的极限强度，从而使面层开裂[4]。

2. 半刚性基层开裂后与沥青面层裂缝处应力集中

从断裂力学的观点出发，计算裂缝尖端的应力强度因子，铅垂方向的剪应力是形成半刚性基层沥青路面反射裂缝的主要原因[5-6]。裂纹尖端的应力集中是导致裂缝向上扩展的根本原因，降低基层材料的弹性模量能抑制或延缓基层裂缝的扩展；当裂缝已经反射到面层后，降低面层材料的弹性模量也可以起到抑制或延缓基层裂缝的扩展，同时，外界环境和路面结构对裂缝的扩展亦有较大的影响[7]。有裂缝的路面结构在裂缝尖端处的剪应力和拉应力均有突变，裂缝尖端的应力场有明显的奇异性。在车辆动载的作用下会产生非对称荷载，这时裂缝尖端剪应力不为零，具有奇异性[8]。利用面层底部应力和应力强度因子法分析含反射裂缝沥青路面结构在不同荷载作用下的裂缝扩展机理，可以得出：在正荷载作用下，裂缝不会扩展；在偏荷载作用下，会产生剪切型裂缝；在温度荷载作用下，会产生张开型裂缝[9]。

随着加载次数增加，裂缝尖端处应力降低，应变增加，黏结刚度下降，黏结损伤逐渐累积致使裂缝开展；规则对称的粗集料裂缝扩展会围绕集料对称地向上开裂，形状及相对位置不对称的集料反射裂缝会趋向于从损伤速率较快的一侧向上开裂；空隙会加剧裂缝尖端处的应力集中，裂缝会趋于向着空隙开展[10]。

二、路面 Top-Down 裂缝产生机理

1. 道路结构材料设计参数

沥青混合料里黏结剂的老化与 Top-Down 裂缝的产生有直接关系。总结南非过早出现表面裂缝的沥青混凝土路面，表明间隙级配沥青混合料比致密级配的沥青混合料更容易老化和产生 Top-Down 裂缝。混合料中黏结剂的黏度对 Top-down 裂缝的形成有显著影响[11]。

Uhlmeyer 与美国华盛顿州交通部合作研究发现 Top-down 裂缝主要发生在 3 ~ 8 年的路面，并且沥青混凝土面层的厚度基本都大于 16cm。他们认为面层厚度以及老化与 Top-Down 裂缝的形成有着重要联系[12]。Top-Down 裂缝的产生与沥青混合料中各材料的配合比也有重要的关系[13]。美国俄勒冈州的 6 条裂缝路面和 4 条无裂缝路面现场和实验室研究表明 Top-down裂缝的产生与施工以及材料有关，通过加强对沥青混合料密度和沥青黏结剂选择的控制，可以减少 Top-Down 裂缝的发生[14]。

2. 交通荷载作用

当路面结构处于完整、连续状态时，行车荷载作用下的剪应力 τ 是 Top-Down 裂缝形成的主要原因；当道路表面出现微裂缝后，轴载对于裂缝发展的影响要远大于路面处于完整、连续状态时轴载的影响，应力强度因子 K_{I} 和 K_{II} 的峰值显著提高，路面的抗裂韧性出现了衰弱[15-16]。路面近荷载区不均匀分布的高应力应变区容易形成表面裂缝，而均布荷载及基层模量会显著影响近荷载区路面高应力应变区的分布[17]。外部环境（高温、低温或者沥青面

层老化）变化也是导致裂缝出现的重要诱因之一[18]。也有研究表明沥青混凝土路面Top-Down裂缝的出现是由子午线轮胎产生的高接触应力引起的，裂缝的扩展主要是拉应力作用，无论加载位置如何，剪应力对裂纹扩展的影响都不显著。另外路面结构和荷载谱（幅值和位置）与Top-Down裂缝之间也有联系，荷载作用位置对裂缝扩展的影响最大，其次是沥青混合料和基层刚度[19]。从表面水平拉伸应变出发，路面横向产生的水平拉应力是导致路面自顶向下开裂的主要原因，而该拉应力作用的关键位置在轮胎外边缘附近[20]。

3. 道路表面的温差应力以及与荷载应力的综合效应

温度应力和荷载应力的共同作用是导致Top-Down裂缝的原因，尤其是在气温骤降或春季解冻等重要条件下，前者比后者更容易导致Top-Down裂缝的产生[21]。对于存在微裂缝的沥青路面层，气温骤降可能导致面层出现Top-Down裂缝；降温过程中，拉应力随着深度的增加逐渐减小；初始裂缝深度越长，降温过程中张开型断裂强度因子K越大，也就越容易开裂；随着降温幅度的增加，拉应力和张开型断裂强度因子K均迅速增加，Top-Down裂缝的发展速度也就越快[22]。面层表面产生的最大拉应力和最大剪应力大于沥青混合料抗拉强度和抗剪强度，同时夏季温度骤降导致的较大的温度应力也是表面开裂的重要影响因素[23]。

4. 促进沥青老化的因素（温度、荷载等）以及低温收缩和疲劳

在季冻区，由于交通荷载和环境因素（主要是温度）的循环作用以及沥青混合料的老化，导致沥青面层混合料的各项力学性能指标发生变化，使其抗裂性能降低，造成路面在轮胎边缘剪应力的反复作用下引起剪切疲劳从而导致Top-Down裂缝的产生[24]。解析法研究沥青路面Top-Down裂缝的开裂原理，对于未老化的沥青路面，轮载作用下的最大剪应力是造成沥青路面Top-Down裂缝开裂的主要原因[25]；当沥青面层老化后，轮胎荷载作用下的最大拉应力是造成沥青路面Top-Down裂缝开裂的主要原因；路面老化并突然降温后，拉应力是导致沥青路面Top-Down裂缝开裂的主要原因。沥青混合料进行施工设计时允许混合料中存在较大空隙，沥青混合料中黏结剂发生严重的老化也会导致道路表面Top-Down裂缝的萌生[26]。

5. 道路施工质量以及与其他因素的综合效应

不同压力环境下，对不同厚度的沥青路面，除外部环境因素会使Top-Down裂缝进一步发展外，沥青劲度模量偏大、沥青用量较小也是产生Top-Down裂缝的重要原因[27-28]。从施工质量角度，Top-Down裂缝产生原因可归纳为以下几点：

（1）由于施工原因造成材料性能不均匀。

（2）路面结构中较高的空隙率。

（3）沥青混合料中较低的细集料含量。

（4）沥青混合料中结合料的老化[29]。

第三节　裂缝的预防措施与方法

为了抑制因半刚性基层开裂而导致沥青面层开裂型早期破坏，国内外学术界和工程技术界多年来已进行了大量的研究和实践，特别是在预防半刚性基层自身开裂方面研究较多，在路面材料选择、结构组合设计与施工等方面，积累了不少有益的经验和有效的对策。比

如:基层选择骨架密实结构,适当减少水泥剂量,适当增加面层厚度,设置碎石裂缝缓解层,半刚性基层预锯缝等。

一、材料选择方面

从半刚性基层自身材料出发,集料中0.075mm以下含量对半刚性基层材料的收缩影响非常大,规范要严格控制0.075mm以下的粉料用量,通过合理的材料设计达到控制水泥用量,控制用水量减少反射裂缝的目的。

近年来我国部分学者[30]提出开级配大粒径沥青碎石混合料(Open-graded Large Stone Asphalt Mixes,OLSM),并将其作为裂缝缓解层设置在沥青面层的下面层,铺筑在带有裂缝(或接缝)的半刚性基层、旧水泥混凝土路面板或贫混凝土刚性基层之上。

在水泥稳定碎石中掺加聚丙烯纤维对水泥稳定碎石的断裂韧度和断裂能均有提高,极限裂缝张开位移和极限裂缝尖端张开位移有明显的增大,裂缝尖端位移场分布得到改善,水泥稳定碎石的断裂韧性得到有效增强[31]。

玄武岩纤维能够显著提高沥青稳定碎石的抗裂性能,玄武岩纤维在SBS改性沥青中对于沥青稳定碎石抗裂提升效果远大于在基质沥青中[32]。大粒径透水沥青混合料(LSPM)中粗集料粒径偏大的沥青混合料在裂尖区域的应力场总体应力水平低于粒径较小的混合料,裂缝开展的速率相对较慢;大粒径透水沥青混合料(LSPM)能有效地降低裂尖处应力集中,延缓裂缝的开展[33]。

二、道路结构设计方面

1.增加面层厚度

路面面层底面拉应力和应变都随路面结构厚度的增加而不断减小,其减小幅度随路面结构层厚度的增加而减小;面层疲劳寿命也随路面结构层厚度的增加而增加[34]。因此增加面层厚度虽然可以延缓裂缝的产生和发展,但是对路面的整体设计限高和造价有一定的影响。

2.优化基层设计

近些年,人们发现优化基层设计将非线性的力学特征材料铺设在沥青面层与半刚性基层之间可有效减少两层之间弹性模量差值,起到过渡缓冲的作用,利用其非线性的力学特征可吸收基层传递而来的应变能,进而降低面层裂缝的开裂概率。也有学者提出了微黏结沥青碎石材料,它是一种介于级配碎石和沥青混合料之间的半整体性材料,是一种新型基层过渡材料,主要是由级配碎石和少量沥青胶浆组成,沥青黏结剂的加入提高了级配碎石材料的整体性能和施工便利性[35]。水稳填充大粒径碎石(LSCM)中,超大粒径嵌挤结构水稳破口砾石能形成嵌挤骨架密实型结构,对解决沥青路面的早期开裂问题具有重要意义[36-37]。

3.设置级配碎石过渡层

在半刚性基层和沥青面层之间设置级配碎石过渡层,能够明显改善路面结构的受力情况,且级配碎石散粒结构的特性会使基层顶面裂纹尖端的拉应力不会在碎石层面形成应力集中,能阻碍基层裂缝向上扩展;当把级配碎石作为过渡层时,其厚度的适宜范围为12~15cm,此时半刚性基层的适宜厚度为25~35cm。沥青碎石层的柔性和变形能力避免了沥青面层与半刚性基层因为材料性质不同而产生的受力不一致，达到延缓和减少路面裂缝发生的目的[38]。基于断裂力学理论，可以得出级配碎石的加入，可以大大减小面层底部裂缝的应力强度因子，有效地减缓基层反射裂缝向上扩展。适当增加级配碎石基层厚度和模量、半刚性基层模量，可进一步提高级配碎石过渡层抑制反射裂缝扩展的效果，同时级配碎石基层具有良好的排水性能和优良的经济性，级配碎石基层沥青路面结构将成为未来路面结构多样化发展的重要结构之一[39]。

4. 设置下封层

下封层按用途可分为两类：加筋类和下封类。按材料可分为：土工类、沥青薄膜沥青混合料类和新型下封层。其主要类型和性能如下：

(1)抗裂土工类下封层。

①隔离阻断作用。抗裂土工类材料的铺设将面层和基层隔开，以降低接缝或裂缝处应力集中对面层的影响，从而延缓反射裂缝的产生。

②加筋作用。可承担一定的沥青层底拉应力，并且通过嵌锁作用提高结构层整体刚度，起到对结构层的加筋作用，减少裂缝张开变形。

③防渗作用。土工布浸润沥青后形成不透水层，防止水分渗入软化道路结构，起到保护路基作用。

④消能缓冲作用。土工材料具有一定延展性和柔韧性，铺设在路面层之间，可将裂缝拉应力扩展至更宽的范围，从而消散、吸收裂缝处集中应力。

(2)高黏度沥青。

高黏性沥青是一种具有较高黏度、较大低温延度及较强的弹性恢复能力的新型材料，由其作结合料并选取合理级配，采用改进的 Superpave 体积设计法设计的下封层材料有很好的抗疲劳性能、低温变形能力以及常温变形能力，及其良好的防止反射裂缝的能力[40]。

(3)稀浆封层。

旧的沥青路面出现裂缝和坑洼，当表面受到磨损后，在路面上用乳化沥青稀浆封层混合料摊铺成薄层，并使其尽快固化，从而使沥青混凝土路面得到养护。稀浆封层对密封表面裂缝、延迟松懈、提高抗滑性都有较好的效果，是一种经济的多功能的路面铺筑方式。采用聚合物改性乳化沥青稀浆封层，其优良的抗老化性、高温稳定性、低温抗裂性，使沥青路面的使用性能大大提高，使用寿命大大延长。

(4)橡胶沥青下封层。

将单一粒径的石料均匀地满铺在橡胶沥青层上，用胶轮压路机进行嵌挤碾压，橡胶沥青被挤压到石料高度的约 3/4，石料嵌锁形成后将构成结构性支撑，这时所形成碎石封层模式的路面即为橡胶沥青下封层。橡胶沥青下封层功能特点如下：

①抗反射裂缝。在橡胶沥青下封层中，高用量的橡胶沥青与单一粒径的碎石强力黏结，形成约 1cm 厚的裂缝反射结构层，水稳层或旧水泥路面的各种裂缝将很难穿透该层，可以有效遏制裂缝的反射。

②抗水损坏。橡胶沥青用量较大($2.3kg/m^2$)，在路面上会形成约 3mm 厚度的沥青膜，完全可以防止雨水的向下渗透，对路基起到保护作用。其次，在上面摊铺沥青混合料时，橡胶沥青下封层顶部的橡胶沥青会二次熔化，经路面压实后会充分填充其面层混合料底部的

缝隙，从而排除了层间存水的可能，起到防止水损坏的作用。

③黏结作用。橡胶沥青拥有超强的黏性，它可以非常牢固地吸附黏结在水稳层或旧水泥路面上，从而起到与路面的黏结作用。

许多学者在传统的橡胶沥青下封层中进行了结构优化改进，一些高速公路已经开始在半刚性基层上部铺筑一层大粒径透水性沥青混合料（Large Stone Porous Asphalt Mixes，LSPM），利用 LSPM 自身的大孔隙结构和良好的变形能力，作为路面结构的下封层来减小半刚性基层裂缝处的应力集中，从而降低沥青面层层底应力[41]。橡胶沥青具有良好的弹性恢复能力、黏附性和低温抗裂能力，将橡胶沥青用作 LSPM 的胶结料，设计橡胶沥青透水下封层（Permeable Stress-absorbing Layer，PSAL），会进一步提高柔性基层的下封能力。

（5）同步碎石下封层。

指用专用的同步碎石车分二次在特定温度下将单一粒径的石料及沥青胶结料同时洒布在路面，在一定温度控制下用胶轮压路机碾压成型。同步碎石下封层位于旧水泥混凝土路面与沥青加铺层之间，具有抗变形能力强和劲度模量低的特点。同步碎石下封层由三层结构组成：底层为一定厚度的沥青膜，中间层为悬浮密实结构的沥青混合料，最上一层为被沥青裹覆面积达到 70% 的石料。由于其特殊的结构组合，对旧水泥混凝土路面反射裂缝的抑制和延缓起着良好的作用。同步碎石下封层在层间起“承上启下”的黏结作用，还具有良好的防水功能，是一种性能良好的新型下封层。

5. 预防裂措施

在基层施工中，防止反射裂缝产生可采取“预裂”措施，即在沥青面层铺筑之前，人为地制造规则裂缝或不规则裂纹网。其防裂原理主要是通过锯缝改善基层约束条件，从而在一定程度上释放应力来达到防裂目的。德国 1986 年规范规定，当沥青罩面层的厚度小于或等于 14cm 时，不论基层厚度多大，只要基层抗压强度超过 12MPa，基层必须预先切纵缝和横缝。苏联有关规定指出，为了避免反射裂缝的产生，建议基层每隔 8 ~ 12m 做一假缝，缝深 6 ~ 8cm，缝宽 10 ~ 12mm；锯缝后立即用沥青玛蹄脂填缝，并对沥青面层产生规则且较整齐反射裂缝也采用沥青玛蹄脂填缝。预裂施工质量是决定后期路面是否开裂的关键，基层施工要有足够的压实度，严格控制基层的含水率，并且为降低温差适当安排基层施工的季节和时间[42]。也有学者提出了“半刚性基层预锯缝 + 土工布”防裂措施，并通过力学分析，推导了不开裂基层锯缝间距和带条土工布设计方法，并铺筑了试验路进行验证。结果表明，基层预锯缝可以延长基层开裂间距，从而减少了半刚性基层沥青路面的开裂率；在基层预锯缝处铺设 60 ~ 100cm 宽的土工布可以有效防止或延缓面层反射裂缝的产生[43]。

第二章　FR-SAMI下封层介绍与研究现状

第一节　FR-SAMI 结构层特点

一、结构组成及施工工艺特点

非连续短纤维增强乳化沥青碎石下封层(FR-SAMI,也称纤维增强乳化沥青下封层),是指采用专用设备同步喷洒两层乳化沥青(底层、上层)及撒布一层纤维(中间层),再立即撒布一层碎石集料,随即采用胶轮压路机进行碾压而形成的下封中间层,其结构如图 2-1 所示,施工工艺如图 2-2 所示。下封层中加入纤维以后,当力由沥青机体传递给纤维时,纤维因变形而消耗能量,一旦沥青受拉断裂时,纤维跨接在裂缝的表面,纤维自身具有较强的抗拉能力,阻止或延缓了裂缝的扩展[44-47]。

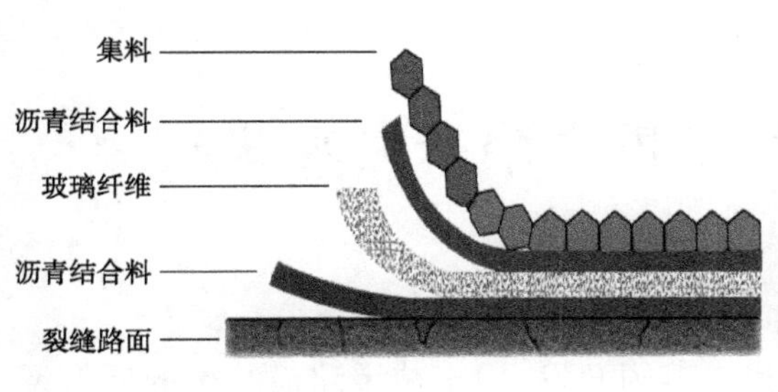

图 2-1　FR-SAMI 结构

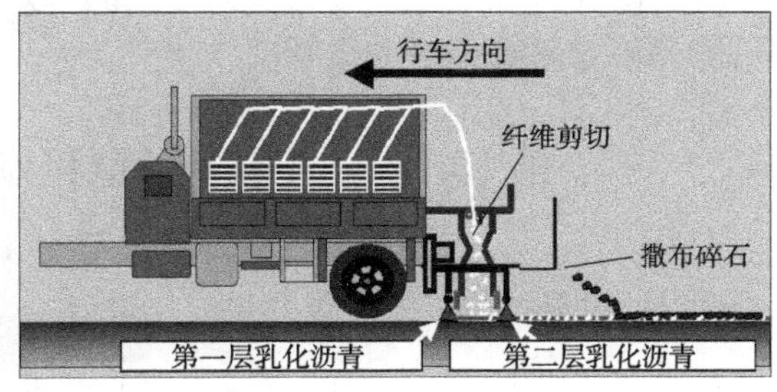

图 2-2　FR-SAMI 施工工艺

二、路用性能评价

研究表明,纤维增强乳化沥青下封层具有如下的路用性能[48-54]:

(1)下封和扩散能力强、抗裂性能好。具有网络缠绕结构的纤维增强乳化沥青下封层,由于纤维的高抗拉伸强度、高弹性模量特性以及加筋与桥接作用,对路面结构中的局部集中应力可有效地进行吸收、扩散并重新分布,有效地降低路面结构中的应力,减少裂缝的产生,并抑制、阻止反射裂缝的出现。铺设纤维增强乳化沥青下封层后,路面抗拉强度和抗疲劳性能提高 30% 以上[44]。铺设下封层后对裂缝的阻裂效果,如图 2-3 所示。

(2)防水性能好。由于具有上、下两层均匀洒布的沥青结合料,其密闭性更强。另外,纤维对上、下两层沥青结合料的吸附作用,可明显阻止沥青的流动,形成一层致密的纤维增强乳化沥青膜,使其防水性能大大提高。同时,纤维增强乳化沥青膜也能在一定程度上阻止半刚性基层水分的挥发而减小干缩裂缝。

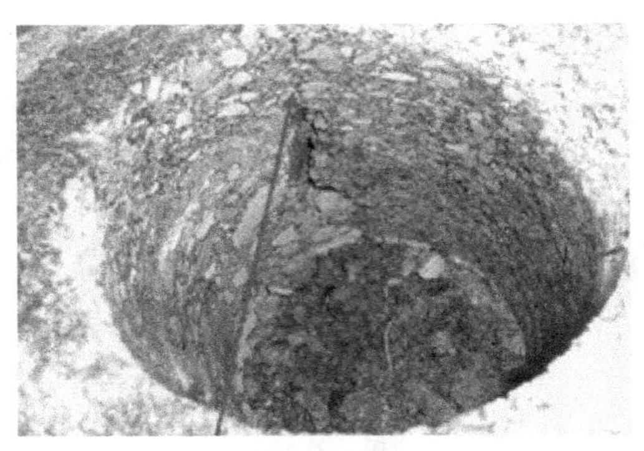
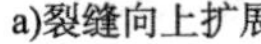
a)裂缝向上扩展

b)裂缝未向上扩展

图 2-3　铺设下封层后对裂缝的阻裂效果

(3)稳定性能好。碎石集料嵌入由纤维和沥青结合料构成的网络缠绕结构中被压实成型并紧密裹覆,使得纤维、沥青结合料和碎石集料三者紧密相连,形成稳定的复合力学嵌锁体系。

(4)施工快捷。由于采用专门的纤维碎石封层车同步完成两层沥青结合料的喷洒和一层纤维的自动切割及撒布,并随即撒布碎石和进行碾压,施工速度快。

(5)便于回收利用。施工经验表明,连续类土工织物会表现出阻碍铣刨操作,例如在一些大修或改建工程中,还需人为剔除破坏后的土工格栅。而含短纤维的下封层材料可以很容易在路面回收过程中进行任何形式的再处理和再利用,不会减少路面材料的剩余价值,并可能提高它对再生层的贡献。

第二节　FR-SAMI 结构层国内外研究现状

一、工程实践

纤维碎石封层技术最早是在 20 世纪 80 年代由英国开发,用于减缓路面结构的反射裂缝,成套施工设备由法国赛格玛(SECMAIR)公路建设养护公司发明,目前纤维碎石封层作为表面磨耗层和中间下封层在英国、美国、澳大利亚、法国等国家已得到普遍的应用[50]。

2005 年夏天,加拿大第一次在多伦多的约克区进行该工艺的施工。2003 年秋天美国纽约州率先引进该技术,施工路段为奥尔良穆雷镇 Groad 路,并与传统碎石封层进行对比。图 2-4为两种封层施工完毕后 3 年的使用效果。此后,该技术在北美引起了工程师们的浓厚兴趣。从 2005 年起,北美两大研究机构得克萨斯交通研究院和宾夕法尼亚交通研究院开始对这项技术进行专门的研究[55]。

2007 年 6 月,辽宁省公路局引进了法国 SECMAIR 公司的纤维碎石封层设备,应用于沈阳、大连、鞍山、抚顺、营口、锦州、阜新等地的二级公路沥青路面的预防性养护、中修和新建公路的下封层及下封中间层施工中,同时开展了“纤维碎石封层技术推广应用”的项目研究。至 2009 年 7 月底,试验路及实际施工总面积将近 300 万 m^2。2009 年 5 月,沈阳市公路处也引进法国 SECMAIR 纤维封层机,并进行了辖区内大面积的纤维封层施工。

浙江省嘉兴市于 2008 年 10 月采用纤维碎石封层技术对 320 国道嘉善至嘉兴段沥青路

a)第一个冬季后（2004年1月）

b）第二个冬季雪季后（2005年1月）

c）第三个冬季雪季后(2006年1月)

图 2-4 FR-SAMI 与传统碎石封层(2003 年 8 月施工)

面进行了中修养护。该工程起点为沪浙交界的枫泾,终点为嘉兴境内塘汇互通处,路线全长 22.33km。2009 年 8 月利用该技术对 329 国道舟山段(约 6km)进行大中修养护。2009 年 6 月,湖南众立建设工程有限公司引进法国 SECMAIR 纤维碎石封层设备,并进行了大面积的纤维碎石封层养护施工。

2009 年 3 月,河南省高远圣工养护机械制造有限公司宣布推出国内自主研发的第一台纤维同步碎石封层车(型号 GYKT0612)。该设备具有 28 个纤维撒布器,实现了一层沥青喷洒、一层纤维撒布、一层沥青喷洒、一层碎石撒布同步化作业,填补了国内纤维碎石封层设备领域的空白,对促进纤维碎石封层技术在国内的应用和发展起到了重要作用。

2009 年 7 月 9 日(当地时间),在俄罗斯的布里亚特,河南省高远圣工生产的 GYKT0612 型纤维同步碎石封层机在莫斯科至弗拉吉沃斯托夫 M55 国道主干线上进行纤维碎石封层施工作业。

2010 年,针对无锡市惠山区软基多地质条件较差的现状以及水泥稳定碎石基层施工工期短等特点,为进一步避免和减少水泥稳定碎石基层裂缝反射到沥青面层,在基层与面层之间铺设纤维增强乳化沥青下封层,并与采用改性乳化沥青的下封层进行对比。

2012 年重庆内环高速公路五童立交改扩建工程中,在半刚性基层与加铺层之间铺设纤维增强乳化沥青下封层来减小裂缝在加铺层上的反射。上海汇诚公司研发的纤维同步碎石封层车经过进一步的改进,纤维和乳化沥青摊铺的均匀性良好,经现场检测下封层与基层黏结强度,满足设计要求。施工完毕的下封层如图 2-5 所示,层间黏结力的检测如图 2-6 所示。

图 2-5　施工完毕的下封层

图 2-6　层间黏结力检测

二、试验研究

美国宾夕法尼亚州运输研究所及宾夕法尼亚州立大学的 Ghassan R. Chehab 和 Carlos J. Palacios等人[47]，在宾夕法尼亚州的试验段上，比较了使用和不使用纤维增强乳化沥青下封层的效果。性能评价试验包括：①乳化沥青下封层中添加纤维与不添加纤维的BBR 试验；②部分试验路段的路用性能评价；③试验段的小型移动式加速加载试验(MMLS3)；④采用便携式地震属性分析仪(PSPA)测定路面回弹模量。试验结果表明：在较低的温度下(-7℃)纤维乳化沥青下封层具有更高的延展性，会延迟裂缝向上反射。在有预裂纹的路面上进行 1×10^4次循环的加速加载试验后，铺筑纤维乳化沥青下封层后的路面没有出现任何肉眼可见的裂纹。便携式抗震路面分析仪的结果显示，与铺筑纤维增强乳化沥青碎石下封层的路面相比在一般路段上会出现更多的空隙，微观和宏观裂纹。

得克萨斯州交通研究所(TTI)[55]为了评估铺设纤维下封层后路面反射裂缝发展情况和疲劳性能，研发了水平疲劳拉伸设备，如图 2-7 所示。该设备主要是模拟温度和水分变化引起路面膨胀和收缩疲劳破坏。设备的底端由一块固定板和滑动板组成，滑动板可以重复发生周期水平位移，在底端的固定板和滑动板上锚固两块铝板，模拟柔性土基，铝板上铺筑一带裂缝的整平层(基层)，下封层设置在整平层与加铺层之间，滑动板重复水平移动造成底部裂纹向上扩展，通过观测裂缝达到顶端时水平作用次数评价不同路面结构的阻裂性能。试验结果表明：设置纤维增强乳化沥青下封层后比不设置的水平作用次数至少增加 3 倍。

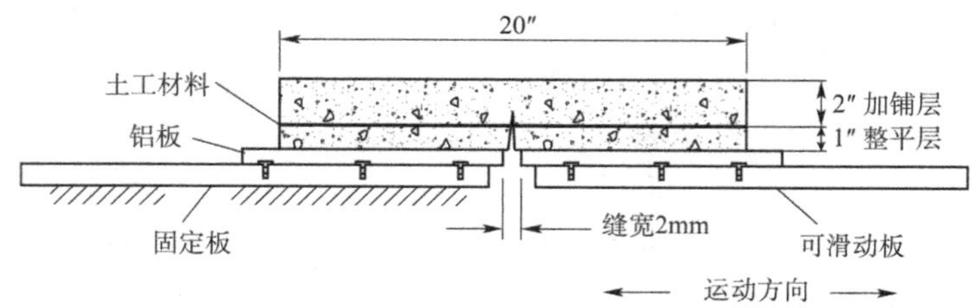

图 2-7　得克萨斯州交通研究所水平疲劳拉伸设备

Jean Martin Croteam, P. Eng 等人[55]对北美的纤维下封层进行了长达4 年的研究。研究表明，纤维增强乳化沥青下封层的施工非常简单，材料均匀性好，完全没有任何扭结或撕裂，铣刨回收利用比较容易。下封层中乳化沥青的用量通常在1.4 ~2.4L/m²，纤维长度 6cm，纤维用量 30 ~120g/m²，通常采用 60g/m²。

英国诺丁汉大学对纤维增强夹层系统进行了专项研究[56]。试验设计为模拟对已经开裂的基底进行罩面的情况。该研究显示,纤维增强夹层可以作为开裂基底和罩面沥青混合料之间的应力衰减膜。铺设纤维增强夹层以后,在沥青混合料加铺层上不会出现应力集中现象,如图2-8a)所示,没有铺设纤维增强夹层的情况如图2-8b)所示。研究还验证该技术通常情况下比雾封层和砂粒封层更加经济有效。

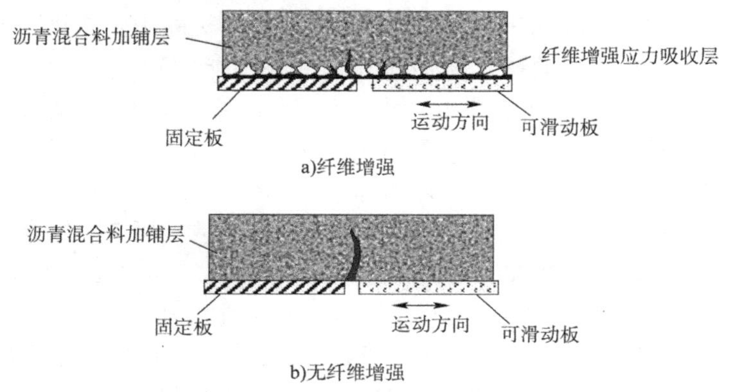

图2-8 设置与不设置纤维下封层开裂对比

澳大利亚新南威尔士州[57]对这项技术也进行了室内和现场研究。室内研究方法与英国诺丁汉大学类似。试验结果表明在水平拉力的往返作用下,普通试件的加铺层中会产生较大的裂纹,具有纤维增强乳化沥青下封层的试样由于下封层对应力的分散作用,加铺层内裂缝扩展得更慢、裂缝宽度更小。澳大利亚还进行了广泛的现场试验,以评估并记录纤维增强材料作为中间下封层和表面处理层的路用表现。获得了17个不同试验段的相关使用效果信息,现场评估数据清晰地表明,纤维增强乳化沥青下封层在很大范围内可以防止由基层引起的路面反射裂缝。

爱尔兰阿尔斯特大学对纤维增强夹层进行了更加深入的研究[55]。研究采用3个主要的力学指标(拉伸强度、疲劳强度和车轮碾压疲劳作用次数)来评价纤维增强夹层对延缓反射裂缝的效果。研究中选择了不同的乳化沥青用量、玻璃纤维长度和玻璃纤维用量。Instron试验台测试得到的获得最大拉伸强度的材料用量组合是K1-70(相当于CRS-2),纤维用量为60g/m^2,纤维长度为60mm,其拉伸强度达到0.77N/mm^2,而没有纤维增强夹层的热拌沥青混合料(HMA)拉伸强度为0.57N/mm^2。DARTEC三点加载疲劳试验获得最佳抗裂效果的组合是K1-70(相当于CRS-2),纤维用量为60g/m^2,纤维长度为60mm,该组合下得到的初始开裂周期为3300次,完全开裂周期为6300次,而不设纤维增强夹层的热拌沥青混合料(HMA)分别为2500次和4700次。车轮碾压试验表明,纤维增强夹层用量组合为K1-70,纤维用量为60 g/m^2,长度为60mm时可最大程度推迟疲劳破坏;其次是K1-70组合,纤维用量为30g/m^2,长度为60mm。铺设纤维增强夹层的混合料开裂出现在15000个周期以后,而不设纤维增强夹层的热拌沥青混合料(HMA)到2500个周期便出现了裂缝。

大连理工大学李坤[58]依托试验路对纤维封层层间的拉拔强度增长趋势进行现场试验检测,并进行室内模拟试验。结果表明,纤维封层的层间拉拔强度在施工后初期黏结强度增长迅速,随后其强度增长趋势减缓,并趋于稳定。纤维封层层间剪切强度随乳化沥青及纤维用量的增加有减小的趋势,在裂缝宽度相同的条件下,龟网裂缝对纤维封层层间黏结强度影响最大,路面麻面的存在将使纤维封层层间的剪切强度有所减小。光滑路面乳化沥青用量范围为1.3~1.6kg/m^2,粗糙路面沥青最佳用量为2.0kg/m^2,纤维用量110g/m^2,纤维长度6cm时层间剪切强度最大。

大连理工大学杜隽[59]通过对不同乳化沥青用量和不同纤维用量的纤维封层进行构造深度、湿轮磨耗、负荷轮碾压和车辙变形试验,得出各个指标随用量变化的趋势。乳化沥青用量为1.7kg/m^{2}时纤维封层的抗车辙性能和抗磨耗性能达到最佳值。乳化沥青用量为1.9kg/m^2,纤维用量为75g/m^{2}时黏附砂值最小。控制纤维用量不变,随着乳化沥青用量的增加,力学强度有不同程度增加,而抗车辙性有所下降。若乳化沥青用量不变,随着纤维用量的增加,抗磨耗性、抗滑性均有不同程度增加,而力学强度有所下降。

长安大学赵晓亮[60]对纤维沥青碎石封层配合比设计进行研究。综合考虑剪切试验和清扫试验结果,得到改性乳化沥青最佳洒布量为1.9kg/m^2,纤维的最佳用量为75g/m^2,碎石的撒布量取8kg/m^2,乳化沥青中乳化剂用量0.4%,SBR改性剂用量3%。

北京埃盟泰机械设备有限公司张宗辉[61]对纤维封层的施工工艺进行了总结,建议在下封中间层施工中改性乳化沥青的用量为1.81~2.26L/m^2,纤维用量85.1~113.4g/m^2,纤维长度6cm。

辽宁试验路段[62]总结的施工经验为:纤维长度范围一般为30~120mm,通常取60mm,当纤维碎石封层用于表面磨耗层时,一般用量范围为50~100g/m^2;应用于下封中间层时,一般用量范围为70~120g/m^2。

重庆交通大学李伟[63]建议FR-SAMI达到最佳黏结性能时纤维用量为120g/m^2,纤维长度为6~8cm,改性乳化沥青用量为1.2kg/m^2。

三、理论研究方法

抗裂纤维封层作为中间下封层铺筑于新建沥青路面基层与面层之间,一方面可以抵抗基层反射裂缝的产生与扩展,另一方面又可以提高路面的整体强度。其阻裂效应需建立在沥青路面裂缝扩展问题的研究前提,研究方法包括试验法与经验法。

试验法不仅需要花费大量人力与物力,并且精度存在不确定性,受人为因素影响较大。理论法中,传统有限元法模拟研究裂缝的扩展问题是当下使用较多的研究方法,但研究人员采用有限元法模拟沥青路面裂缝扩展的问题时,发现了传统有限元法的弊端:①网格重构,裂缝每扩展一步都需要重新划分网格,给模拟工作带来了极大不便。②裂缝扩展路径只能沿着单元边界,不能穿过单元内部,极大地降低了计算精度。

扩展有限元方法(XFEM)的兴起,为精确模拟裂缝扩展提供了新的途径,其基本原理是在裂尖区与裂缝贯穿区分别引入奇异函数与越阶函数,以模拟由于裂缝存在而引起的裂尖奇异性和位移不连续。Sukumar等[64]基于二维位移渐进场及不连续函数建立了典型裂缝扩展模型及应力强度因子计算程序,论证了扩展有限元的可靠性。曾川川[65]通过建立扩展有限元模型对沥青混合料小梁裂缝的扩展进行了模拟分析,并通过试验对比研究了小梁裂缝的扩展情况,发现模拟分析结果与试验结果具有较好的一致性,论证了采用扩展有限元法模拟裂缝扩展的可行性与准确性。

Giner 等[66]通过扩展有限元法模拟研究了沥青路面在不同车辆荷载下的基层预设裂缝的扩展情况，并分析了裂缝扩展与预设裂缝深度的关系。张震韬等[67]通过建立含基层裂缝的扩展有限元沥青路面结构模型，研究了基层裂缝的扩展特性。研究表明：偏荷载作用下，基层裂缝呈近似直线型进行扩展，且扩展路径受面层模量的影响较大，面层模量越大，扩展路径越长。

胡蓉等[68]采用 ABAQOUS 有限元软件建立了沥青路面结构的扩展有限元模型，对基层裂缝在持续降温情况下的扩展过程进行了数值模拟研究。研究表明：基层裂缝的起始扩展有一定的温度阈值，只有温度降低到该阈值时，裂缝才发生扩展，并且迅速扩展至面层，其扩展速率在面层被贯穿后将出现降低并逐渐趋于稳定。

分析上述研究现状可知，相比于传统有限元，扩展有限元法在模拟裂缝扩展时可以使裂缝完全独立于有限元网格，实现裂缝的自由真实扩展，与工程实际相符，且避免了复杂的解析推导，计算结果精度较高，可以更精确、方便地研究沥青路面裂缝的扩展及纤维封层的阻裂效应。

四、国内外配合比设计方法

碎石封层类（包括纤维碎石封层、同步碎石封层、传统碎石封层及层铺法表面处治等）配合比设计的基本方法可以分为经验法和理论法两类，不同国家和地区采用不同的设计方法，如表 2-1 所示[62]。

配合比设计方法的问卷调查结果 表 2-1

设计方法	Kearby 或修正 Kearby 方法	McLeod 或 AI 方法	经验方法	其他方法	无正式方法
美国	7%	11%	37%	19%	26%
加拿大	0%	45%	33%	0%	22%

新西兰、澳大利亚、美国加州、欧洲、南非等国家或地区，提出并应用了十余种关于碎石封层类的经验或理论设计方法[62]，如：

（1）汉森（Hanson）设计方法。新西兰工程师汉森与杰克逊提出的理论设计方法，考虑了碎石撒布和碾压后空隙的差别以及通车后造成碎石定向排列的影响。

（2）McLeod 方法。该计算方法最初由 Norman McLeod 提出，后被美国 SHRP（Strategi Highway Research Program）采纳，用于碎石封层的设计，在美国明尼苏达州得以应用。该方法假设集料平均高度的 70% 被沥青结合料填充，并认为碎石用量由碎石级配、形状和密度等因素决定，而沥青用量由碎石级配、吸收度、形状、交通量、路面状况及所用沥青结合料中基质沥青的含量等因素决定。

（3）修正 Kearby 方法。该方法由 J. P. Kearby 及 Benson and Gallaway 于 1953 年提出。在 20 世纪 80 年代，经过交通量因子及路面状况因子等修正之后，由得克萨斯州交通运输协会推荐给得克萨斯州交通运输部，并沿用至今。

目前，已有的经验设计法和理论设计法都是基于碎石封层、石屑封层或者沥青表面处治，对于纤维增强乳化沥青下封层还没有根据其自身的材料特性、结构特点、施工工艺及适用范围而进行的设计方法，只是按照这些方法进行适当的调整或修正。

五、国内外研究评析

从以上国内外对纤维增强乳化沥青下封层的工程实践与研究来看，主要还存在以下不足：

(1)纤维与乳化沥青黏结抗裂机理研究较少。目前，国内外对纤维增强乳化沥青下封层黏结抗裂机理的研究较少，大多数停留在对施工工艺的介绍和现场宏观力学试验上，很少从复合材料和能量角度分析解释该下封层的黏结抗裂机理。在纤维增强乳化沥青下封层复合力学嵌锁体系下的网状缠绕结构中，纤维与基体沥青的物理化学叠加效果不仅仅取决于两种材料本身的性质，更大程度上取决于它们接触的界面黏结性能。断裂损伤力学的发展，以及数值分析方法有限元的普遍运用，为认识和分析这类复合材料的抗裂机理、裂缝扩展规律和疲劳寿命提供了保证。

(2)缺乏对材料的优选。国内外研究资料都没有明确提出纤维增强乳化沥青下封层采用的玻璃纤维和乳化沥青品种，以及对材料具体技术指标的要求。近几年，由于材料工业的飞速发展，玻璃纤维的种类和乳化沥青的种类呈现出多样化和功能化，例如玻璃纤维分为E-玻璃纤维、C-玻璃纤维、高强S玻璃纤维、AR玻璃纤维、A玻璃纤维、E-CR玻璃纤维、D-玻璃纤维，包括一些表面经过特殊处理的玻璃纤维以及玄武岩纤维等；乳化沥青品种有普通乳化沥青、改性乳化沥青(SBS、SBR、PE、UN-A)，还包括橡胶沥青等。因此，分析乳化沥青与纤维界面黏结性能和抗裂作用机理，合理选择纤维与乳化沥青种类，规模化生产与施工，才能最大限度发挥纤维增强乳化沥青下封层的抗裂效果。

(3)材料配合比设计以及适应性研究较少。目前，纤维增强乳化沥青下封层在应用中对材料配合比设计研究较少，基本没有提出成套的配合比设计参数和设计方法，大多数是靠经验用量或单一的力学指标试验获得。并且对于材料的用量，不同研究者所推荐的范围有较大差异。不确切的用量和不完善的设计方法对材料性能发挥和工艺推广带来很大障碍，同时以往研究者对各个地方自然条件，例如温度、湿度的差异，带来的半刚性基层开裂性状的不一致，而导致对材料种类选择和用量确定的影响几乎没有涉及。

(4)缺乏对类似下封层抗裂性能对比。在以往的试验研究中，往往只是对比纤维增强乳化沥青下封层设置与否时对反射裂缝的抑制作用，很少比较设置施工工艺类似而组成材料不同的下封层的抗裂效果，如改性乳化沥青下封层、稀浆封层、橡胶沥青下封层、纤维橡胶沥青下封层等。

(5)对铺设FR-SAMI后对路面抗裂性能影响评价不全面。目前，对沥青路面裂缝的研究，主要集中在传统的反射裂缝、温缩裂缝等研究上，然而，近年来，有研究报告显示，出现在轮迹带附近的源于表面而向下扩展的纵向开裂(Top-Down 裂缝)已经成为高等级沥青路面的主要损坏类型之一[69]。纤维增强乳化沥青下封层的设置不仅可以阻止半刚性基层裂缝向上反射，也能阻止沥青面层向下开裂以后在半刚性基层上产生的拉应力而引起的基层开裂，以及阻止面层基层同时开裂产生的对接裂缝的进一步扩展。目前对后两者的研究涉及很少，从而低估了纤维增强乳化沥青下封层的作用。

(6)缺乏施工过程控制参数，评价效果指标单一。目前，对于纤维增强乳化沥青下封层的施工质量缺乏有效的控制指标和评价方法，大多数是凭借现场观察，如纤维在乳化沥青中分布的均匀性，沥青是否有析出等，而事实上这些都还不足以准确判断施工的好坏，必须采用可行的控制指标。

半刚性基层开裂引起的反射裂缝，一直是影响水泥稳定类为代表的半刚性基层使用效果的主要因素。我国是水泥生产大国，如果能很好地解决这个问题，可大大推进民族工业、增加内需、降低基层造价。具有网络缠绕结构的纤维增强乳化沥青下封层，由于纤维的高抗拉伸强度、高弹性模量特性以及加筋与搭接作用，可有效地吸收、扩散并重新分布路面结构中的局部集中应力，有效地降低路面结构中的应力，减少路面结构层中裂缝的产生，并有效解决由于半刚性基层的开裂而导致的沥青路面的反射裂缝；同时，纤维增强乳化沥青下封层具有良好的抗渗性，减小了水进入基层的概率，避免基层出现早期损害，从而延长沥青路面的使用寿命。如果能深入研究纤维与沥青界面黏附特性以及抗裂机理，合理选择纤维和沥青的品种，确定有效的配合设计方法和设计参数、严格控制施工质量，则该技术可凭借其良好的抗裂效果、低廉的造价、方便快捷的施工，而被大面积推广。

六、本书主要研究内容

基于对国内外已有研究的分析评述，本书力求探索纤维增强乳化沥青下封层的抗裂机理及获得最佳抗裂效果的材料优选和用量组合方案，进行了以下内容的研究：

(1)纤维与乳化沥青细观表面黏结吸附性能研究。以复合材料细观力学原理为基础，选择适合路面下封层的典型纤维品种，测定纤维与乳化沥青的接触角以及乳化沥青表面能，计算乳化沥青与纤维的黏附功，推导各种纤维单位比表面积下乳化沥青吸附量，优选应用于下封层的最佳纤维品种。分析纤维对乳化沥青特征官能团的选择性吸附，提出增强沥青与纤维黏附性的方法和措施。

(2)纤维表面改性方法与效果分析。试验采用 1mol/L、2mol/L 酸碱溶液和 1mol/L 偶联剂溶液，分别对玻璃纤维与玄武岩纤维表面进行处理，通过扫描电镜和红外分析纤维表面形貌及改性纤维乳化沥青官能团。根据不同改性纤维乳化沥青变化规律，研究改性纤维对提升纤维封层的相关性能的作用。

(3)纤维增强乳化沥青下封层应变损失功能和研究。根据热力学能量守恒原理，分析不同纤维与乳化沥青构成的复合材料体系应变损失功能和，从能量角度比较下封层中使用不同纤维品种的抗裂性能，推荐最佳纤维类型和纤维乳化沥青质量比。

(4)纤维增强乳化沥青下封层抗裂性能有限元分析。建立线弹性断裂力学有限元模型，计算断裂参数应力强度因子，评价纤维增强乳化沥青下封层对 3 种不同路面结构体系开裂模式的阻力效果。分析下封层模量、厚度、半刚性基层裂缝宽度、层间接触条件，加铺层厚度等参数对抗裂性能影响。

(5)纤维增强乳化沥青下封层抗裂性能扩展有限元分析。基于断裂力学理论及扩展有限元法在模拟裂缝扩展方面的优势，通过 ABAQOUS 有限元软件建立典型高速公路沥青路面结构，对动荷载作用下沥青路面结构中抗裂纤维封层的阻裂效应及其影响因素进行研究，研究抗裂纤维封层模量、轴载及基层裂缝宽度对抗裂纤维封层阻裂效应的影响。

(6)纤维增强乳化沥青下封层等效模量模拟。基于复合材料细观力学理论对抗裂纤维封层等效模量的分析方法进行探讨，应用纤维增强复合材料的等效模量公式对不同纤维体积掺量下抗裂纤维封层的等效模量进行理论计算，并通过板带拉伸试验结果对计算值进行误差分析。

(7)纤维增强乳化沥青下封层抗裂性能试验研究。主要研究：

①断裂能。选择影响纤维增强乳化沥青下封层抗裂性能的3个主要因素：乳化沥青用量、纤维用量和纤维长度，在四水平下的正交试验。测定带预切口复合路面结构试件荷载与挠度关系曲线图，得出各试验组合下的断裂能，分析影响断裂能的主要因素和最佳材料组合方案。比较铺设改性乳化沥青下封层、纤维增强乳化沥青下封层、稀浆封层、橡胶沥青下封层、纤维橡胶沥青下封层后路面结构断裂能的大小。

②裂缝的动态扩张速度。测定加载过程中距试件预裂缝不同位置处应变突变值与时间周期，比较不同材料用量以及不同下封层对裂缝发展抑制作用的大小，建立裂缝动态发展与力学指标的关联度。

(8)纤维增强乳化沥青下封层路用性能试验研究。改造沥青混合料车辙试验系统，模拟车辆通过半刚性基层裂缝时，路面结构3个受力状态，评价纤维增强乳化沥青下封层不同材料用量和不同下封层抗弯拉型和剪切型反射裂缝的性能，分析下封层厚度以及加铺层厚度对抗反射裂缝性能的影响。自制拉拔和剪切夹具，测定下封层与面层和基层剪切力与黏结力，得出影响剪切力和黏结力的主要因素和最佳材料组合方案。

(9)纤维增强乳化沥青下封层配合比设计方法研究。根据纤维与乳化沥青细观界面黏附性能，提出配合比设计的半理论半经验方法；根据裂缝动态发展规律与力学指标的关联度，提出配合设计的试验方法。根据研究成果给出实体工程配合比设计和实践案例。

第三章 FR-SAMI 组成材料界面黏结吸附性能与优化选择

FR-SAMI 主要是由非连续的短纤维增强相、沥青基体以及纤维与乳化沥青的中间相(界面相)组成的复合材料体系。增强相主要起承载作用,基体相主要起连接增强相和传载作用,界面是增强相和基体相连接的桥梁,同时也是应力的传递者[70]。界面是复合材料极为重要的微观结构,对复合材料的物理机械性能有至关重要的影响,尤其影响层间剪切、断裂、抗冲击等性能[71],因此界面黏结强度应该处于一个合理的状态。研究乳化沥青与不同纤维品种构成复合材料的界面黏结吸附性能,以此作为乳化沥青与纤维品种优化选择指标对保证下封层抗裂性能至关重要。

第一节 组成材料及性能指标

一、纤维

FR-SAMI 复合材料中,纤维的主要功能是显著提高基体材料的力学性能,赋予复合材料高强度、高模量等力学性能。复合材料的本质是采用增强剂增强,在微粒、薄片、纤维等形态的增强剂中,纤维增强材料的拉伸强度和模量比同质块状材料要大几个数量级。玻璃纤维以其优良的性能已越来越广泛地运用于交通运输、建筑、石油化工、电子电器、机械、航空航天等部门,其特点是拉伸强度高,伸长应变小于 3%,弹性系数高,吸收冲击能量大,加工性好,价格便宜,不易燃烧。

玻璃纤维按形态和长度,可分为连续纤维、定长纤维和玻璃棉;按玻璃成分国际上大致分类如下[72]:

(1)E-玻璃纤维:无碱玻璃纤维,也就是所谓的硼硅酸盐玻璃。目前,在市场上的占有率比较高,其绝缘性能好,机械强度高;但是容易被无机酸侵蚀,在酸性环境中适应性较差。

(2)C-玻璃纤维:中碱玻璃纤维,耐酸性比无碱玻璃纤维强,机械拉伸强度较无碱玻璃纤维高出 10% ~20%,主要用于玻璃钢的增强和过滤织物的生产中,价格比无碱玻璃纤维有优势。

(3)高强 S 玻璃纤维:主要优点是自身的高强度和高模量,其抗拉强度可以达到 4.6GPa,弹性模量可以达到 86GPa,比一般无碱玻璃纤维高出许多。

(4)AR 玻璃纤维:耐碱性能较强,普遍作为水泥中的增强剂。

(5)E-CR 玻璃纤维:无硼无碱玻璃纤维,其特点是耐酸耐水性能比较好,耐水性比 E-玻璃纤维高出 700% ~800%,耐酸性较中碱玻璃纤维也提高不少。

(6)玄武岩纤维:由玄武岩石料在熔融后拉丝而成,性能介于高强 S 玻璃纤维和无碱 E-

玻璃纤维之间,除了具有高强度、高模量的特点外,还具有耐高温性佳,抗氧化、抗辐射、绝热隔音、抗压缩强度和剪切强度高,适应于各种环境,且性价比好等特点。

除了以上品种的纤维以外,为了增强纤维与基体的黏附效果,往往根据具体的使用环境在纤维上涂覆一层浸润剂进行表面处理。

在以上众多的纤维品种中,适合道路下封层的大概有以下几个品种:A-玄武岩玻璃纤维,B-无碱玻璃纤维,C-高强玻璃纤维,D-表面处理玻璃纤维(由于商业保密需要,厂家一般不提供处理方式),如图 3-1 ~ 图 3-4 所示。

图 3-1　A-玄武岩玻璃纤维

图 3-2　B-无碱玻璃纤维

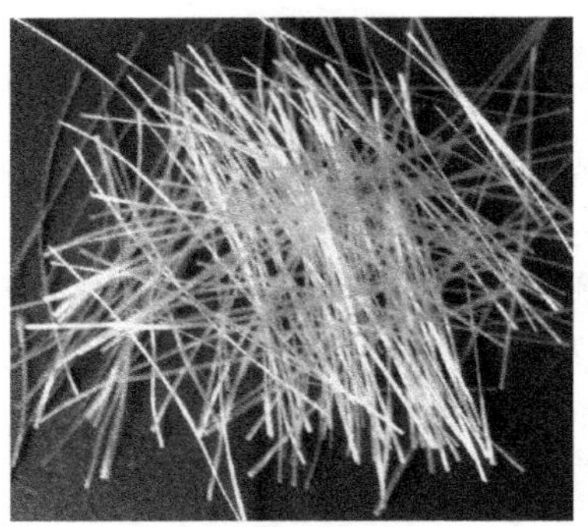

图 3-3　C-高强玻璃纤维

图 3-4　D-表面处理玻璃纤维

试验测定得到的以上 4 种纤维主要的性能指标如表 3-1 所示。

路用玻璃纤维主要性能指标　　表 3-1

性能指标	A-玄武岩玻璃纤维	B-无碱玻璃纤维	C-高强玻璃纤维	D-表面处理玻璃纤维
单丝强度(GPa)	4.5	3.43	4.6	4.2
拉伸弹性模量(GPa)	100	72.5	86	80
密度(g/cm^3)	2.49	2.28	2.29	2.38

二、乳化沥青

考虑到下封层中沥青与纤维的黏附性和喷洒施工,因此选择乳化沥青更适合一些,而改性乳化沥青具有耐高温,抗低温,适应性强,韧性好,抗疲劳,抗水、油和紫外线辐射,延缓老化,性能稳定,使用寿命长等特点,将其使用在下封层中更能发挥抗裂、防水的作用。

本书中使用的乳化沥青为 SBR 改性乳化沥青，基质沥青为韩国 SK-70、乳化剂为美德维实伟克 INDULIN DF-62 型阳离子快裂乳化剂。参考配方如表 3-2 所示，用量百分比以乳化沥青总重计。

乳 化 沥 青 配 方 表 3-2

配方参数	沥青(%)	INDULIN DF-62 乳化剂(%)	水(%)	HCl 调整 pH 值
用量	61.0	0.3～0.4	至 100	1.5～2.0

试验中应注意：INDULIN DF-62 应加于含无机酸（HCl）的温水中，并搅拌至完全溶解，HCl 的用量取决于盐酸的浓度，由于 INDULIN DF-62 的缓释效应，应在溶解后的 30min 内继续搅拌，在搅拌好的乳化沥青中加入 SBR 胶乳，得到试验中所需的改性乳化沥青。

考虑到纤维与乳化沥青吸附以后，乳化沥青中的水可能会溶解纤维表面的碱金属，让溶液变为碱性，而加快腐蚀纤维表面，导致纤维表面二氧化硅骨架解体，使纤维强度下降，纤维与乳化沥青复合材料性能减退，如果纤维表面结构有缺陷的话，情况可能更严重，故需尽可能缩短水与纤维的接触时间，同时考虑到施工进度，工程中常采用快裂型乳化沥青。具体的技术指标满足表 3-3 要求。

改性乳化沥青质量要求 表 3-3

<table>
<tr><th colspan="2">试 验 项 目</th><th>单位</th><th>PCR（I－B）</th><th>试 验 方 法</th></tr>
<tr><td colspan="2">破乳速度</td><td>—</td><td>快裂</td><td>T 0658</td></tr>
<tr><td colspan="2">粒子电荷</td><td></td><td>阳离子(+)</td><td>T 0653</td></tr>
<tr><td colspan="2">筛上剩余量(1.18mm)</td><td>%</td><td>≤0.1</td><td>T 0652</td></tr>
<tr><td colspan="2">电荷</td><td>—</td><td>阳离子正电(+)</td><td>T 0653</td></tr>
<tr><td colspan="2">与矿料的黏附性，裹覆面积</td><td></td><td>≥2/3</td><td>T 0654</td></tr>
<tr><td colspan="2">pH 值</td><td>—</td><td>2～3</td><td>pH 计</td></tr>
<tr><td rowspan="2">黏度</td><td>恩格拉黏度 E25</td><td>—</td><td>1～10</td><td>T 0622</td></tr>
<tr><td>沥青标准黏度 C25,3</td><td>s</td><td>8～25</td><td>T 0621</td></tr>
<tr><td rowspan="5">蒸发残留物性质</td><td>含量</td><td>%</td><td>≥50</td><td>T 0651</td></tr>
<tr><td>针入度(100g,25℃,5s)</td><td>0.1mm</td><td>40～120</td><td>T 0604</td></tr>
<tr><td>延度(5℃,5cm/min)</td><td>cm</td><td>≥20</td><td>T 0605</td></tr>
<tr><td>软化点(环球法)</td><td>℃</td><td>≥50</td><td>T 0606</td></tr>
<tr><td>溶解度(三氯乙烯)</td><td>%</td><td>≥97.5</td><td>T 0607</td></tr>
<tr><td rowspan="2">存储稳定性</td><td>1d</td><td>%</td><td>≤1</td><td>T 0655</td></tr>
<tr><td>5d</td><td>%</td><td>≤5</td><td>T 0655</td></tr>
<tr><td>外观</td><td colspan="4">呈棕黑色或黑褐色液体，经搅拌以后无凝胶、结块、呈均匀状态</td></tr>
<tr><td>表干时间</td><td>h</td><td colspan="2">4</td><td rowspan="2">JCT 975—2005</td></tr>
<tr><td>实干时间</td><td>h</td><td colspan="2">8</td></tr>
<tr><td colspan="2">不透水性，0.3MPa，30min</td><td colspan="2">不透水</td><td>JCT 975—2005</td></tr>
<tr><td colspan="2">热碾压后抗渗性，0.1MPa，30min</td><td colspan="2">不渗水</td><td>JCT 975—2005</td></tr>
</table>

第二节 纤维与沥青黏附性研究

FR-SAMI 复合材料的破坏一般表现为纤维从沥青基体里拔出的界面剪切破坏，如图3-5、图 3-6 所示。

图 3-5 FR-SAMI 界面破坏(侧面)

图 3-6 FR-SAMI 界面破坏(正面)

其破坏原因是裂纹在扩散过程中能量流散(能量耗散)，减缓了裂纹扩展速度，以及消耗与界面的脱胶(黏结被破坏)，从而分散了裂纹峰上的能量集中，使整个破坏过程为界面破坏。从细观力学分析观点看，界面的作用是使纤维和沥青基体形成一个整体，通过它传递应力。在界面上，一部分力学指标是连续的，还有一部分则是不连续的，由于组成复合材料各自相的力学性质不同，在外力的作用下，应力通过沥青基体与纤维的黏结键传播，在内部反映为一侧材料对另一侧材料变形的限制约束。这种限制约束存在，会在界面以及附近区域出现应力集中现象，尤其是在界面几何尺寸有突变的地方，如果在线弹性理论范畴内，会出现应力值趋于无穷大，即应力奇异现象。界面和界面缺陷引起的应力集中及残余应力等，会让界面附近的材料处于很高的应力水平，故复合材料构成的结构强度和疲劳寿命，一般由界面强度决定，因此纤维与沥青界面黏附性一定程度上决定了下封层的抗裂性能。本书从细观表面能和功能原理、宏观吸附性方面入手进行纤维与沥青界面性能研究。

一、界面表面能

1. 理论依据

对于由纤维和乳化沥青构成的复合材料体系，其界面形成可以分为两个阶段：第一阶段是沥青基体与增强纤维的接触与浸润过程，它直接决定所形成界面的结构；第二阶段是增强纤维与沥青基体通过物理或化学变化而固化，形成固定的界面层。在制备复合材料过程中要求各组分之间能牢固黏结，具有足够强度，要实现这一目标必须在增强相与基体界面上形成能量最低的结合，即乳化沥青对纤维的浸润[73]。

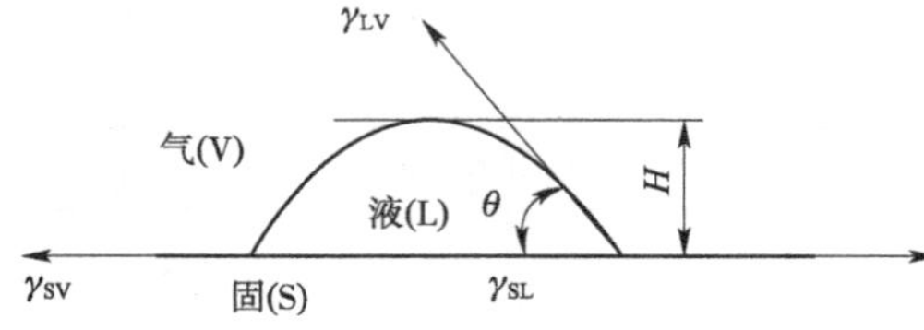

图 3-7 液体在固体表面的浸润性情况

表面化学中用平衡接触角 θ 表示固、液、气的三相接触浸润状态，如图 3-7 所示。

接触角与三相界面张力之间的关系可用式(3-1)的 Young 方程[74]来表示：

$$\gamma_{SV} = \gamma_{SL} + \gamma_{LV}\cos\theta \tag{3-1}$$

式中，γ_{SV}、γ_{SL}、γ_{LV}分别为固—气、固—液和液—气界面张力（表面能）。

由上式知，只有当 $\gamma_{LV} > \gamma_{SV} - \gamma_{SL}$ 时，固、液、气三相才有比较明确的交界线；而当 $\gamma_{LV} = \gamma_{SV} - \gamma_{SL}$时，$\theta$ 为零；当 $\gamma_{LV} < \gamma_{SV} - \gamma_{SL}$时，不存在平衡接触角。

由 Young 方程可以推导出判断润湿过程的公式[75]：

润湿

$$W_a = \gamma_{SV} + \gamma_{LV} - \gamma_{SL} = \gamma_{LV}(\cos\theta + 1) \tag{3-2}$$

浸湿

$$W_i = \gamma_{SV} - \gamma_{SL} = \gamma_{LV}\cos\theta \tag{3-3}$$

铺展

$$S = \gamma_{SV} - (\gamma_{SL} + \gamma_{LV}) = \gamma_{LV}(\cos\theta - 1) \tag{3-4}$$

式中，W_a、W_i 和 S 分别称为黏附功、浸润功和铺展系数。

由上式可知 θ 值越小（余弦 $\cos\theta$ 值越大），与之对应的黏附功 W_a、浸润功 W_i 和铺展系数值 S 越大，即界面润湿性越好，故 θ 可作为界面润湿性量度指标。

液体与固体之间的黏附性是能量作用原理，即液体润湿固体表面而形成的，其润湿过程也是固—液体系表面自由能减小过程。纤维增强乳化沥青下封层中纤维与乳化沥青接触后，乳化沥青与大气界面和纤维与大气界面被纤维与乳化沥青界面所取代，纤维与乳化沥青之间的界面张力可以替代表面 Gibbs 函数，界面张力可以用式[76-77]（3-5）表示。

$$\Delta G = \gamma_{SL} - \gamma_{SV} - \gamma_{LV} \tag{3-5}$$

表面张力的可逆过程，即为附着功或黏附功，它表示将单位截面积的纤维与乳化沥青界面拉开所做的功，也就是下封层中纤维从沥青中拔出时所做的功。

同时，黏附功又可以用纤维与乳化沥青中各自的极性分量和色散分量来表示，如式(3-6)所示：

$$W_a = 2\sqrt{\gamma_{SV}^d \gamma_{LV}^d} + 2\sqrt{\gamma_{SV}^p \gamma_{LV}^p} \tag{3-6}$$

式中，γ_{SV}^p和 γ_{LV}^p为纤维和乳化沥青表面自由能的极性部分；γ_{SV}^d和 γ_{LV}^d为纤维和乳化沥青表面自由能的色散部分。

由式(3-2)和式(3-6)得：

$$\gamma_{LV}(1 + \cos\theta) = 2\sqrt{\gamma_S^d \gamma_{LV}^d} + 2\sqrt{\gamma_S^p \gamma_{LV}^p} \tag{3-7}$$

要求解纤维的表面极性分量 γ_{SV}^p和色散分量 γ_{SV}^d，需要在文献中查阅两种已知极性分量 γ_{LV}^p和色散分量 γ_{LV}^d的液体，测定这两种液体在纤维表面的接触角，分别把液体的表面张力和试验测定得到的接触角代入式(3-7)，即可得两个二元方程式，理论上有唯一的解，求解得到纤维的 γ_{SV}^p和 γ_{SV}^d。纤维表面自由能可以用式(3-8)表示：

$$\gamma_{SV} = \gamma_{SV}^p + \gamma_{SV}^d \tag{3-8}$$

同理，也可以用已知两固体的表面能参数以及与未知液体的接触角，求得液体的表面能参数。液体与固体的接触角可以直接用躺滴法测定[78]，纤维与沥青的接触可采用单丝浸润法[79]。按式(3-9)进行计算：

$$\frac{Z_{max}}{a} = \frac{R}{a}\cos\theta\left[0.809 + \ln\frac{a}{R(1 + \cos\theta)}\right] \tag{3-9}$$

式中，$a=\sqrt{\frac{\gamma}{\rho g}}$；$R=\frac{b}{\cos\theta}$；$Z_{\max}$为液体沿纤维壁上升的最大高度；$\gamma$为液体的表面张力；$\rho$为液体的密度；$g$为重力加速度；$b$为纤维半径。

将上式整理成：

$$\frac{\cos\theta}{1+\sin\theta}=\frac{b}{a}e^{\frac{Z_{\max}}{b}-0.809} \tag{3-10}$$

当γ、ρ、$Z_{\max}$、b为已知时，则式(3-10)右边为一个常数，即：

$$\frac{b}{a}e^{\frac{Z_{\max}}{b}-0.809}=k \tag{3-11}$$

则：

$$\frac{\cos\theta}{1+\sin\theta}=k \tag{3-12}$$

令$t=\sin\theta$，$\cos\theta=\sqrt{1-t^2}$，整理式(3-12)得：

$$\sqrt{1-t^2}=k(1+t) \tag{3-13}$$

通过试验测得k值，带入式(3-13)可求出t，则接触角为：

$$\theta=\sin^{-1}t \tag{3-14}$$

2. 测试设备

接触角测量设备采用北京哈科试验仪器厂 SPCAXE 型接触角测定仪，主要技术参数如下：测量范围，0～180°；角度测量误差，0.1°；显微镜放大倍数，0.7～4.5倍，放大率连续可调；温度范围，0～190℃；可配自动滴液系统。

3. 测试步骤

(1)测定两种已知固体(玻璃板、钢板)的表面能参数。采用躺滴法测量玻璃板与钢板表面与两种已知表面能参数液体(水、乙二醇)之间的接触角。在每个样品表面不同位置处测量5～10次(每个测点之间需有一定间隔)，读取液滴左右两边的数据，计算求其平均值及置信区间。测定结果显示在图3-8～图3-11中。

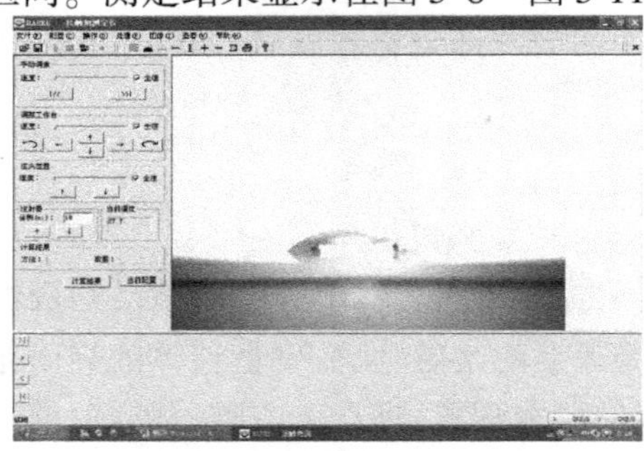

图3-8 玻璃板与水接触角测定

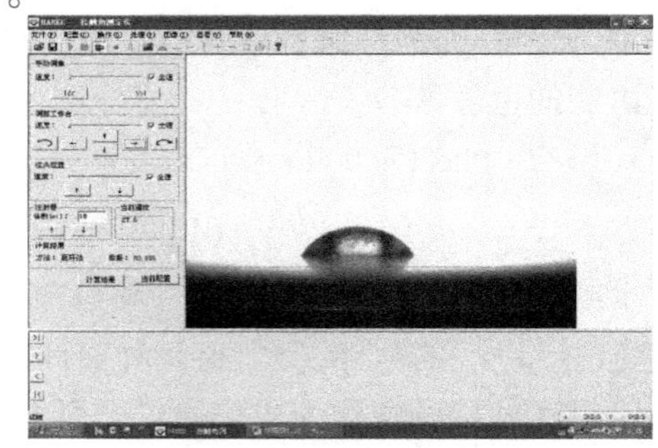

图3-9 钢板与水接触角测定

(2)测定乳化沥青与(1)步骤中已求得表面参数的玻璃板与钢板在以下4种情况：破乳前(25℃)、破乳后(25℃)、40℃、60℃时的接触角，方法与试验原理与步骤(1)相同。试验结果如图3-12～图3-19所示。

(3)将纤维悬挂在试样架上，并保持纤维直立浸入乳化沥青液面，分别测定已知表能参数的乳化沥青与A(玄武岩纤维)、B(无碱玻璃纤维)、C(高强玻璃纤维)、D(表面处理玻璃纤维)在破乳前(25℃)、破乳后(25℃)、40℃、60℃时，弯月面附近乳化沥青沿纤维表面上升的最大高度值。测试装置如图3-20、图3-21所示，测试结果如图3-22所示。

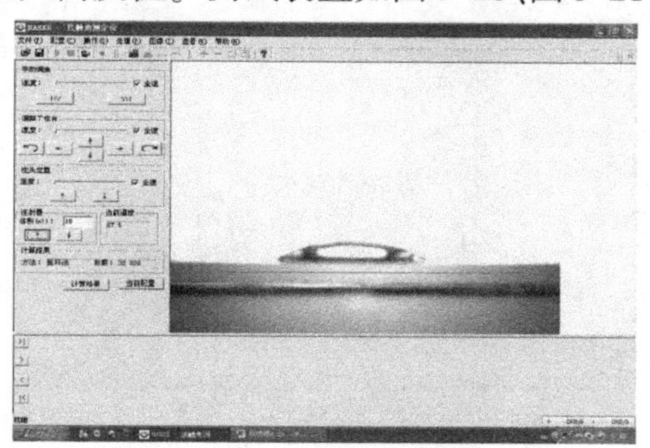

图3-10 玻璃板与乙二醇接触角测定

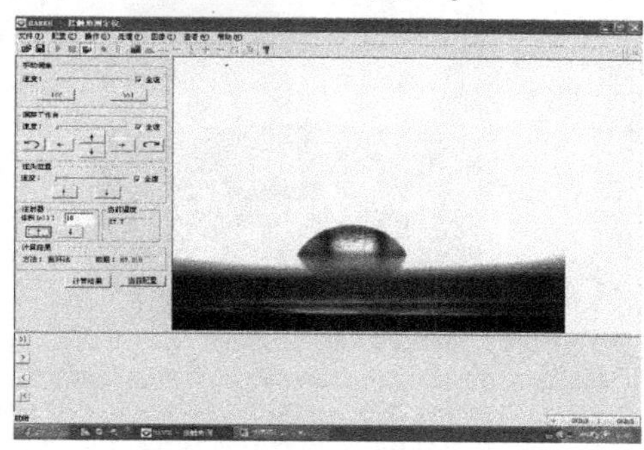

图3-11 钢板与乙二醇接触角测定

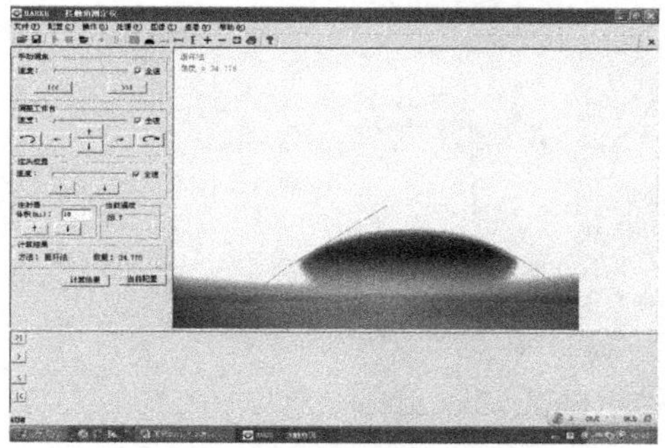

图3-12 25℃乳化沥青破乳前和玻璃板接触角

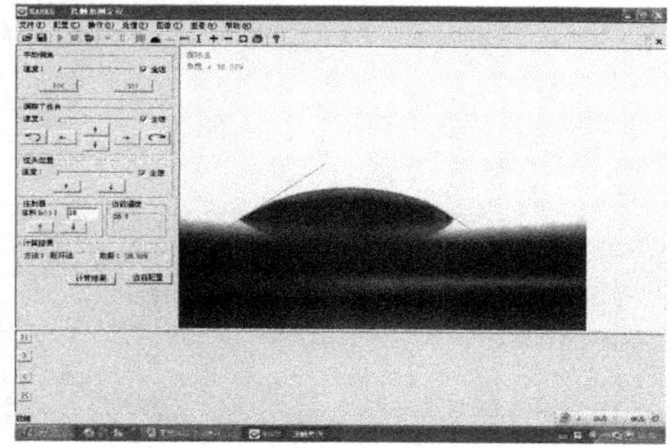

图3-13 25℃乳化沥青破乳前和钢板接触角

图3-14 25℃乳化沥青破乳后和玻璃板接触角

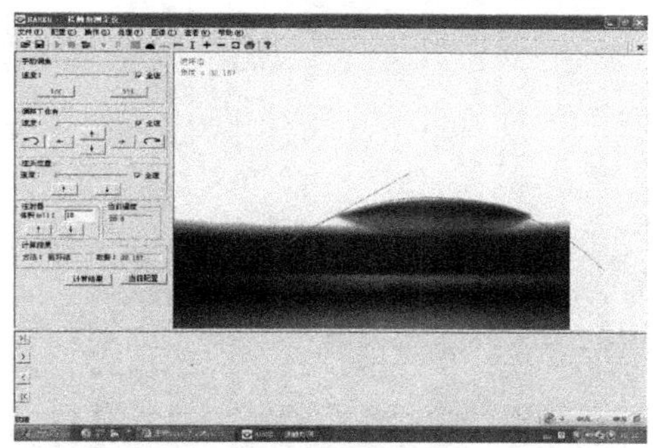

图3-15 25℃乳化沥青破乳后和钢板接触角

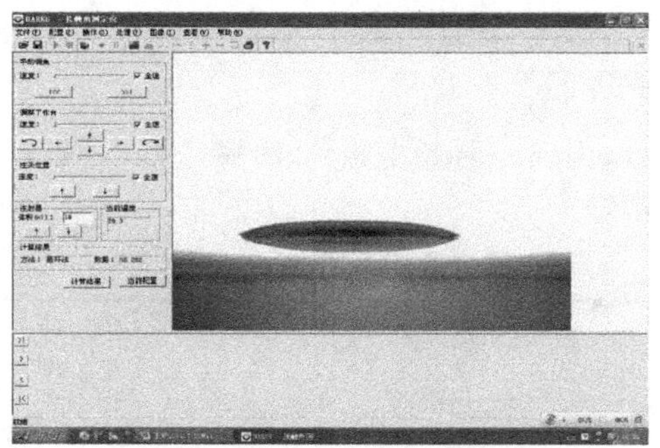

图3-16 40℃乳化沥青破乳后和玻璃板接触角

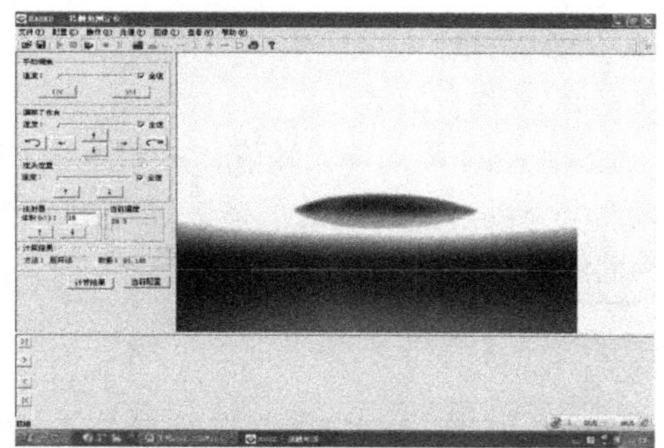

图3-17 40℃乳化沥青破乳后和钢板接触角

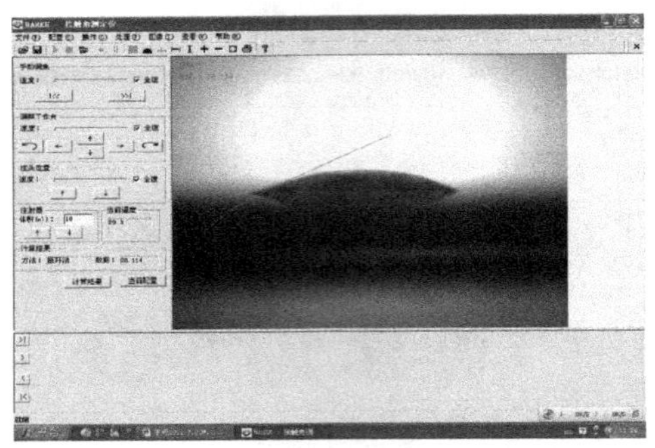
图 3-18　60℃乳化沥青破乳后和玻璃板接触角

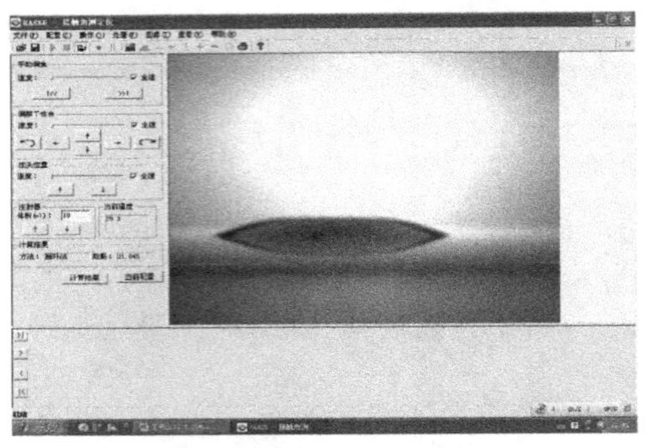
图 3-19　60℃乳化沥青破乳后和钢板接触角

图 3-20　沥青与纤维接触角测试装置

图 3-21　接触角测定仪

图 3-22　接触角测定结果

4. 试验结果

(1)两固体表面能

试验测定两固体与已知液体的接触角如表 3-4 所示,参考文献[80]显示两液体的表面能如表 3-5 所示,推算出的固体表面能如表 3-6 所示。

两固体与已知液体接触角(°)　表 3-4

项　　目	水	乙二醇
玻璃板	37.73	30.76
钢板	51.13	56.58

已知液体表面能(mJ/m^2)　表 3-5

项　　目	γ_{LG}	γ_{LG}^{d}	γ_{LG}^{p}
水	70.8	21.8	51.0
乙二醇	48.3	29.3	19

固体表面能（mJ/m^2）　　　　表 3-6

项　　目	γ_{SG}	γ_{SG}^d	γ_{SG}^p
玻璃板	65.92	3.51	62.41
钢板	64.66	0.08	64.58

注：在表 3-5、表 3-6 中，γ_{LG}^d 和 γ_{SG}^d 为液体和固体表面自由能的色散部分；γ_{LG}^p 和 γ_{SG}^p 为固体和液体表面自由能的极性部分。

(2)乳化沥青表面能

试验测定乳化沥青与已知固体的接触角如表 3-7、图 3-23 所示。

乳化沥青与已知固体接触角数据（°）　　　　表 3-7

项　　目	破乳前（25℃）	破乳后（25℃）	破乳后（40℃）	破乳后（60℃）
玻璃板	34.778	30.763	27.321	26.114
钢板	36.529	32.167	31.925	31.845

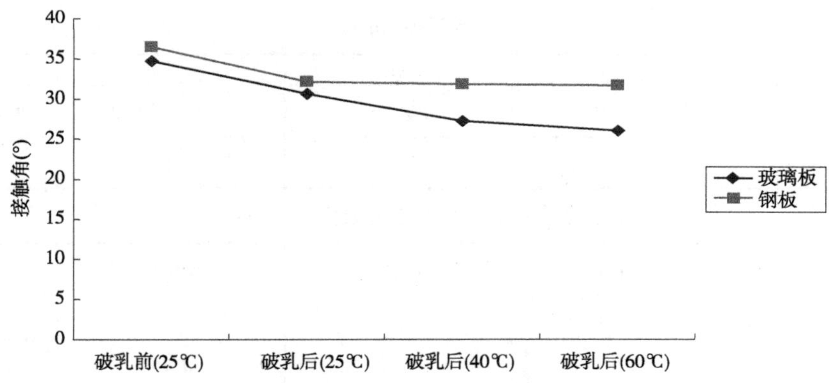

图 3-23　不同温度下乳化沥青与已知固体接触角变化曲线

将表 3-7 试验结果代入式(3-6)～式(3-8)，计算得到沥青的表面参数如表 3-8、图 3-24 所示。

乳化沥青表面能参数与黏聚力（mJ/m^2）　　　　表 3-8

项　　目	破乳前（25℃）	破乳后（25℃）	破乳后（40℃）	破乳后（60℃）
γ_{LG}^d	1.633	1.56	2.74	3.95
γ_{LG}^p	77.44	74	71.11	63.13
γ_{LG}	79.07	75.56	73.85	67.08
W_{SL}	158.14	151.12	147.70	134.16

注：W_{SL} 为沥青的内聚功。

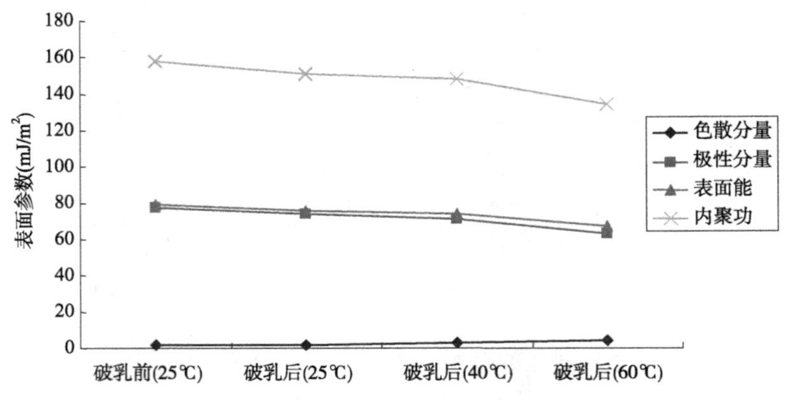

图 3-24　不同温度下沥青表面能参数与黏聚力变化曲线

(3)纤维与乳化沥青黏附功

显微镜下测定得到各纤维半径如表 3-9 所示，接触角试验仪测定得到各温度下弯月面附近乳化沥青沿纤维表面上升最大高度值如表 3-10 所示。将试验结果代入式(3-9)～式(3-14)，推算各种纤维与乳化沥青的接触角如表 3-11、图 3-25 所示，由式(3-2)计算出的 4 种纤维与乳化沥青在不同温度下黏附功如表 3-12、图 3-26 所示。

纤维半径(mm)　　表 3-9

纤维名称	A-玄武岩纤维	B-无碱玻璃纤维	C-高强玻璃纤维	D-表面处理玻璃纤维
纤维半径	0.45	0.60	0.60	0.55

乳化沥青沿纤维表面上升最大高度(mm)　　表 3-10

纤维品种	破乳前(25℃)	破乳后(25℃)	破乳后(40℃)	破乳后(60℃)
A	0.79	0.77	0.75	0.73
B	0.94	0.91	0.89	0.87
C	0.88	0.86	0.82	0.78
D	0.91	0.89	0.87	0.85

纤维与乳化沥青接触角(°)　　表 3-11

纤维品种	破乳前(25℃)	破乳后(25℃)	破乳后(40℃)	破乳后(60℃)
A	46	47	50	50
B	36	37	40	40
C	47	47	51	53
D	34	36	37	38

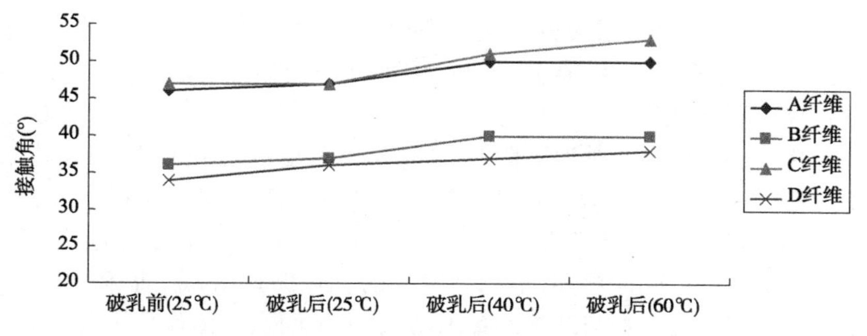

图3-25 不同温度下纤维与乳化沥青接触角变化趋势图

纤维与乳化沥青黏附功(mJ/m²) 表3-12

纤维品种	破乳前（25℃）	破乳后（25℃）	破乳后（40℃）	破乳后（60℃）
A	134.00	128.05	121.32	110.20
B	143.04	135.90	130.42	118.47
C	132.00	127.09	120.33	107.45
D	144.62	136.69	132.83	119.91

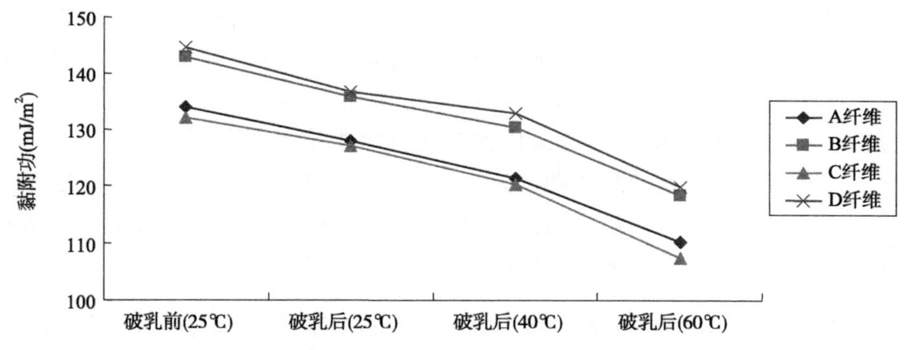

图3-26 不同温度下纤维与乳化沥青黏附功变化趋势图

5.试验结果分析

从以上试验结果可以得出：

(1)不同状态下的乳化沥青(破乳前25℃、破乳后25℃、40℃、60℃)在同一品种纤维表面上升高度不一样,上升高度越大,与沥青的接触角越小,与沥青的黏附功就越大,上升高度与黏附功呈正比例关系。同一状态下的沥青在不同品种的纤维上上升的高度与黏附功没有线性关系,主要原因是由于纤维的半径不一样。

(2)表3-10计算得到的纤维与乳化沥青的接触角均小于90°,故乳化沥青能很好地浸润在纤维表面上。这主要是由于乳化沥青中的水体积很小,而极性很大,很容易扩散在纤维表面,表现为纤维很容易吸附乳化沥青,这为纤维增强乳化沥青下封层的施工奠定了基础。

(3)对于同一种纤维,同一温度下,破乳后黏附功比破乳前黏附功小一些,A、B、C、D四种纤维分别减小了4.4%、5.6%、3.7%、5.5%。其主要原因是由于破乳前水分的存在增加了基质沥青的表面能。

(4)对于同一种纤维,随着温度的升高,沥青与纤维的黏附功逐渐降低。其原因是沥青的表面能随着温度增加而降低,沥青分子热运动加剧,其瞬时偶极距增加,表现为沥青分子极性分量增加。热运动加剧同时减小了分子畸变,使得不同电性分子可以更好地结合,结果表现出色散分量减小,最终表现为黏附功下降。破乳后的乳化沥青从常温25℃升温至60℃,与A、B、C、D四种纤维的黏附功分别下降了13.9%、11.7%、15.4%、13.3%。故温度升高纤维下封层中纤维更容易从沥青中拔出,其抗裂性能会有一定程度的下降。

(5)比较图3-24与图3-26可知,不同状态下的乳化沥青(破乳前、破乳后、40℃、60℃)的黏聚力,比同种状态下的沥青与纤维的黏附功大,这说明在外力作用下使沥青基体发生破坏所做的功比使沥青与纤维界面分离所做的功大一些,其相差值最小为8.8%,最大为17.9%,这也解释了现实情况中纤维增强乳化沥青下封层在破坏时往往表现为纤维从沥青中拔出。由此也可以得出这样的结论,纤维与沥青界面的黏附强度不能无限制提高,其极限值为基体沥青的黏聚力,否则材料的破裂面会转移到基体内部。故复合材料界面黏结最佳状态应当是受力发生开裂时,以裂纹转化为区域化而不发生进一步的界面脱黏,这时复合材料具有最大的断裂能和断裂韧性。

(6)A-玄武岩纤维、B-无碱玻璃纤维、C-高强玻璃纤维、D-表面处理玻璃纤维与同一种乳化沥青在不同状态下(破乳前25℃、破乳后25℃、40℃、60℃)的黏附功从大到小依次是D > B > A > C,其最大的差值可能达到10%左右,故表面处理玻璃纤维与沥青的黏附效果最好,无碱玻璃纤维次之,再次是玄武岩纤维,最差的是高强玻璃纤维。所以在下封层中选择D(表面处理玻璃纤维)能更好地与乳化沥青黏附,形成较强的界面黏结力,更好地扩散吸收半刚性基层裂缝尖端的集中应力,使下封层具有较好的抗裂效果。

(7)在试验中C-高强玻璃纤维是这几种增强材料中抗拉强度最高的,但与沥青的界面黏附功最小,故纤维与沥青界面黏附功的大小与纤维本身强度无关,而与表面处理方式有关系。纤维的表面化学组成、结构与性质对复合材料的性能影响很大,提高沥青基体和纤维之间的黏结强度,可以采用表面浸润剂对纤维表面进行化学处理。

(8)由Young方程$\cos\theta = \frac{\gamma_{SV} - \gamma_{SL}}{\gamma_{LV}}$可知,纤维增强材料表面Gibbs自由能越高($\gamma_{SV}$值越大),其他参数相同的情况下,计算得到的接触角$\theta$越小,沥青在纤维上的浸润效果越好,黏附功越大,增强纤维与沥青的黏附功可以从提高纤维表面能入手。

二、网篮浸润吸附

为了保证纤维增强乳化沥青下封层具有良好的抗裂性能,要求组成材料分布应该均匀,即乳化沥青能很好地包裹在纤维的表面不出现流淌离析、纤维不出现裸露结团。如果乳化沥青与纤维黏附不足,或是乳化沥青用量过度,就会出现如图3-27所示的现象,为了从宏观上测定乳化沥青与不同纤维的握裹程度,采用网篮浸润吸附试验来验证。

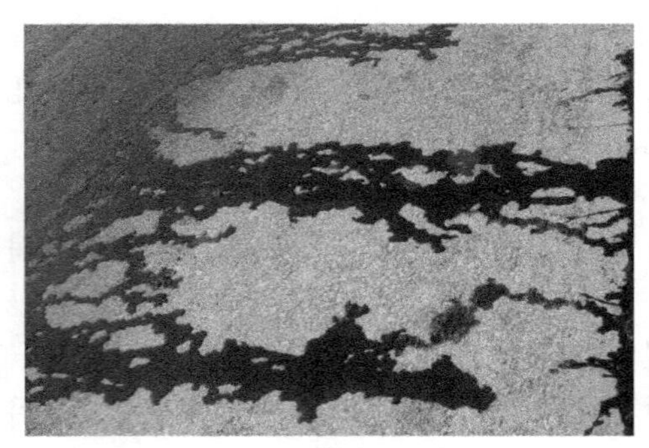

图3-27 施工中乳化沥青流淌

网篮浸润吸附试验通过测试乳化沥青破乳前

后与 A、B、C、D 四种纤维的单位质量平均吸附量,并由此评价纤维对乳化沥青的吸附能力。试验过程如下:称取一定质量 A、B、C、D 四种纤维,将纤维在乳化沥青中浸泡 12h,一份放入直径为 0.25mm 孔筛上,直至乳化沥青不再流出,称取纤维与乳化沥青的总质量,将另一份放入 60℃的烘箱中加热直至破乳,分别计算出纤维单位质量下乳化沥青吸附量,试验结果见表 3-13、图 3-28、图 3-29。

篮网浸润吸附试验数据 表 3-13

纤维名称	纤维重(g)	吸附乳化沥青(g)	
		25℃(破乳前)	60℃(破乳后)
A-玄武岩纤维	0.988	6.018	3.585
B-无碱玻璃纤维	1.132	5.705	3.172
C-高强玻璃纤维	0.87	4.890	2.913
D-表面处理玻璃纤维	1.106	5.763	4.199

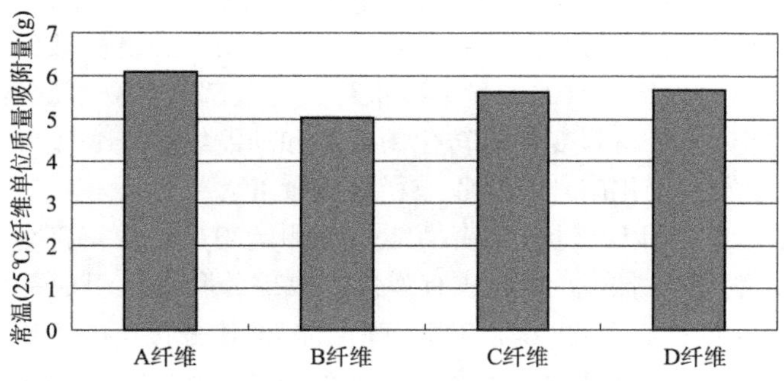

图 3-28 常温(25℃)下不同纤维的沥青吸附量

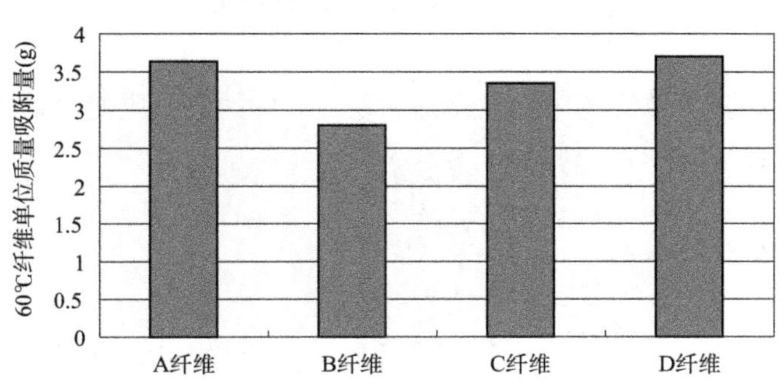

图 3-29 60℃下不同纤维的沥青吸附量

分析上面的试验结果,可以得出如下结论:

(1)常温 25℃下,单位质量 A 纤维对乳化沥青的吸附量最大为 6.097g,其次是 D 纤维 5.672g,再次是 C 纤维 5.630g,最小是 B 纤维 5.040g。高温 60℃下,单位吸附量最大的是 D 纤维 3.707g,其次是 A 纤维 3.629g,再次是 C 纤维 3.348g,最后是 B 纤维 2.802g。经测定,A 纤维单位质量的比表面积较大,结构疏松,故吸附量的多少不仅仅和纤维的表面化学性能有关,也和材料的物理外观状态有关系。

(2)吸附量的多少仅仅是吸附性能的一个方面,不能完全说明吸附性的好坏,吸附量大,单点吸附强度也高,则吸附性能好。虽然常温下 D 纤维吸附量不如 A 纤维,但是 D 纤维与乳化沥青的吸附功要比 A 纤维高,所以一旦吸附上更难解析脱黏,故在下封层中使用 D 纤维更有利于抗裂。

(3)试验结果中纤维单位质量吸附乳化沥青平均量与理论值有差距,主要是因为液体乳化沥青黏度较小,在重力的作用下较容易流出,同时纤维彼此之间交叠较多,影响了有效表面积。尽管如此,吸附量试验还是可以从一定程度上说明各种纤维对乳化沥青吸附能力,和理论计算表现出相似规律性。

三、应变损失功能和原理

1. 理论依据

根据断裂力学观点,裂纹在扩散过程中,由于物体内部能量的释放产生的裂纹驱动力导致了裂纹的增长,同时也存在阻止内部能量形成新的裂纹面积的阻力,即在裂纹增长的过程中驱动裂纹增长动力和阻止裂纹增长阻力是平衡的,遵循能量守恒定律。在半刚性基层沥青路面中,半刚性基层开裂以后,在温度和荷载应力的作用下裂缝扩散到纤维和沥青组成的复合材料下封层中,材料内部具有的能量大致被释放为三部分:第一部分使沥青和纤维脱黏的黏附功 W_N;第二部分由于材料变形而转化为内能和动能统称应变能 W_Y;第三部分变形过程中弹性体的温度将发生变化向外界吸收或释放热量 W_R。

第一部分黏附功 W_N 可以通过前面表面能试验测定得出。第二部分应变能 W_Y 与第三部分损耗能 W_R 可以将含纤维的沥青看成有弹性组成部分和黏性组成部分构成的 Kelvin 模型或 Maxwell 模型,测定出 E_1 分量(G')相当于弹性部分,该分量反映了变形过程中能量的存储和释放,称为存储模量;E_2 分量(G'')相当于黏性部分,即迟滞部分,它反映变形过程中由于摩擦、熵变等产生的以热量形式散失的能量,称为损耗模量[81]。与之对应的两部分别为应变能 W_Y、热量损耗能 W_R。

在沥青流变模型基本单元体中弹性元件和黏性元件的应力应变关系如下[82-83]。

弹性元件应力应变关系:

$$\sigma = E\varepsilon \tag{3-15}$$

黏性元件应力应变关系:

$$\tau = \eta \dot{\varepsilon} \tag{3-16}$$

其中应变能 W_Y 按式(3-17)计算,热量损耗能 W_R 按式(3-18)计算:

$$W_Y = E_1 \frac{\varepsilon^2}{2} \tag{3-17}$$

$$W_R = \int_0^{0.12} \eta \dot{\varepsilon} \mathrm{d}\varepsilon \tag{3-18}$$

式中,η 为黏性部分的黏度;$\dot{\varepsilon}$ 为应变速率。

以上参数可以通过动态剪切流变试验 DSR 获得,由于 DSR 试验的剪切频率是一定的,即 10rad/s,则有:

$$\dot{\varepsilon} = \frac{10 \times 25}{2 \times \pi \times 25} = 1.5923(1/\mathrm{s})$$

$$W_R = 1.5923 \times 0.12\eta = 0.1912\eta \tag{3-19}$$

聚合物动态和准态黏度转换中，由 Cox-Merz 经验公式[式(3-20)]求出 η 的近似解[84]。

$$\eta \approx \frac{E}{\omega} = \frac{E}{10} \tag{3-20}$$

式中，ω 为剪切频率，试验中为定值 10rad/s。

不同纤维与沥青构成的复合材料体系能量和(功能和)越大，说明其抗裂效果越好，以此指标可从能量角度解释纤维碎石封层复合材料的抗裂机理，也为合理选择纤维的类型提供依据。

2. 试验方法

分别将 A、B、C、D 四种纤维加入乳化沥青中，同时为了对比不加纤维，以及在橡胶沥青中加入纤维的情况，制作 6 组试件。其材料组成和掺配比例如表 3-14 所示。试样大小为 $\phi = 25$mm、厚 1mm。DSR 试验采用应变 12% 控制方式，速率为 10rad/s。

试验试件配比 表 3-14

试件编号	材料组成	掺配比例
A	A(玄武岩纤维) + SBR 乳化沥青	1:20
B	B(无碱玻璃纤维) + SBR 乳化沥青	1:20
C	C(高强玻璃纤维) + SBR 乳化沥青	1:20
D	D(表面处理玻璃纤维) + SBR 乳化沥青	1:20
J	SBR 乳化沥青	
X	D(表面处理玻璃纤维) + 橡胶沥青	1:20

试验过程如图 3-30 所示，数据输出结果如图 3-31 所示。

图 3-30 DSR 测试过程

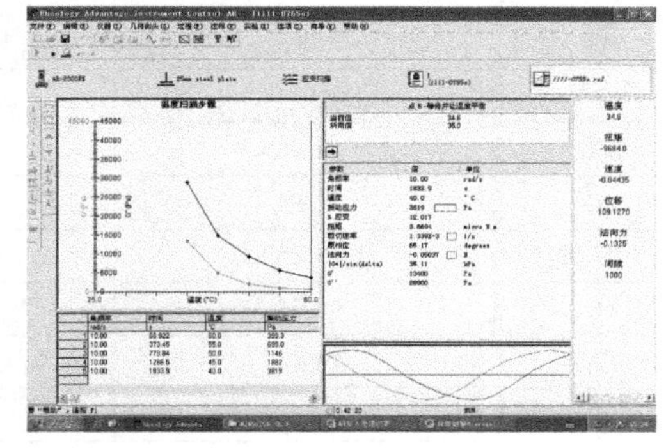

图 3-31 试验数据显示

3. 试验结果

不同温度下测定的试样 DSR 结果如表 3-15 ~ 表 3-20 所示。

试样 A 试验结果 表 3-15

温度(℃)	$\|G^*\| \cdot \sin(\text{delta})$ (kPa)	$\|G^*\|/\sin(\text{delta})$ (kPa)	G'(Pa)	G''(Pa)
60	3.344	3.432	541	3344
55	6.817	7.011	1147	6817

续上表

温度(℃)	|G*| · sin(delta)(kPa)	|G*|/sin(delta)(kPa)	G′(Pa)	G″(Pa)
50	12.23	12.64	2231	12230
44.9	22.28	23.2	4519	22280
39.9	45.75	48.35	10910	45750
34.9	85.2	91.87	23830	85200
29.9	118.6	132	39790	1.19E+05
25	263.5	304.98	104538	2.63 E+05

试样 B 实验结果 表 3-16

温度(℃)	|G*| · sin(delta)(kPa)	|G*|/sin(delta)(kPa)	G′(Pa)	G″(Pa)
60	3.85	3.93	563.7	3850
55	7.814	7.995	1189	7814
50	13.52	13.91	2302	13520
45	24.02	24.92	4660	24020
40	47.3	49.74	10740	47300
35	89.98	96.42	24060	89980
29.9	139.9	153.6	43760	1.40E+05
25	199.85	226.17	72500	2.00E+05

试样 C 试验结果 表 3-17

温度(℃)	|G*| · sin(delta)(kPa)	|G*|/sin(delta)(kPa)	G′(Pa)	G″(Pa)
60	3.965	4.029	503.3	3965
54.9	7.014	7.149	971.7	7014
50	12.98	13.3	2049	12980
45	24.94	25.79	4609	24940
39.9	45.86	48.48	10960	45860
34.9	90.93	99.34	27650	90930
29.9	166.3	188.5	60680	1.66E+05
25	277.16	307.50	1.12E+05	2.77E+05

试样 D 试验结果 表 3-18

温度(℃)	|G*| · sin(delta)(kPa)	|G*|/sin(delta)(kPa)	G′(Pa)	G″(Pa)
60	3.777	3.873	601.6	3777
55	5.721	5.889	980.8	5721
50	9.331	9.773	2030	9331
45	14.89	16.5	4904	14890
40	28.9	35.11	13400	28900

续上表

温度(℃)	|G*|·sin(delta)(kPa)	|G*|/sin(delta)(kPa)	G′(Pa)	G″(Pa)
35	53.77	70.94	30390	53770
29.9	92.94	135.9	63180	92940
25	154.9	258.0	1.26E+05	1.55E+05

试样 J 试验结果　　表 3-19

温度(℃)	|G*|·sin(delta)(kPa)	|G*|/sin(delta)(kPa)	G′(Pa)	G″(Pa)
60	3.405	3.48	504.5	3405
55	6.027	6.182	965.3	6027
50	11.05	11.39	1946	11050
45	21.29	22.14	4260	21290
40	43.38	45.75	10150	43380
34.9	81.34	87.51	22410	81340
30	104.8	115.5	33490	1.05E+05
25	131.0	149.12	48710	1.31 E+05

试样 X 试验结果　　表 3-20

温度(℃)	|G*|·sin(delta)(kPa)	|G*|/sin(delta)(kPa)	G′(Pa)	G″(Pa)
60	9.53	11.78	5530	9100
55	16.14	20.68	8561	16140
50	25.53	32.19	13040	25530
45	41.77	52.08	20760	41770
39.9	70.73	87.4	34340	70730
34.9	123.1	151.6	59220	1.23E+05
30	208.2	257.7	1.02E+05	2.08E+05
25	347.0	433.29	1.73E+05	3.47E+05

将 G' 作为弹性模量 E_1，黏度 η 按式(3-20)计算，ε 为 12%，代入式(3-17)、式(3-19)分别计算 25℃、40℃和 60℃下各试样的应变能 W_Y，热量损耗能 W_R，结果如表 3-21 所示。

各试样应变能与热损耗能　　表 3-21

试样编号	25℃		40℃		60℃	
	W_Y(J/m^3)	W_R(J/m^3)	W_Y(J/m^3)	W_R(J/m^3)	W_Y(J/m^3)	W_R(J/m^3)
A	752.67	1997.40	78.55	208.58	3.89	10.34
B	522.00	1386.00	77.33	204.92	4.05	10.75
C	804.24	2236.85	78.91	209.12	3.62	9.60
D	909.90	2416.18	96.48	255.67	4.33	11.47
J	350.7	931.25	73.08	193.66	3.6	9.63
X	1245.6	3307.48	247.25	655.20	39.82	105.51

比较6组不同试样在常温25℃、40℃、60℃温度下的应变能与损耗能，并计算总应变损耗能，其结果如图3-32～图3-34所示。

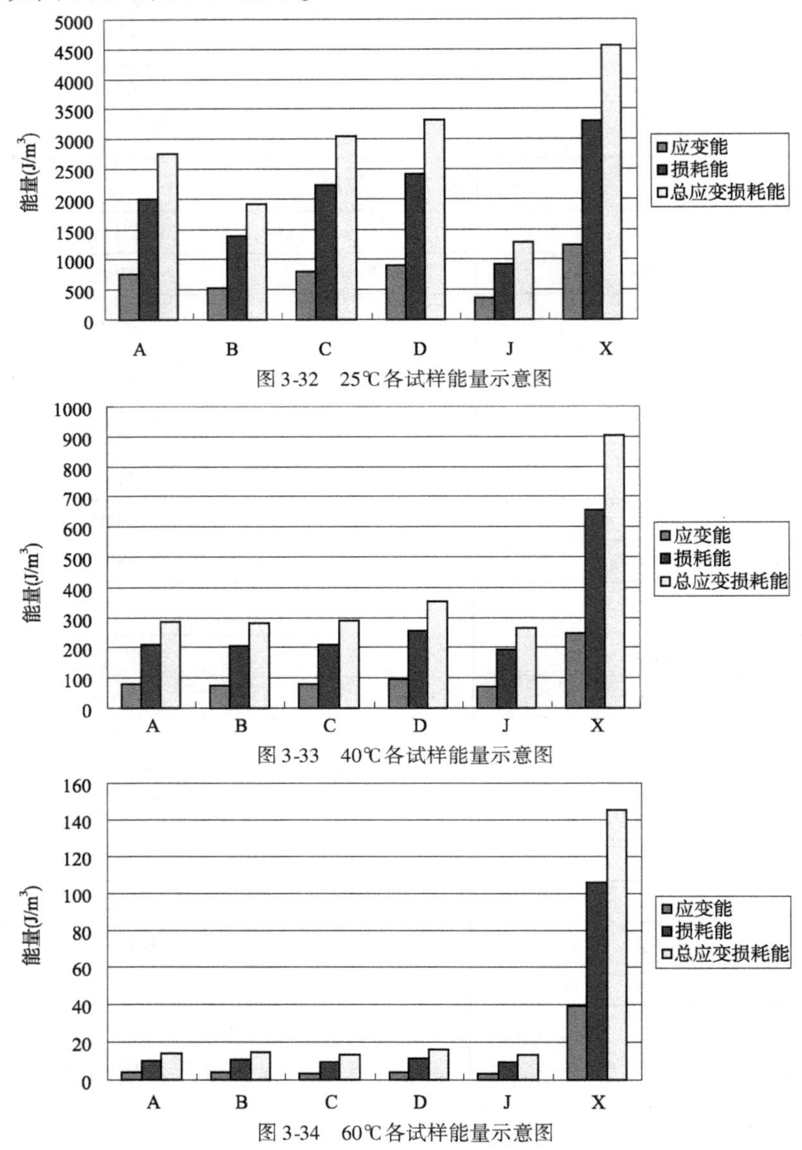

图3-32 25℃各试样能量示意图

图3-33 40℃各试样能量示意图

图3-34 60℃各试样能量示意图

4. 试验结果分析

从上述试验结果可以得到如下结论：

(1)随着温度的升高，各组试样的应变能和损耗能都相应减小，这表明温度对沥青的流变性能影响明显，纤维增强乳化沥青下封层的抗裂性能的大小除了受到材料本身的材料组成影响以外，还会受到温度的影响。因此，在考虑纤维增强乳化沥青下封层的配合比设计中应该将施工的温度和材料使用地区的温度纳入设计考虑指标体系中。

(2)在6组试样中，各个温度下在橡胶沥青中加入纤维以后总的应变损耗能最大。在25℃时总的应变损耗能，比在乳化沥青中分别加玄武岩纤维(A试样)、无碱玻璃纤维(B试样)、高强玻璃纤维(C 试样)、表面处理玻璃纤维(D 试样)以及不加纤维的纯乳化沥青(J 试样)高出 65.5%、138.6%、49.7%、41.4%、255.4%,在 40℃时其差值在 3 倍左右,在 60℃时其差值在 10 倍左右。故温度高时,纤维橡胶沥青试样表现出的稳定性比其他几种情况都要好一些。这主要是因为橡胶沥青具有较高的黏性以及较强的柔韧性。

(3)在乳化沥青中加入纤维以后,对应变损耗能相对值改变明显。与纯乳化沥青试样(J 试样)相比较,在 25℃时,A 试样、B 试样、C 试样、D 试样、X 试样分别比 J 试样高出114.7%、54.6%、137.4%、159.6%、255.9%;在 40℃时高出 7.8%、6.0%、27.0%、32.3%、239.1%;在 60℃时高出 7.5%、11.1%、19.4%、996%。由此可见,纤维的增强作用和桥连作用使得试件的抗变形能力增加。

(4)另一方面随着温度的升高,A、B、C、D、J 试样之间总的应变能和损耗能的绝对差值在减小,25℃时最大差值为 2044.85J/m^3、40℃时最大差值为 85.41J/m^3、60℃时最大差值为 2.58J/m^3。从绝对值来看,高温情况下除了纤维橡胶沥青 J 试样以外,其他试样之间总的应变能和损耗能差别不大。也就是说高温情况下加不加纤维对材料的变形能和损耗能的影响意义不大,而在低温情况下差异非常明显,但是考虑到下封层是位于路面以下,长时间在高温下工作的概率不大(除了极个别热带地区以外),而反射裂缝的形成往往是在低温条件下产生的。因此,在下封层中加入纤维对抵抗反射裂缝还是有积极意义的。

(5)在同一乳化沥青相同用量情况下,加入不同纤维以后在各个温度下比较,加入表面处理玻璃纤维以后的 D 试样所具有的总应变损耗能最大,在相同的温度下这样的试验结果与黏附功表现相似的规律,因此从功能和最大原则考虑,在下封层中选择 D 纤维的抗裂效果最好,这也再次说明增强材料表面处理方式影响了复合材料的力学性能。

(6)纤维的强度对应变损耗能有影响。在前面的表面能试验中得出在常温(25℃)、40℃、60℃的情况下,不同纤维与沥青黏附功的大小顺序依次是表面处理玻璃纤维 > 无碱玻璃纤维 > 玄武岩纤维 > 高强玻璃纤维,而从总的应变损耗能大小顺序依次是在乳化沥青加入表面处理玻璃纤维最大,其次是加高强玻璃纤维,再次是加玄武岩纤维,最后是加无碱玻璃纤维。所以可以得出这样的结论,纤维本生的强度对沥青和纤维表面黏附功无关,但是一定程度上会影响到复合材料总的应变损耗能,因此在选择纤维的时候应该从总的功能和角度考虑。为了达到这个目的,可以选择一些本生强度较高的纤维进行表面处理,以获得最大的功能和。

从以上的讨论可以得出,无论在哪种温度情况下,在讨论的 4 种纤维中,选择 D-表面处理玻璃纤维加入乳化沥青中获得的功能和最大,而如果基体材料由乳化沥青变为橡胶沥青增大的效果更为显著。但从现有的施工条件看,纤维在乳化沥青中的分散均匀性更好一些,在橡胶沥青中的分散均匀性差一些,因此目前在纤维下封层的施工中主要考虑使用乳化沥青。

第三节　纤维对乳化沥青特征官能团吸附性能研究

一、红外光谱对特征官能团研究方法

1. 试验原理

红外吸收光谱法是指利用物质对红外光区的电磁辐射的选择性吸收来进行结构分析及

对各种吸收红外光的化合物进行定性和定量分析。当连续波长的红外光照射物质时，引起物质分子振动而产生能级跃迁，物质吸收了某些特定波长光，通过仪器记录不同波长处的吸光变化曲线形成红外光谱图，谱图中特征基团频率可以指出分子中官能团的存在，全部光谱图则反映整个分子结构特征[85-86]。红外光谱图横坐标以波数表示，纵坐标以透射率表示，吸光度 A 与透射率 T 之间的关系为 $A = 1/T$。利用红外光谱法分析不同纤维对乳化沥青吸附前后的特征光谱图，得出纤维对乳化沥青特征官能团的选择性吸附，从而有针对性地对沥青或是纤维进行改性，提高沥青与纤维的黏附性能。

2. 试验方案与测试过程

该试验测试方案如表 3-22 所示，材料技术性质满足本章第一节要求。在器皿中称量 30g SBR 改性乳化沥青，按照 1:20 的比例加入 4 种纤维，待纤维充分吸附乳化沥青后，开始取样试验，分别编号为 A、B、C、D。将常温取样后的 D 试样放入烘箱加热直到乳化沥青完全破乳，取样试验编号为 H。试验采用美国 PerkinElmer 公司的傅立叶红外光谱仪 Spectrum 100，将不同纤维吸附前后的乳化沥青滴在 KBr 的压片上，待聚光灯烘干后放在试模中，放入光谱仪设备进行自动扫描测试。

红外光谱试验方案 表 3-22

试验编号	试件说明	掺量比例
R	吸附前 SBR 改性乳化沥青原样	—
A	被玄武岩纤维吸附后的 SBR 改性乳化沥青	1:20
B	被无碱玻璃纤维吸附以后 SBR 改性乳化沥青	1:20
C	被高强玻璃纤维吸附以后 SBR 改性乳化沥青	1:20
D	被表面处理玻璃纤维吸附以后 SBR 改性乳化沥青	1:20
H	D 试样高温破乳以后的 SBR 改性乳化沥青	1:20

二、不同纤维对乳化沥青基团选择吸附性

试验测定得到的不同纤维吸附前后乳化沥青红外光谱如图 3-35 ~ 图 3-38 所示。

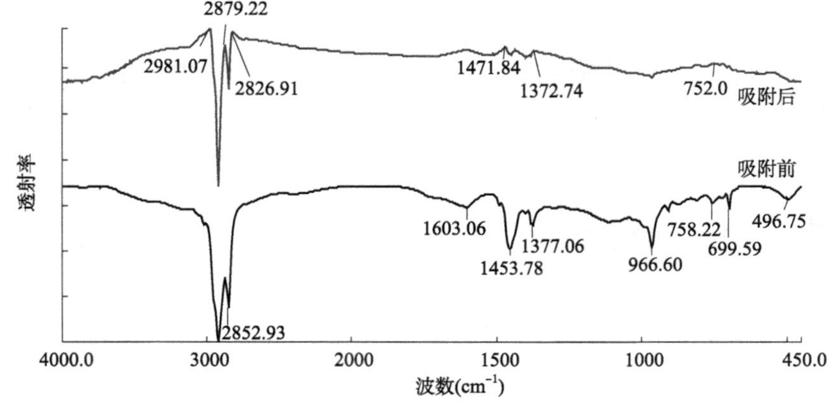

图 3-35 A-玄武岩纤维吸附前后乳化沥青红外光谱图

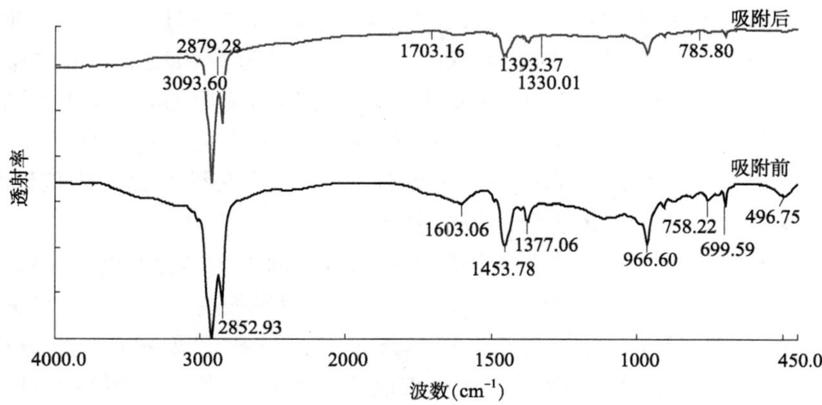

图 3-36　B-无碱玻璃纤维吸附前后乳化沥青红外光谱图

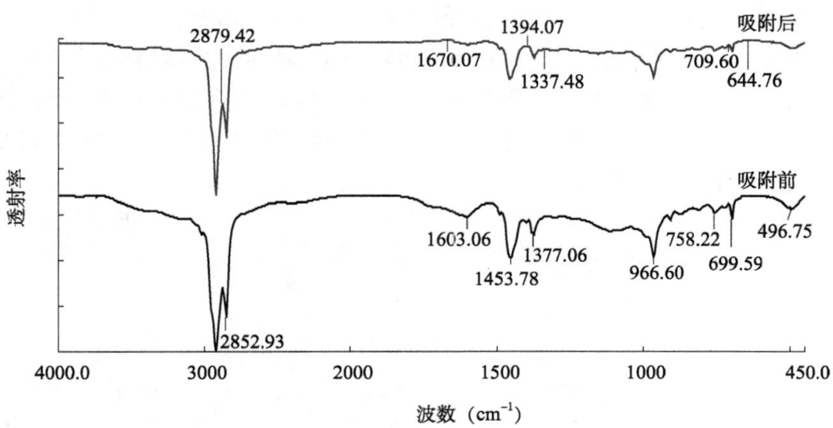

图 3-37　C-高强玻璃纤维吸附前后乳化沥青红外光谱图

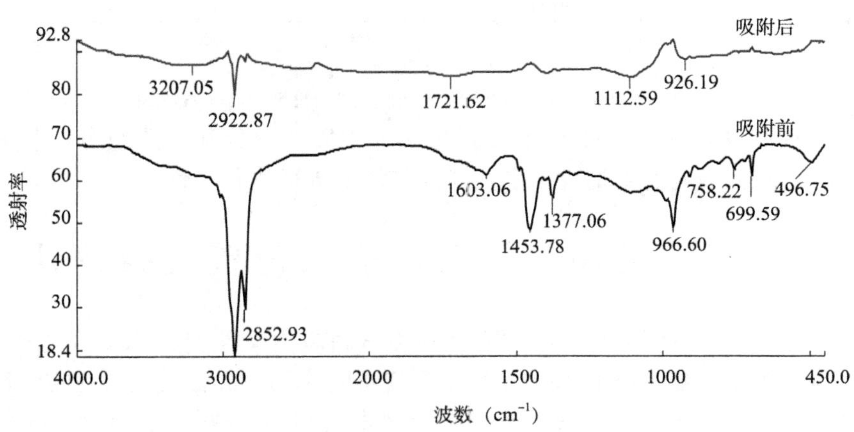

图 3-38　D-表面处理玻璃纤维吸附前后乳化沥青红外光谱图

分析以上光谱图,可以得出如下结论:

(1)在乳化沥青红外光谱图中 2924cm^{-1}、2829 cm^{-1}为饱和烃的 C—H 伸缩振动峰,1606cm^{-1}为 O—H 弯曲振动吸收峰,1453cm^{-1}、1377cm^{-1}为饱和烃的 C—H 弯曲振动峰,966cm^{-1}为 C—O 的伸缩振动峰。对比经 A-玄武岩纤维吸附前后的乳化沥青红外图谱可知,饱和烃的 C—H 伸缩振动峰和弯曲振动峰均发生了一定的红移,且都有所减弱;O—H 弯曲振动吸收峰和 C—O 的伸缩振动峰在图谱中分辨不明显,这说明 A-玄武岩玻璃纤维在一定程度上吸附了乳化沥青中的轻质组分和极性成分。

(2)经 B-无碱玻璃纤维和 C-高强玻璃纤维吸附以后的乳化沥青红外光谱图与经 A-玄武岩纤维吸附前后的乳化沥青红外光图谱比较相似,只是吸附程度有差异,图 3-35 中 O—H 弯曲振动吸收峰和 C—O 伸缩振动峰与图 3-36 和图 3-37 中的相比较要弱一些,故 A-玄武岩纤维对乳化沥青中的极性成分吸附得比 B-无碱玻璃纤维和 C-高强玻璃纤维稍多些。

(3)在这几种纤维中,经 D-表面处理玻璃纤维吸附以后的乳化沥青红外光谱图差异最大,饱和烃的 C—H 伸缩振动峰和弯曲振动峰急剧减弱,同时 O—H 弯曲振动吸收峰和 C—O 的伸缩振动峰也明显减弱,证明 D-表面处理玻璃纤维对乳化沥青的吸附效果更明显,且主要吸附乳化沥青中的轻质组分和极性成分。纤维的表面改性对增强界面的吸附黏结是有帮助的。

(4)对比经 D-表面处理玻璃纤维吸附的乳化沥青破乳前后的红外光谱图(图 3-39),其特征峰的变化不明显,只是破乳前后饱和烃的 C—H 伸缩振动峰和弯曲振动峰减弱,这主要是乳化沥青中轻质组分挥发所致。

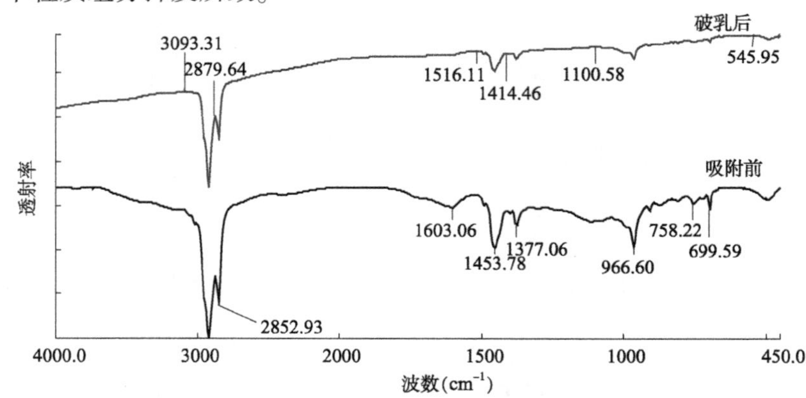

图 3-39　D-表面处理玻璃纤维吸附的乳化沥青破乳前后红外光谱图

(5)红外试验分析结果显示,纤维表面与沥青中极性组分和轻质组分(芳香芬和饱和芬)的吸附能力较强,故可有针对性地引入相应基团对界面进行改性。

第四节　提高纤维与沥青黏附稳定性方法

在前面的讨论中得出沥青与纤维的界面对复合材料力学性能起到了重要作用,外力场只有通过界面才能使纤维增强体和沥青基体起到协同作用。界面结合强度高,不仅有利于提高整个复合材料的强度,更重要的是便于将基体所受到的荷载传递给纤维,以充分发挥其增强作用。如果结合强度过低,界面难以传递荷载,纤维无法起到增强作用。沥青基体与纤维增强体的界面强度(黏附功)与纤维的表面组成、结构与性质有很大的关系,因此在一定程度上可以通过人为引入界面相或是控制复合材料的制备过程,改善复合材料的界面性,来提高纤维与沥青的黏附功。其基本思路可以如下:

一、纤维表面偶联浸润

对纤维进行表面处理增加其与沥青的黏结力,首先需要了解纤维的表面物理化学组成特性。玻璃纤维本身化学组成和表面化学组成不完全相同。本生化学组成为 Si、O、Mg、B、F、Na 等,而在表面仅含有 Si、O、Al。由于 SiO_2 网络表面存在大量的碱金属氧化物,这些氧化物吸湿很强,故在纤维表面存在大量的极性—Si—OH 基团。

如果能在纤维表面与乳化沥青之间加入偶联剂,这类活性剂带有两类反应性的官能团,一部分能够与纤维表面的—Si—OH 基团缩合反应;另一类能与沥青中的基团反应与之结合,这样可以在纤维与沥青基体中产生桥连作用,从而获得良好的黏结力。

在众多偶联剂中,有机硅是其中的一种,其偶联机理是有机硅偶联剂水解以后生成硅三醇,硅三醇吸附在玻璃纤维的表面,与纤维表面的—OH 基脱水形成 Si—O—Si 键。偶联剂的 R 活性基团与乳化沥青产生固化反应,成为乳化沥青中的一部分,从而实现纤维与乳化沥青的胶粘,经红外分析可知偶联剂中的 R 活性基团可以选择与乳化沥青轻质和极性吸附性较强的成分。

为了降低复合材料界面化学键的密度,也可以引入含有一定分子量的柔性长链的增韧型硅烷偶联剂。这样有利于形成应力弛豫的界面层,提高其吸收和分散冲击能,改善复合材料的冲击强度,减少应力开裂。加入偶联剂的重点是考虑偶联剂与沥青基体的相容性、掺入量以及掺入顺序。

二、增强纤维细观表面特性

从前面的网篮析出试验和 Young 方程可知,纤维比表面积越大、结构越疏松,对沥青的吸附能力越强,纤维表面的 Gibbs 自由能越大,乳化沥青基体材料越容易浸润在其表面。所以增强纤维与沥青的黏附力可以从增强纤维的物理表面特性和提高纤维表面的 Gibbs 自由能入手。

扫描电镜下黏附在纤维表面的沥青如图 3-40 所示。大多数纤维表面比较的光滑,相对粗糙度小,截面为圆形。

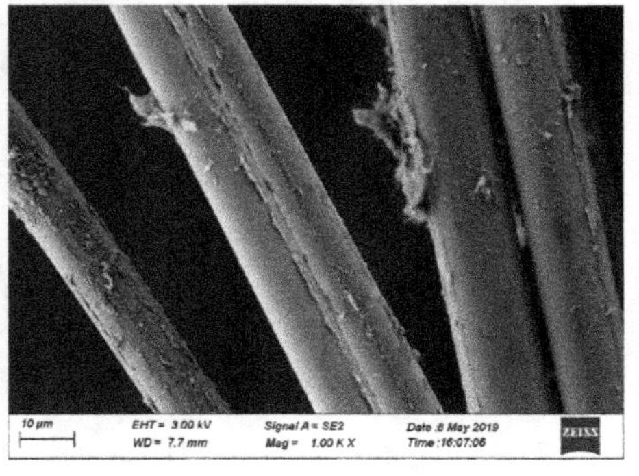

图 3-40 乳化沥青裹覆在纤维表面显微图

提高纤维的表面 Gibbs 自由能可以由热处理和溶液处理的方式获得,在使用过程中需要防止材料被水润湿和污染,这样会降低纤维的表面能,影响与沥青基体的润湿性。

三、纤维耦合与共聚节支

纤维的表面节支是指在纤维的表面生长出一种新的具有特殊性能的官能团,从而使其表面层的结构和性能与本体不同。表面节支后的纤维本体性质不发生改变而增加了表面活性点,能更好地与乳化沥青结合。红外光谱分析表明,纤维表面主要对乳化沥青轻质组分和极性部分进行吸附，增强吸附可以通过耦合节支法与共聚节支法实现：

(1)耦合节支法。耦合节支法是将纤维表面的A官能团与节支材料中的B官能团产生结合，将聚合链B节支到基体材料上实现表面改性，由于B链材料的可设计性，大大提高增强材料与基体材料的可浸润性，到达增强黏附功的效果。

(2)共聚节支法。由A、B两种链段组成的共聚物加入在增强体纤维上，由于A链段与纤维表面结构很相似，有很强的亲和力，由此接入纤维材料中，而B链段与纤维之间组成结构不同，被排斥在表面，从而将B链段节支到纤维上，完成活性基团的引入。

纤维节支法的关键点是引入的活性基团不改变材料本生的性质，只改变界面的黏结性能。

本 章 小 结

本章以复合材料界面细观力学和应变损耗能原理为基础，采用界面接触角，DSR动态剪切流变试验，得出优选的纤维和乳化沥青品；基于纤维对乳化沥青的选择性吸附，提出纤维表面改性的方法。主要结论如下：

(1)纤维与乳化沥青的接触角均小于90°，故乳化沥青能很好地浸润在纤维表面。

(2)对于同一种纤维，随着温度的升高，沥青与纤维的黏附功逐渐降低。其原因是沥青的表面能随着温度增加而降低，热运动的加剧减小了分子畸变，使得不同电性分子可以更好地结合，结果表现出色散分量减小，最终表现为黏附功下降。

(3)A、B、C、D四种纤维与沥青的黏附功从大到小依次是 $D > B > A > C$，故D纤维与沥青构成的复合体材料更加稳定，应用在下封层中具有更好的抗裂效果。

(4)在试验中，C纤维是这几种纤维材料中抗拉强度最高的，但与沥青的黏附功最小，纤维与沥青黏附功的大小与纤维本身强度没有关系，与表面处理方式有关系。

(5)随着温度的升高，各组试样的应变能和损耗能都相应减小，各个温度下在橡胶沥青中加入纤维以后总的应变损耗能最大。

(6)在乳化沥青中加入纤维以后，对应变损耗能相对值改变明显，随着温度的升高，试样之间总的应变能和损耗能的绝对差值在减小，在下封层中加入纤维的抵抗反射裂缝有积极意义。

(7)在同一乳化沥青相同用量的情况下，加入不同纤维以后在各个温度下比较，加入表面处理玻璃纤维以后的D试样所具有的总应变损耗能最大，在下封层中选择D纤维的抗裂性能最好，增强材料表面处理方式影响了复合材料的力学性能。

(8)纤维本生的强度与沥青和纤维表面黏附功无关，但是一定程度上会提高复合材料总的应变损耗能，选择一些本生强度较高的纤维进行表面处理，可以获得较大的功能和。

(9)不能无限制地提高界面与沥青的黏附力，否则破坏界面可能从基体开始。

(10)纤维主要选择性吸附乳化沥青中极性组分和轻质组分(芳香芬和饱和芬)。经D-表面处理玻璃纤维吸附后，乳化沥青红外光谱图中特征峰的变化最为明显，纤维的表面改性对增强界面的吸附黏结是有帮助的。

(11)可以通过对纤维进行表面处理，增强纤维表面特性，在纤维表面节支等方式人为引入界面相或是控制复合材料的制备过程，改善复合材料的界面性能提高纤维与沥青的黏附功。

第四章　纤维表面处理与改性效果分析

第一节　纤维表面改性处理方法

经过表面处理后的纤维的表面粗糙度增加，表面微晶结构变小，表面极性基团以及边缘棱角的不饱和碳原子数增加，有利于增加纤维与树脂基体间的化学、物理相互作用，使得复合材料的界面黏结性能得到提高。目前，研究纤维表面改性的方法较多，常见的处理方法有气相氧化法、液相氧化法、表面涂覆法、γ射线辐照处理法、超声波改性法、等离子体处理法等[87-93]。

一、纤维表面改性处理基本类型

1. 气相氧化法

在一定温度下，采用氧化性的气相介质对纤维表面进行处理的方法，常用介质有臭氧、氧气、空气等。处理过程中，通过改变氧化时间、氧化温度和氧化介质浓度等工艺参数来控制氧化程度，已达到最佳处理效果。

碳纤维表面进行处理中，以臭氧作为气相介质为例，参数处理温度100~180℃，时间30~200s，浓度为0.5%~3%，含臭氧氧化气体流动方向与纤维运行方向相同。研究表明，碳纤维经过表面处理后，碳纤维/环氧复合材料的层间剪切强度由99MPa提高到120MPa[94]。

该方法具有设备简单、操作方便、反应速度快、处理效率高、可持续处理等优点，缺点在于氧化反应程度不易控制，容易向纤维纵深氧化，导致纤维强度的严重下降，因此需严格选择氧化条件和工艺参数。

2. 液相氧化法

通过氧化性介质硝酸、硫酸、过氧化氢、高锰酸钾、过硫酸盐等对纤维表面进行氧化刻蚀，提高纤维表面含氧基团的含量及自由能，增加表面粗糙度，从而大幅度提高纤维复合材料的剪切强度，纤维本体强度变化不大。

Tarantili和Andreopoules[95]将芳纶纤维浸泡于甲基丙酰氯溶液中，处理后的纤维表面粗糙度中等，与胶的黏合更加紧密。Wu等[96]采用甲基磺酸和浓硝酸对纤维表面进行处理，结果发现用60%甲基磺酸处理36h，其表面能增大了35%；用60%硝酸处理同样时间，表面能增大14%，但力学强度下降比较明显。因此，在提高结合强度的同时，还需考虑纤维本身力学性能下降的影响；Park等[97]采用磷酸对芳纶进行处理，发现在适当浓度有助于提高芳纶表面氧含量，但浓度太高性能反而下降。

3. 表面涂覆法

采用的涂覆剂有浸润剂、一系列的偶联剂和助剂等。其涂层有利于纤维与基体间形成良好的黏结界面，可钝化裂纹的发展，增大纤维拔出长度，从而增加材料的破坏能。主要是改善材料的韧性,同时又使材料的耐湿热老化性提高。

柳力等[98]采用硅烷偶联剂(KH550)对玄武岩纤维进行表面处治,并研发一套装置,结合微观测试手段对改性的BF进行了路用性能研究,研究表明,KH550溶液显著改善了玄武岩纤维表面特性,提升了与沥青的黏聚力,路用性能的提升有助于在混合料中性能的发挥。张志坚等[99]介绍了硅烷结构类型、用量等影响因素对玻璃纤维增强复合材料应用性能的影响,并且进行了详细的阐述。

4. γ射线辐照处理法

利用高能γ射线对纤维表面进行处理,使其表面活化,产生活性基团,与基体形成强的化学键,提高界面的黏合强度。同时,若吸收剂量控制适当,还可以使纤维内部结构更加致密,从而提高纤维本体强度。

有研究表明,纤维经过高能辐照处理后,纤维表面极性基团的含量、纤维表面粗糙度以及纤维的浸润性能均有显著的增加,使得纤维与基体界面黏结性能得到改善,复合材料层间剪切强度可提高37%[100]。Zhang等[101]采用γ射线辐照接枝和空气冷等离子体两种方法处理纤维表面,以改善纤维与基体的界面黏结性能,采用Microbond测试方法对其结果进行评价,γ射线辐照可使界面剪切强度(IFSS)值提高40%,等离子体法可使IFSS提高47%。

5. 超声波改性法

采用超声波对纤维进行改性,为改善纤维复合材料界面结合质量,是近年发展起来的一种界面改性处理。该方法实质是物理强迫浸润机制:第一,超声波空化作用去除纤维表面吸附的气泡,瞬时产生的高温、高压,将树脂打入纤维表面的空隙中,有效地降低了复合材料界面缺陷;第二,声波和激波作用去除纤维表面的杂质和污物,相对增大黏结界面;第三,空化、声波和激波共同作用,使纤维表面粗糙度增加,增大黏合力,物理相互作用增强。应用超声技术[102]对纤维表面和界面进行研究,主要是降低基体黏度和表面张力,从而增强对纤维的浸润性,使复合材料力学性能得到提高。

6. 等离子体处理法

该方法利用等离子体中高能粒子,对纤维表面的氧化、刻蚀作用,除去纤维表面的弱界面层,增加纤维的极性及表面粗糙度,使得纤维与基体间的化学键合、物理嵌合相互作用增强,进而增加复合材料界面黏结性能。当纤维置于等离子体中,其表面将受到活性粒子的轰击、溅射、氧化等作用,使得纤维表面性质发生相应的变化。

龙军等[103]采用大分子接枝偶联剂对纤维表面进行等离子体接枝改性,研究接枝偶联剂分子量和浓度对改性后纤维的横向拉伸强度影响。结果显示:改性后能有效改善纤维复合材料的界面结合状态,提高材料的横向拉伸强度;储长流等[104]采用低温等离子体表面改性处理仪对玄武岩纤维进行改性,改性前后表面形貌由SEM表征分析。未处理纤维表面较为光滑,接触角滞后现象不明显,与基体界面黏结效果不理想。等离子体改性处15min刻蚀程度最大、表面最粗糙,与树脂基体界面黏结效果最好。

二、纤维表面改性处理方案

1. 试验材料与设备

试验中纤维采用玻璃纤维、玄武岩纤维;试剂采用浓硫酸(H_2SO_4分析纯AR)、氢氧化钠

(NaOH 分析纯 AR)、偶联剂(KH550)及试验用水为去离子水(试验室自制);设备采用扫描电镜(Sigma300 型)、红外光谱仪(Tensor2 型)、电热恒温鼓风干燥箱(LDO-101-2 型)及电子秤。

2. 纤维表面改性方法与分析手段

首先使用电子秤称取一定质量浓硫酸、氢氧化钠及偶联剂,与去离子水混合配制成不同浓度的酸、碱、偶联剂溶液。将玻璃纤维与玄武岩纤维分别置于配制好的不同浓度的3种纤维中,在室温下处理一定时间后,采用去离子水反复清洗至溶液呈中性,放入电热恒温鼓风干燥箱中烘1h(温度60℃),装入密封袋中备用。通过扫描电镜观察未处理与处理后的纤维表面形貌变化,将不同刻蚀条件下的玻璃纤维和玄武岩纤维剪为2~4mm,把样品放在测试铜台上,同时进行喷金处理,最后放置仪器上测试。采用红外光谱分析改性纤维加入乳化沥青中官能团的变化情况。其中,红外试样采用压片法,将样品与溴化钾按1:1000比例使用研钵研细混匀,压片进行测试,其中测试范围4000~400cm^{-1},扫描次数16次,分辨率4cm^{-1}。具体试样见表4-1。

不同改性方法的纤维乳化沥青红外试样　　表4-1

纤维品种	玄武岩纤维						玻璃纤维					
处理溶液	NaOH		H_2SO_4		KH550		NaOH		H_2SO_4		KH550	
浓度(mol/L)	1	2	1	2	0	1	1	2	1	2	0	1
试样	A-J1	A-J2	A-S1	A-S2	A-O0	A-O1	B-J1	B-J2	B-S1	B-S2	B-O0	B-O1

第二节　改性纤维与乳化沥青界面组分分析

一、改性效果分析与评价

1. 原样乳化沥青分子结构

原样沥青红外谱图显示如图4-1所示,其特征谱带分别是3334.86cm^{-1}、2922.16cm^{-1}、1635.85cm^{-1}和650.39cm^{-1}的位置。特征峰3334.86cm^{-1}是羟基峰(O—H)伸缩振动引起。特征峰2922.16cm^{-1}处于2800~3000cm^{-1},是烷烃的饱和C—H伸缩振动,为甲基(CH_3)和亚甲基(CH_2)不对称伸缩振动。1635.85cm^{-1}吸收峰处于双键伸缩振动区,是由共轭C═C和C═O伸缩振动引起的,此区域符合芳烃的要求,单环芳烃在1600cm^{-1}、1500m^{-1}附近,有2个吸收峰,可判断芳香族的存在。波数为650.39cm^{-1}的吸收是由苯环上C—H面外摇摆振动引起的[105-107]。同时,谱图里面还包含氧、硫、氮杂原子等与碳原子以不同结构形式连接形成的化合物。由以上分析可知,乳化沥青主要是由饱和烃、芳香族化合物及杂原子衍生物构成。由于乳化沥青的组成成分复杂,有的吸收峰可能被另外元素吸收峰所覆盖,对乳化沥青进行全面的成分分析不能仅依靠红外,本文主要是与纤维改性吸附后的乳化沥青做对比。

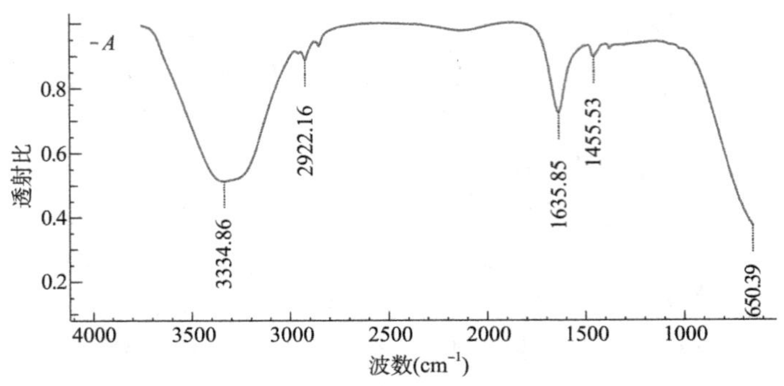

图 4-1 原样乳化沥青红外谱图

2. 酸刻蚀玻璃纤维吸附后乳化沥青分子结构

图 4-2 与图 4-3 分别为玻璃纤维在浓度为 1mol/L、2mol/L 硫酸溶液中浸泡 1h,再放入乳化沥青中充分吸附后,所得改性乳化沥青的谱图。与原样乳化沥青红外图 4-1 比较可知,谱图形状大致相似,主要的活性特征峰个数没变,没有产生新的特征峰。说明酸改性后的玻璃纤维加入到乳化沥青里面,主要发生的是表界面的物理黏结作用。

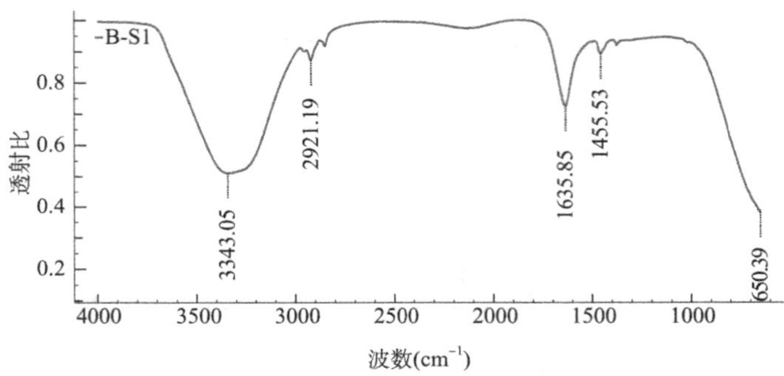

图 4-2 1mol/L 酸刻蚀玻璃纤维吸附后乳化沥青 FTIR 图谱

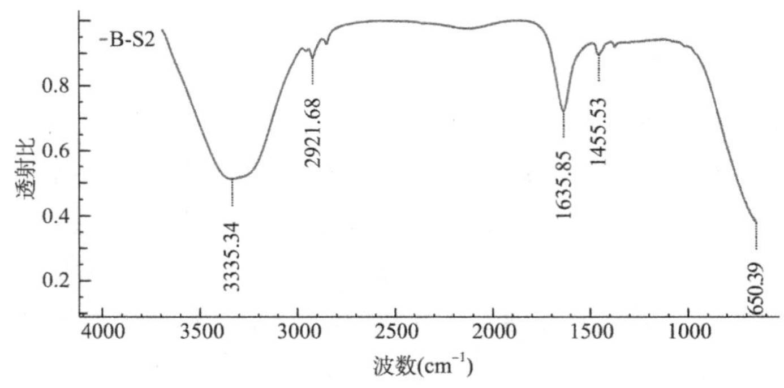

图 4-3 2mol/L 酸刻蚀玻璃纤维吸附后乳化沥青后 FTIR 图谱

不同之处是,特征峰波数和其对应的强度与原样乳化沥青比较发生略微的变化,由表 4-2可知,特征峰波数方面,红外光谱分析最重要的依据就是波数和面积,同时也是对样品的定性分析的依据。在 3334.86cm^{-1}的活性特征峰的波数,B-S1 增加了 8.19cm^{-1}、B-S2 增加了 0.48cm^{-1},B-S1 比 B-S2 增加的程度明显;在 2922.16cm^{-1}的特征峰位置波数减少,B-S1

减少了 0.97cm^{-1}、B-S2 减少了 0.48cm^{-1}；其他两个峰没有变化。波数发生位移变化，是由于同一基团的振动频率在不同环境、结构下会有不同。强度方面，B-S1 与 B-S2 每一个峰相应的强度略有变化，强度变化表示特征峰基团含量的丰度，同时强度即为特征峰的高度。整合图 4-4 中可知，与 A 比较，B-S1 在波数为 2921.19cm^{-1}、1635.85cm^{-1}时特征峰增大，说明饱和分含量和芳香分含量增加。B-S2 在波数 2921.68cm^{-1}、1636.33cm^{-1}时特征峰增大，说明饱和分含量和芳香分含量增加。

经不同浓度酸刻蚀玻璃纤维吸附后乳化沥青峰值比较　　表 4-2

项　目	样　品			差　值	
	A	B-S1	B-S2	B-S1-A	B-S2-A
峰值波数	650.39	650.39	650.39	0.00	0.00
	1635.85	1635.85	1635.85	0.00	0.00
	2922.16	2921.19	2921.68	-0.97	-0.48
	3334.86	3343.05	3335.34	8.19	0.48
强度	99.57	99.57	99.64	0.00	0.07
	32.70	33.10	33.24	0.40	0.54
	11.93	13.99	12.33	2.06	0.40
	67.06	69.27	68.57	2.21	1.51

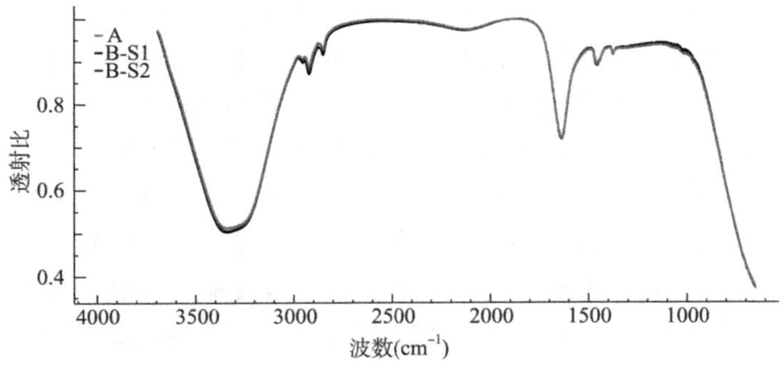

图 4-4　不同浓度酸刻蚀玻璃纤维吸附后乳化沥青 FTIR 整合图

由于酸改性后的玻璃纤维加入乳化沥青中，两者发生了物质的交换，纤维内部的—OH、饱和分、芳香分成分在浸泡过程中进入到乳化沥青里面，因此改性纤维与乳化沥青发生了吸附。B-S1 与 B-S2 各峰比较，B-S1 峰均大于 B-S2，说明 B-S1 中吸附效果更明显。在酸改性中，与乳化沥青发生的是物理黏附作用，并且在乳化沥青中加入改性后的纤维其波数和玻璃纤维特征峰均发生略微变化，部分官能团含量增加，两者发生了吸附，其中 1mol/L 酸改性玻璃纤维变化效果比 2mol/L 明显。

3. 碱刻蚀玻璃纤维吸附后乳化沥青分子结构

图 4-5 与图 4-6 为玻璃纤维在浓度为 1mol/L、2mol/L 氢氧化钠溶液中浸泡 1h，再放入改性乳化沥青里充分吸附沥青后，所得改性乳化沥青的红外图。分别与原样沥青（图 4-1）比较可知，谱图形状大致相似，主要的活性特征峰个数没变，没有产生新的特征峰。说明碱改性后的玻璃纤维加入乳化沥青里面，主要发生的是表界面的物理黏结作用。

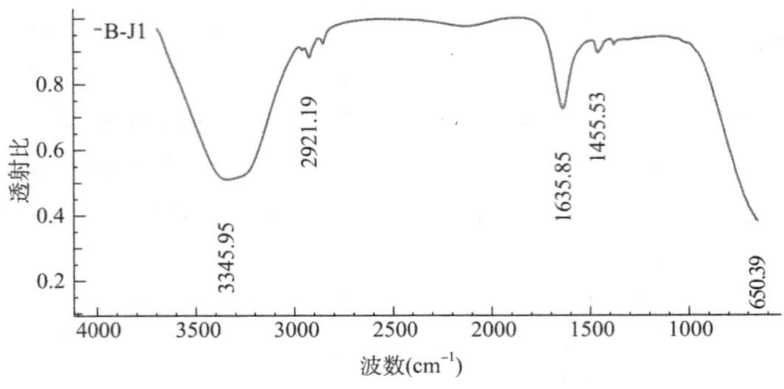

图 4-5　1mol/L 碱刻蚀玻璃纤维吸附后乳化沥青 FTIR 图谱

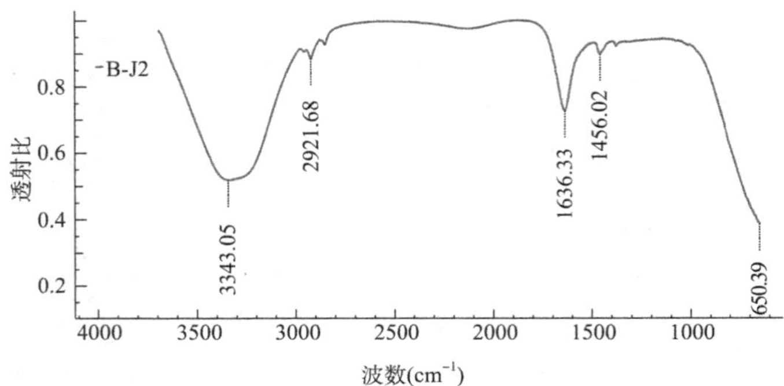

图 4-6　2mol/L 碱刻蚀玻璃纤维吸附后乳化沥青 FTIR 图谱

不同之处是特征峰波数和其对应的强度与原样乳化沥青的比较，由表 4-3 可知，峰值波数方面，在波数 3334.86cm^{-1}的活性特征峰，B-J1 增加了 11.09cm^{-1}、B-J2 增加了 8.19cm^{-1}，B-J1 比 B-J2 增加的程度明显；在 2922.16cm^{-1}的特征峰位置波数，B-J1 减少了 0.97cm^{-1}、B-J2减少了 0.48cm^{-1}；在 1635.85cm^{-1}的特征峰位置波数，B-J1 不变、B-J2 增加了0.48cm^{-1}；最后一个峰波数没有变化。波数发生位移变化，是由于同一基团的振动频率在不同环境、结构会有不同。强度方面，B-J1 与 B-J2 每一个峰相应的强度略有变化。整合图 4-7 中可知，与 A 比较，B-J1 在波数为 2921.19cm^{-1}、1635.85cm^{-1}时特征峰增大，说明饱和分含量和芳香分含量增加。B-J2 在波数 2921.68cm^{-1}、1636.33cm^{-1}时特征峰增大，说明饱和分含量和芳香分含量增加。

经不同浓度碱刻蚀玻璃纤维吸附后乳化沥青峰值比较　　表 4-3

项　目	样　品			差　值	
	A	B-J1	B-J2	B-J1-A	B-J2-A
峰值波数	650.39	650.39	650.39	0.00	0.00
	1635.85	1635.85	1635.33	0.00	0.48
	2922.16	2921.19	2921.68	-0.97	-0.48
	3334.86	3345.95	3343.05	11.09	8.19
强度	99.57	99.54	99.63	-0.03	0.06
	32.70	33.32	33.54	0.62	0.84
	11.93	13.19	12.80	1.26	0.87
	67.06	69.32	68.71	2.26	1.65

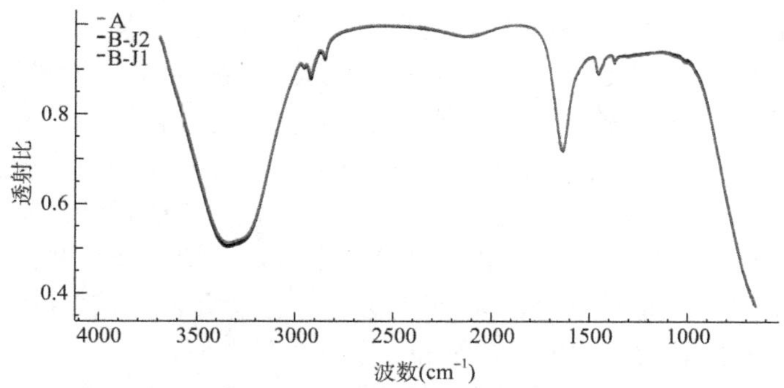

图 4-7 不同浓度碱刻蚀玻璃纤维吸附后乳化沥青 FTIR 整合图

此现象同酸改性玻璃纤维加入乳化沥青中一样，碱改性玻璃纤维中的成分进入到乳化沥青中，两者发生吸附。同时 B-J1 各峰均大于 B-J2，所以 B-J1 吸附效果更佳。由此可知，碱改性玻璃纤维与酸改性玻纤现象大致一样，不同的是特征峰与波数变化程度有略微的差别，但不同浓度处理条件下，依然是 1mol/L 碱改性玻璃纤维变化效果比 2mol/L 明显。

4. 碱刻蚀玄武岩纤维吸附乳化沥青后分子结构

图 4-8 与图 4-9 分别为玄武岩纤维在浓度为 1mol/L、2mol/L 氢氧化钠溶液中浸泡 1h，再放入改性乳化沥青里充分吸附沥青后，改性乳化沥青的图形。分别与原样沥青谱图比较可知，红外谱图形状大致相似，主要的活性特征峰个数没变，没有产生新的特征峰。说明碱改性后的玄武岩纤维加入乳化沥青里面，主要发生的是表界面的物理黏结作用。

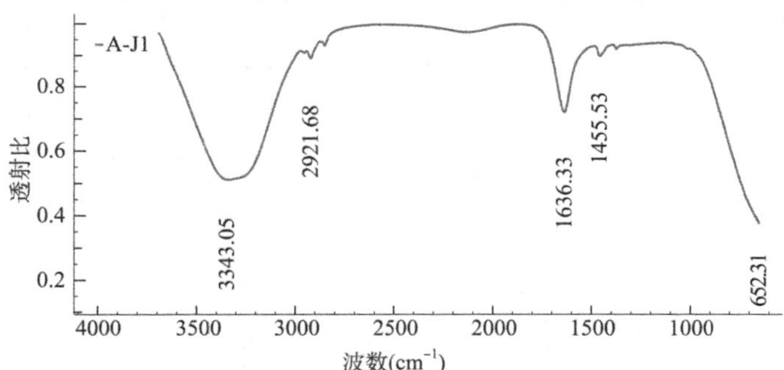

图 4-8 1mol/L 碱刻蚀玄武岩纤维吸附后乳化沥青 FTIR 图谱

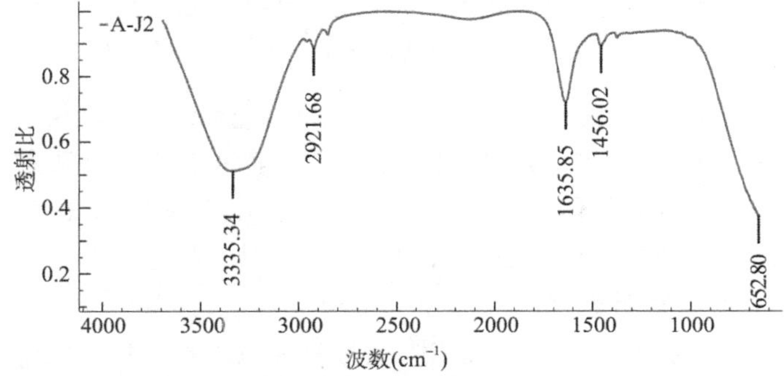

图 4-9 2mol/L 碱刻蚀玄武岩纤维吸附后乳化沥青 FTIR 图谱

不同之处是，特征峰波数和其对应的强度与原样乳化沥青发生略微变化，由表 4-4 可知，峰值波数方面，在 3334.86cm^{-1}的活性特征峰的波数，A-J1 增加了 8.19cm^{-1}、A-J2 增加了0.48cm^{-1}，A-J1 比 A-J2 增加的程度明显；在2922.16cm^{-1}的特征峰位置波数减少，A-J1 减少了0.48cm^{-1}、A-J2 减少了0.48cm^{-1}；在1635.85cm^{-1}的特征峰位置波数，A-J1 增加了0.48cm^{-1}、A-J2 不变；在650.39cm^{-1}的特征峰位置波数，A-J1 增加了1.92cm^{-1}、A-J2增加了2.41cm^{-1}。波数发生位移变化，是由于同一基团的振动频率在不同环境、结构会有不同。强度方面，A-J1 与 A-J2 每一个峰相应的强度略有变化，强度变化表示特征峰基团含量的丰度。整合图4-10中可知，与A相比A-J1在波数为2921.68cm^{-1}特征峰减弱，说明饱和分含量减少，在波数为1636.33cm^{-1}的活性峰增大，说明芳香分含量增加。A-J2在波数2921.68cm^{-1}、1635.85cm^{-1}特征峰增大，说明饱和分含量和芳香分含量增加。

不同浓度碱刻蚀玄武岩纤维吸附乳化沥青后峰值比较 表4-4

项 目	样 品			差 值	
	A	A-J1	A-J2	A-J1-A	A-J2-A
峰值波数	650.39	652.31	652.80	1.92	2.41
	1635.85	1636.33	1635.85	0.48	0.00
	2922.16	2921.68	2921.68	-0.48	-0.48
	3334.86	3343.05	3335.34	8.19	0.48
强度	99.57	99.86	99.71	0.29	0.14
	32.70	33.46	33.23	0.76	0.53
	11.93	11.88	12.26	-0.05	0.33
	67.06	68.98	68.22	1.92	1.16

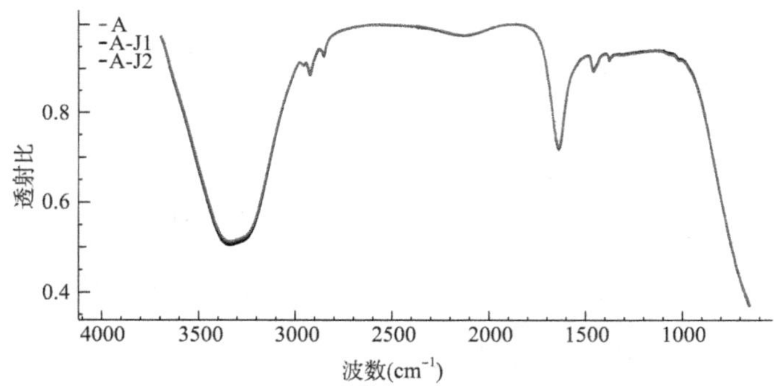

图4-10 不同浓度碱刻蚀玄武岩纤维吸附后乳化沥青 FTIR 整合图

综上可知，碱改性玄武岩纤维加入乳化沥青中，发生的依然是物理黏结，由于改性玄武岩纤维的加入使乳化沥青特征峰与波数发生略微的变化，官能团含量增多，1mol/L 碱改性玄武岩纤维的—OH 含量和芳香分含量的增加比2mol/L 明显，但饱和分的含量却降低。

5. 酸刻蚀玄武岩纤维吸附乳化沥青后分子结构

图4-11与图4-12分别为玄武岩纤维在浓度为1mol/L、2mol/L 硫酸溶液中浸泡1h，再放入改性乳化沥青里充分吸附沥青后，改性乳化沥青的图形。与原样沥青图形比较可知，红外谱图形状大致相似，主要的活性特征峰个数没变，没有产生新的特征峰。说明酸改性后的玄武岩纤维加入乳化沥青里面，主要发生的是表界面的物理黏结作用。

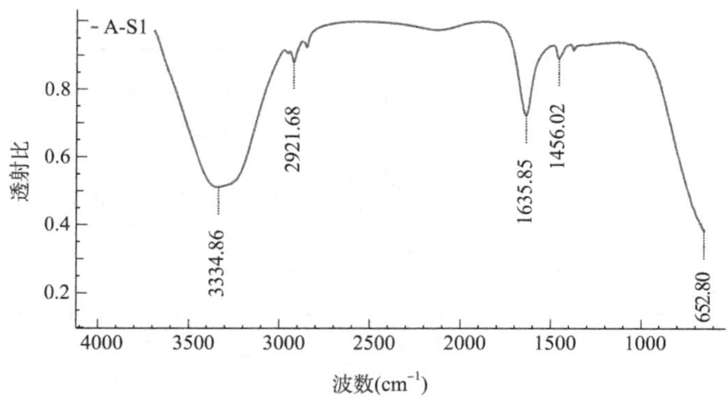

图 4-11　1mol/L 酸刻蚀玄武岩纤维吸附后乳化沥青 FTIR 图谱

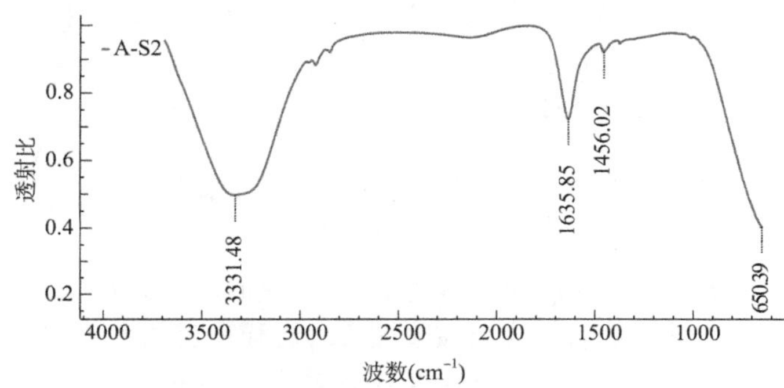

图 4-12　2mol/L 酸刻蚀玄武岩纤维吸附后乳化沥青 FTIR 图谱

不同之处是特征峰波数与原样乳化沥青相比发生略微变化，由表 4-5 可知，峰值波数方面，在 3334.86 cm^{-1} 的活性特征峰的波数，A-S1 不变、A-S2 减少了 3.38cm^{-1}；在 2922.16cm^{-1}的特征峰位置波数减少，A-S1 减少了 0.48cm^{-1}，A-S2 在此处的特征峰减弱；在 1635.85cm^{-1}的特征峰位置波数，A-S1 和 A-S2 不变；在 650.39cm^{-1}的特征峰位置波数，A-S1 增加了 2.41cm^{-1}、A-S2 不变。波数发生位移变化，是由于同一基团的振动频率在不同环境、结构会有不同。强度方面，A-S1 与 A-S2 每一个峰相应的强度略有变化，强度变化表示特征峰基团含量的丰度，同时谱带强度即为峰的高度。结合图 4-13 中可知，与 A 比较，A-S1 在波数为 2921.68cm^{-1}、1635.85cm^{-1}处特征峰增大，说明饱和分含量增加和芳香分含量增加。A-S2 在波数 2922.16cm^{-1}处特征峰变弱，说明饱和分含减少，在 1635.85cm^{-1}处特征峰增加，说明芳香分含量增加。

不同浓度酸刻蚀玄武岩纤维吸附乳化沥青后峰值比较　　表 4-5

项　目	样　品			差　值	
	A	A-S1	A-S2	A-S1-A	A-S2-A
峰值波数	650.39	652.80	650.39	2.41	0.00
	1635.85	1635.85	1635.85	0.00	0.00
	2922.16	2921.68	—	-0.48	—
	3334.86	3334.86	3331.48	0.00	-3.38

续上表

项　目	样　品			差　值	
	A	A-S1	A-S2	A-S1-A	A-S2-A
强度	99.57	100.00	99.45	0.43	-0.12
	32.70	33.61	35.23	0.91	2.53
	11.93	13.07	—	1.14	—
	67.06	69.72	76.38	2.66	9.32

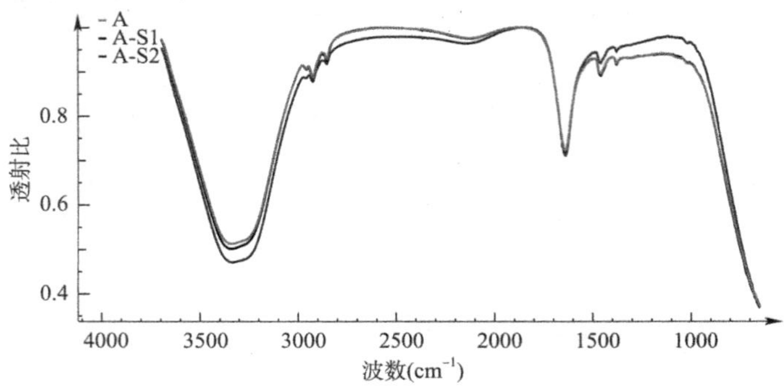

图 4-13　不同浓度酸刻蚀玄武岩纤维吸附后乳化沥青 FTIR 整合图

以上分析可知,酸改性玄武岩纤维与碱改性玄武岩纤维现象大致一样,不同的是在不同浓度条件下,2mol/L 酸改性玄武岩纤维的—OH 含量和芳香分含量的增加比 1mol/L 明显,但饱和分的含量却大大降低。

6. 偶联剂刻蚀玻璃纤维吸附后乳化沥青分子结构

图 4-14 为玻璃纤维在浓度为 0mol/L 偶联剂溶液中浸泡 1h,再放入乳化沥青里充分吸附沥青后,乳化沥青的红外谱图。其中活性特征峰 3422.91cm^{-1}是游离 O—H 伸缩振动引起,2923.5cm^{-1}、2853.38cm^{-1}处于 2800～3000cm^{-1},是烷烃的饱和 C—H 伸缩振动,为甲基(CH_2)面外不对称伸缩振动。1602.7cm^{-1}、1456.74cm^{-1}是由芳环的骨架振动引起,1376.6cm^{-1}为 CH_2 弯曲振动引起,650～900cm^{-1}区域的活性峰是芳环上 C—H 的面外弯曲振动引起。由以上分析可知,未改性玻璃纤维加入乳化沥青中组分未发生变化,说明发生的主要是物理吸附作用。

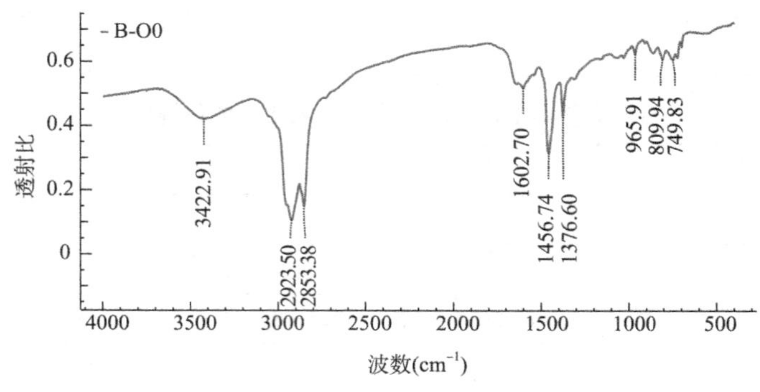

图 4-14　0mol/L 偶联剂刻蚀玻璃纤维吸附后乳化沥青 FTIR 图谱

图4-15为1mol/L偶联剂浸泡1h玻璃纤维吸附乳化沥青后的红外谱图,与图4-15相比形状大致相似,特征峰个数不变。不同的是部分特征峰发生增大和变弱,表明峰代表的官能团含量发生相应的增减,以及相应的波数发生略微的变化。结合图4-16可知,波数为2923.5cm^{-1}、2853.38cm^{-1}的特征峰,与B-O0比较特征峰变小,说明饱和分含量减少;在1602.7cm^{-1}、650～900cm^{-1}附近活性峰增大,说明芳香分含量增多。

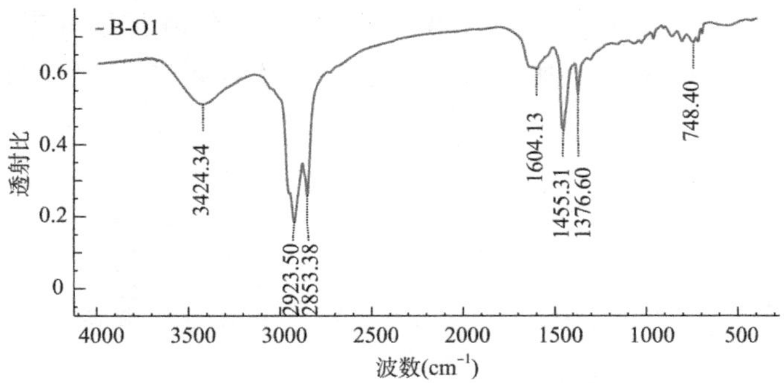

图4-15　1mol/L偶联剂刻蚀玻璃纤维吸附后乳化沥青FTIR图谱

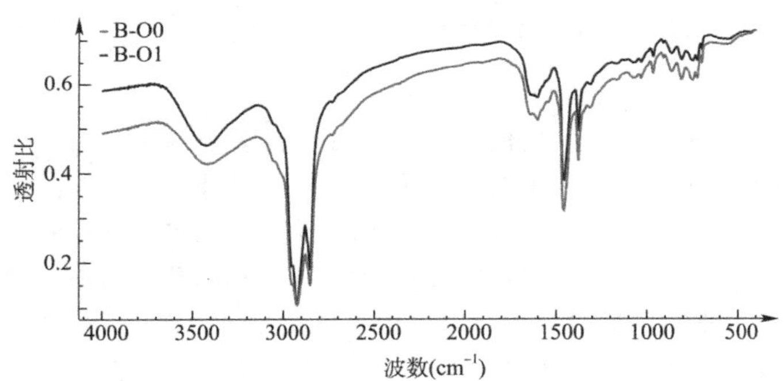

图4-16　不同浓度偶联剂刻蚀玻璃纤维吸附后乳化沥青FTIR整合图

由表4-6可知,B-O1峰值波数与B-O0对比,在3424.34cm^{-1}的活性特征峰的波数,B-O1增加了1.43cm^{-1};在1604.13cm^{-1}附近特征峰位置波数,B-O1增加了1.43cm^{-1};在1455.31cm^{-1}附近特征峰位置波数,B-O1减少了1.43cm^{-1};在748.4cm^{-1}的特征峰位置波数,B-O1减少了1.43cm^{-1},其他没有变化。波数发生位移变化,是由于同一基团的振动频率在不同环境、结构会有不同。

不同浓度偶联剂刻蚀玻璃纤维吸附后乳化沥青峰值比较　　表4-6

项目		峰值波数						
样品	B-O0	749.83	1376.6	1456.74	1602.7	2853.38	2923.50	3422.91
	B-O1	748.4	1376.6	1455.31	1604.13	2853.38	2923.5	3424.34
差值	B-O1-B-O0	-1.43	0	-1.43	1.43	0	0	1.43
项目		强度						
样品	B-O0	22.27	37.97	51.47	29.35	84.57	100	38.64
	B-O1	22.41	36.49	48.69	29.33	80.35	100	39.68
差值	B-O1-B-O0	0.14	-1.48	-2.78	-0.02	-4.22	0	0.04

7. 偶联剂刻蚀玄武岩纤维吸附后乳化沥青分子结构

图4-17为玄武岩纤维在浓度为0mol/L偶联剂溶液中浸泡1h,再放入乳化沥青里充分吸附沥青后,乳化沥青的红外谱图。活性特征峰3441.51cm^{-1}是游离O—H伸缩振动引起,2923.5cm^{-1}、2853.38cm^{-1}处于2800~3000cm^{-1},其特征是烷烃的饱和C—H伸缩振动,为甲基(CH_2)面外不对称伸缩振动。1632.75cm^{-1}、1455.31cm^{-1}是由芳环的骨架振动引起的,1376.6cm^{-1}为CH_2弯曲振动引起,650~900cm^{-1}附近的活性峰都是芳环上C—H的面外弯曲振动引起的。由以上分析可知,加入未改性玄武岩纤维乳化沥青组分未发生变化,说明发生的主要是物理吸附作用。

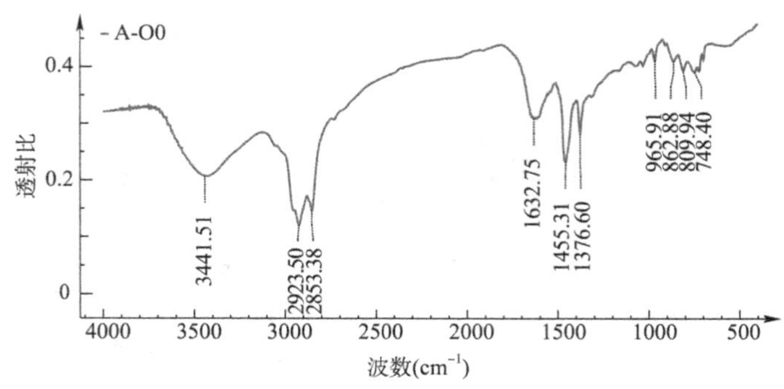

图4-17　0mol/L偶联剂刻蚀玄武岩纤维吸附后乳化沥青FTIR图谱

图4-18为1mol/L偶联剂浸泡玄武岩纤维1h后吸附乳化沥青红外后的谱图,与图4-17相比,红外图形状大致相似,特征峰个数不变。不同的是部分特征峰发生增大和变弱,表明峰代表的官能团含量发生相应的增减,以及相应的波数发生略微的变化。结合图4-19可知,在波数为2923.5cm^{-1}、2853.38cm^{-1}的特征峰,与A-O0比较特征峰增大,说明饱和分含量增多,在1632.75cm^{-1},650~900cm^{-1}活性峰变小,说明芳香分含量减少。

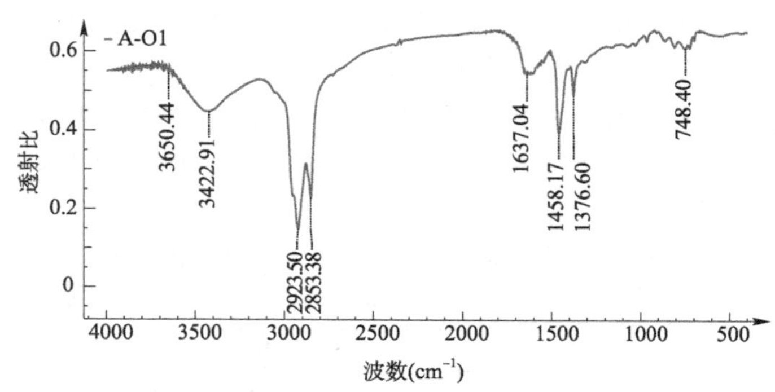

图4-18　1mol/L偶联剂刻蚀玄武岩纤维吸附后乳化沥青FTIR图谱

由表4-7可知,特征峰波数方面,在3100~3500cm^{-1}的活性特征峰的波数,A-O1减少了18.6cm^{-1};在1600cm^{-1}附近特征峰位置波数,A-O1增加了4.29cm^{-1};在1400cm^{-1}附近特征峰位置波数,A-O1增加了2.86cm^{-1},其他没有变化。波数发生位移变化,是由于同一基团的振动频率在不同环境、结构会有不同。

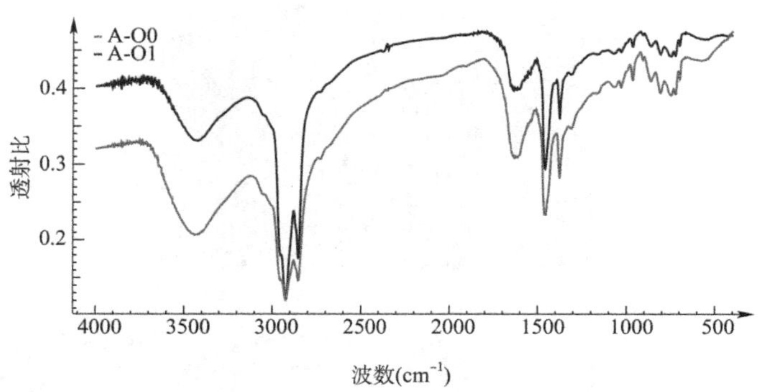

图 4-19 不同浓度偶联剂刻蚀玄武岩纤维吸附后乳化沥青 FTIR 整合图

不同浓度偶联剂刻蚀玻璃纤维吸附后乳化沥青峰值比较 表 4-7

项目	峰值波数							
样品	A-O0	748.4	1376.6	1455.31	1632.75	2853.38	2923.5	3441.51
	A-O1	748.4	1376.6	1458.17	1637.04	2853.38	2923.5	3422.91
差值	A-O0-A-O1	0	0	2.86	4.29	0	0	-18.6
项目	强 度							
样品	A-O0	44.39	59.91	69.03	55.57	90.87	100	74.56
	A-O1	26.21	37.59	48.63	32.17	77.72	100	42.25
差值	A-O0-A-O1	-18.18	-2.32	-20.4	-3.4	-3.15	0	-32.31

第三节 改性纤维微观形貌分析

一、原样玄武岩纤维微观形貌

图 4-20 为原样纤维在 200 倍、500 倍和 1500 倍下的效果图。在低倍数(200 倍)下表面光滑,呈圆柱状,且单纤维排列规整其细度比较均一。玄武岩纤维呈圆柱状是由于制备工艺的因素,由火山岩等火山喷发产物制备而成,通过控制成分范围将岩石熔融,运用拉伸和冷却作用变成固态纤维,冷却过程中浆体受到表面张力作用使纤维具备了表面积最小的圆形。所以形貌是光滑的圆柱状,其截面积也应是完整的圆形。在高倍数(500 倍、1500 倍)下,纤维表面存在坑槽、凸起和沿纤维方向的裂缝等缺陷,凸起与坑槽形状多为点状和长条状,尺寸在几百纳米左右。出现缺陷的原因可能是纤维在高温制备过程中形成或与纤维制备后的表面改性剂的聚集有关。相关研究借助 EDS 成分分析对凸起原因进行了判定。表明纤维本体成分与凸起缺陷成分基本相同,主要由 Si、Al、Ca、Mg、Fe 和 O 组成,还有少量的 Ti、Na 和 K 等,不同之处相对含量存在差异,凸起 Fe 含量相对更多,可能与高温浆体不均匀或纤维在还原气氛下制备时铁的富集。因此,说明材料在宏观上比较平整光滑,在微观上有一定的粗糙度,某种程度上是有利于复合材料界面增强。

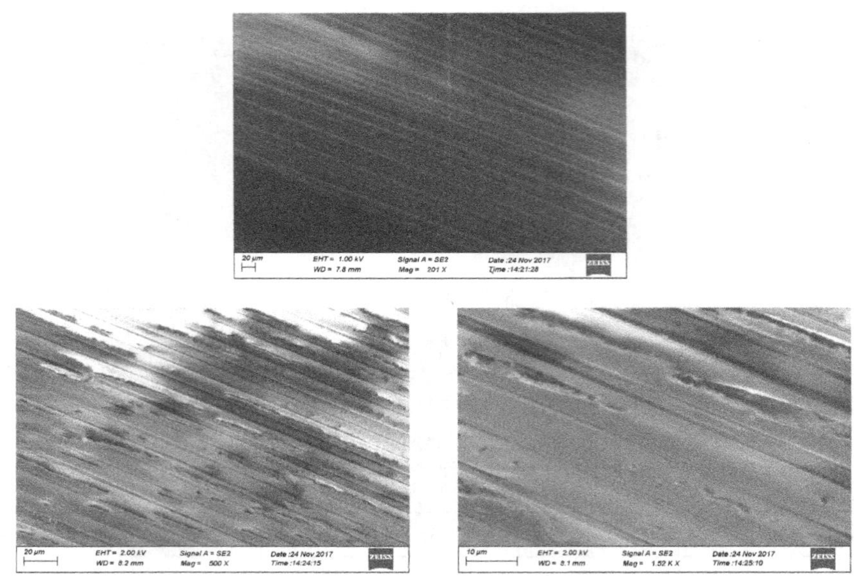

图 4-20　玄武岩纤维原样 SEM 图

二、酸处理后纤维微观形貌

图 4-21 为 1mol/L 酸处理后的玄武岩纤维与原样纤维比较，在 200 倍的图像显示下其形貌与原样差别不大，为圆柱状，单丝纤维细度均一，排列整齐。其差异主要是纤维表面光泽度降低，出现大量大小不一的点状物质。在高倍数的图像中显示，其大小不一的点状物质大部分为坑槽，并且刻蚀比较均匀。出现坑槽的原因是纤维本身的金属元素与酸溶液发生反应，扩散到纤维表面的现象。因此，经过 1mol/L 酸处理后的纤维，表面比原纤维更加粗糙，刻蚀是呈整体性刻蚀，骨架结构保持完整，没有出现纤维表面剥落及长裂缝等现象，只是表面出现大量的坑槽。纤维表面粗糙度增加有利于与乳化沥青之间的黏结。

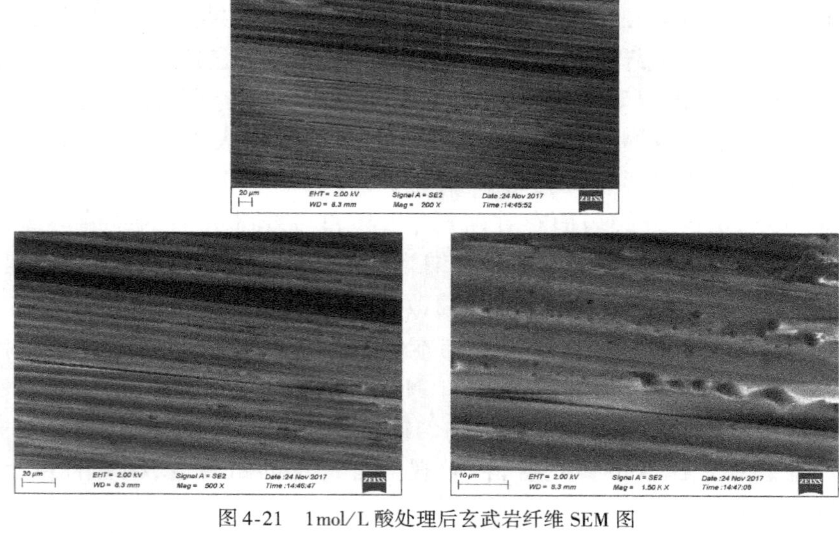

图 4-21　1mol/L 酸处理后玄武岩纤维 SEM 图

图 4-22 为 2mol/L 酸处理后的玄武岩纤维与原样纤维相比，在 200 倍的图像中纤维其形貌依然是圆柱状，细度大小不变，单丝纤维之间排列整齐，不同之处是纤维表面不光滑，明显有凸起的部分。放大倍数观察，在 500 倍及 1500 倍图像中可明显看到纤维表面侵蚀很严重，表面除纵向沟槽与凸起外，部分单丝纤维表面出现了大面积的剥落，并出现新的光滑的表面，并且新的表面与原玄武岩纤维表面相似。由此可见，在此种刻蚀条件下，严重地损坏了纤维的结构，使纤维本身强度降低，剥落后的表面更加光滑，说明酸溶液的浓度增加不利于纤维与沥青之间的黏结。

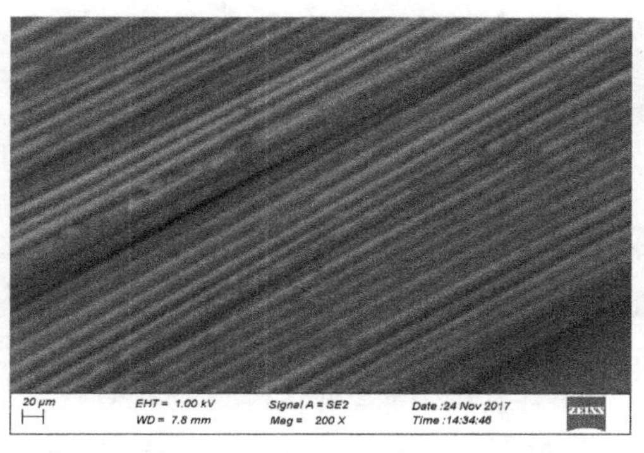

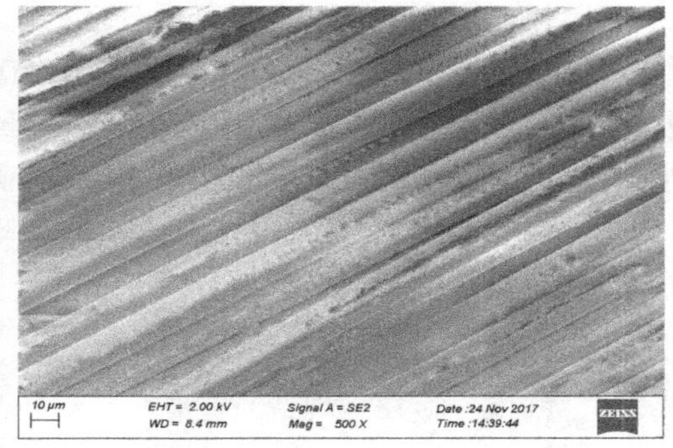

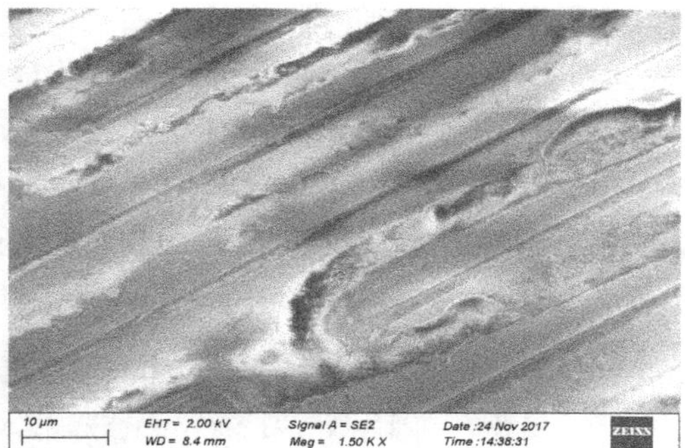

图 4-22　2mol/L 酸处理后玄武岩纤维 SEM 图

三、碱处理后纤维微观形貌

图 4-23 为 1mol/L 碱处理后的玄武岩纤维，与原样纤维相比，在 200 倍的图像中显示出其形貌不变，为圆柱状，细度均一，其比较明显的差异为部分单丝纤维存在断裂，表面不光滑，能清晰地看出图中经刻蚀产生的凸起与坑槽。放大倍数观察，500 倍及 1500 倍的图像中可看出，纤维表面产生很多沿着纤维方向排列均匀的鳞片状物质，同时有少量的单丝纤维表面出现剥落的现象，产生新的光滑表面。剥落原因是纤维表面与碱性介质发生反应后，在其表面形成腐蚀层，并且腐蚀层会产生相应的裂纹，碱溶液通过裂纹进入腐蚀层下的新表面，由于腐蚀层与新表面间的应力，使得腐蚀层剥落。根据图像分析可知，纤维表面被碱溶液严重刻蚀，产生的新的光滑表面，降低了纤维的性能，在与乳化沥青结合中纤维作为补强材料，表面的特征直接影响增强效果。因此，此种刻蚀条件对提高复合材料性能的效果不佳。

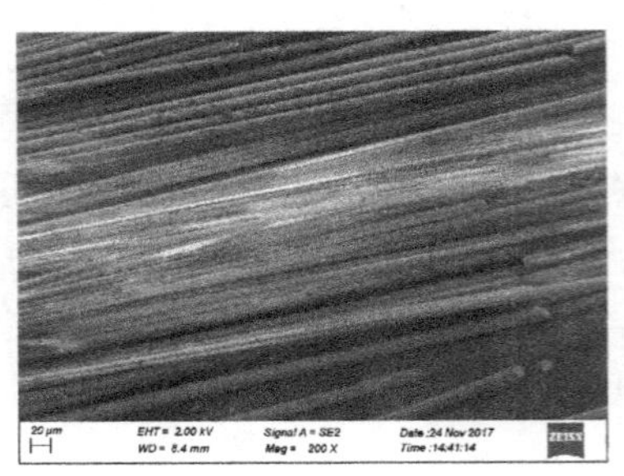

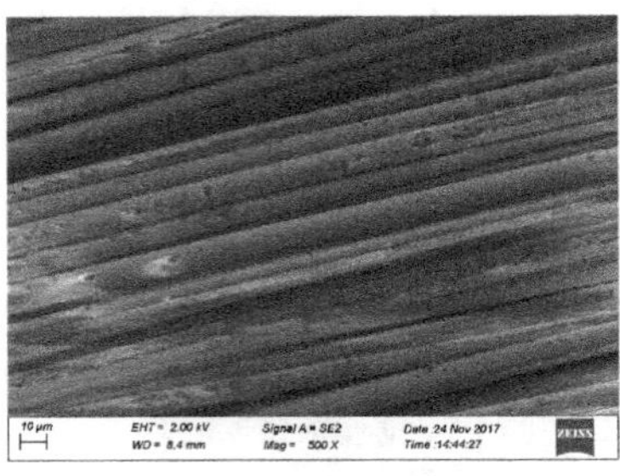

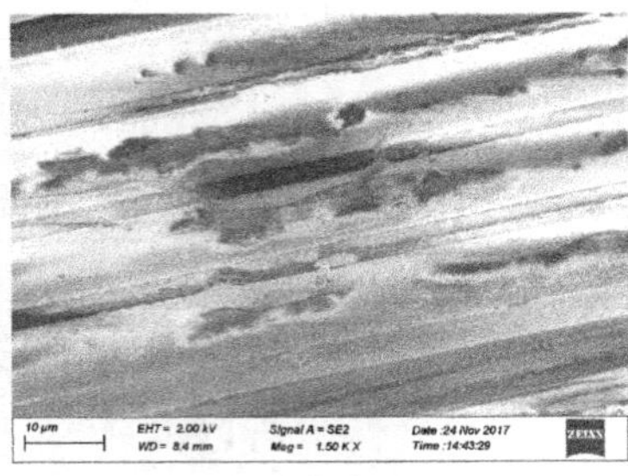

图 4-23　1mol/L 碱处理后玄武岩纤维 SEM 图

图4-24 为2mol/L NaOH 溶液处理后玄武岩纤维的效果图。200 倍图像形貌与原样纤维一样，呈圆柱状，单丝纤维细度均一。明显差异为能看出部分单丝纤维之间产生分散，并且其表面粗糙不光滑，有大量明显的点状物质与沿纤维方向较长的裂纹。放大倍数观察，500 倍和 1500 倍图像中，可清晰地看见纤维表面长长的沿纤维方向的裂缝，其边缘伴有少量鳞片状物质，部分地方存在不规则的网裂。在碱刻蚀中，首先是发生碱介质的阳离子吸附，破坏硅氧结构，由此形成纤维表面的裂缝及网裂。根据分析可知，纤维结构长裂缝及网裂现象，破坏了纤维的整体结构，使纤维本身力学性能受到影响，不利于与沥青结合。

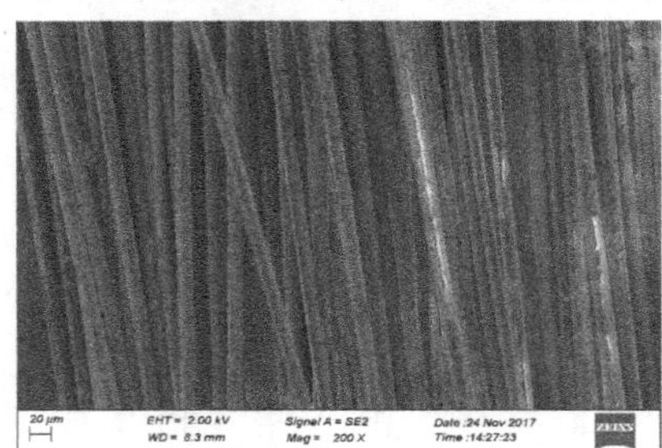

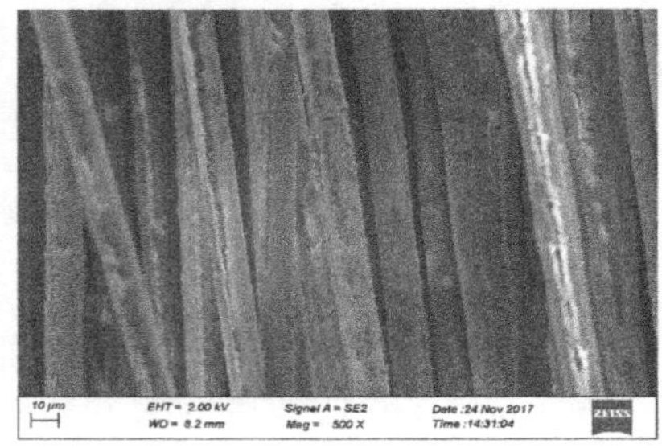

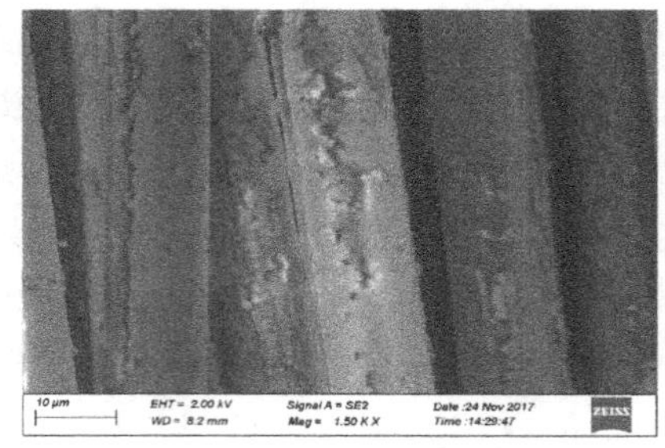

图 4-24　2mol/L 碱处理后玄武岩纤维 SEM 图

四、偶联剂处理后纤维微观形貌

图 4-25 为 1mol/L 偶联剂处理后的玄武岩纤维与原样纤维相比，200 倍下的图像，其形貌差异不大，为圆柱状，单丝纤维细度均一排列整齐，可明显看出的不同之处是，纤维表面出现大量点状和长条状物质，并伴有少许附着物。偶联剂与玄武岩单丝表面发生偶联反应，在其表面会形成一层薄膜。放大倍数观察，由 500 倍及 1500 倍的图像可清晰地看出，点状物质为大小不一的凸起和坑槽，长条状物质为沿纤维方向的裂缝，在裂缝边缘处伴有鳞片状物质。偶联剂改性中纤维表面与偶联剂分子中特定官能团进行接枝，利用桥接作用将纤维与基体黏结在一起。

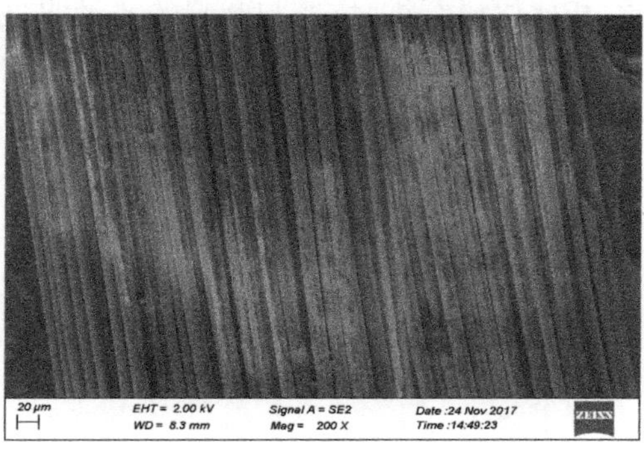

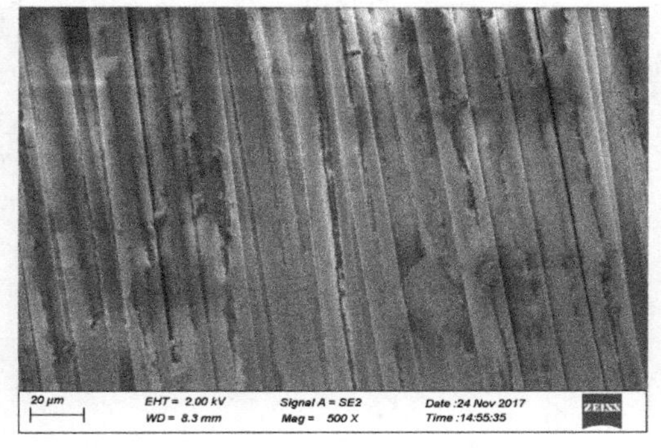

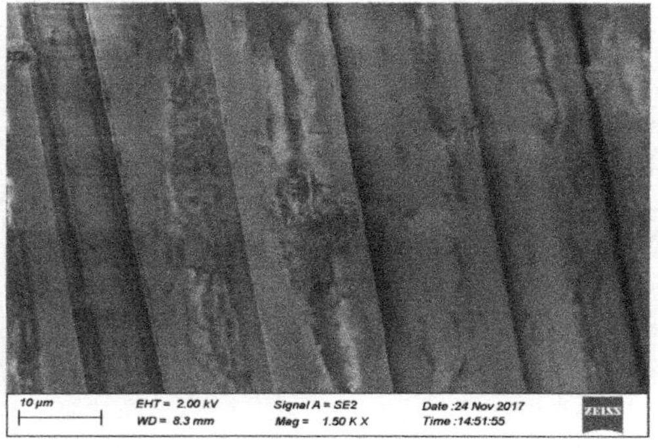

图 4-25　偶联剂处理后玄武岩纤维 SEM 图

本 章 小 结

(1)经过 1mol/L 和 2mol/L 的酸、碱溶液处理的玻璃纤维与玄武岩纤维黏附后的乳化沥青红外谱图与原样乳化沥青的红外谱图形状大致相似，主要的活性特征峰个数没变，没有产生新的特征峰。说明改性后的纤维加入乳化沥青里面，主要发生的是表界面的物理黏结作用。

(2)经过 1mol/L 和 2mol/L 酸、碱溶液处理的玻璃纤维与玄武岩纤维黏附后的乳化沥青红外谱图，特征峰的波数、强度发生略微的变化，尤其在区域 $3334.86cm^{-1}$、$2922.16cm^{-1}$ 的活性特征峰比较明显，并且 1mol/L 变化大于 2mol/L；但是 2mol/L 酸处理的玄武岩纤维黏附后的乳化沥青红外谱图在区域 2922.16cm^{-1}的特征峰减弱不明显。

(3)原样玄武岩纤维低倍数下图像表面光滑,呈圆柱状,单丝纤维均一整齐;在高倍数下的表面粗糙,图像中可清晰看到纤维表面少量坑槽、凸起等缺陷,此现象与制备工艺有关。

(4)经过 1mol/L 的酸、碱改性后玄武岩纤维表面形貌与原样玄武岩纤维相比,表面粗糙度增加,有利于增强与基体之间的黏结强度,更好发挥其性能。2mol/L 表面粗糙度更明显,坑槽与凸起数量比 1mol/L 的多,但是纤维表面出现部分网裂和剥落现象,剥落部分又生成新的光滑表面,这破坏了纤维的整体结构,影响纤维与沥青结合后的性能。因此酸碱处理中 1mol/L 的效果好。

(5)在 1mol/L 酸、碱与偶联剂改性后的玄武岩纤维表面形貌中,经过碱处理后的纤维表面部分地方出现鳞片状物质,相比原样纤维,坑槽与凸起的数量明显增多。但存在纤维表面剥落的现象,表面剥落破坏纤维的整体结构,影响纤维与沥青黏附效果。偶联剂刻蚀表面比原样粗糙,但是刻蚀效果不均匀。经过酸处理后的纤维整体结构完好,明显比原样纤维更粗糙、均匀,能有效与沥青黏附。因此,1mol/L 酸改性处理效果好。

第五章　FR-SAMI 中短纤维增强机理与抗裂性能有限元分析

纤维增强乳化沥青下封层是将不连续的短纤维乱向地分布于沥青基体中构成复合材料下封层，由于纤维对乳化沥青基体的加筋作用和桥连作用，使得下封层分散半刚性基层裂缝尖端的应力集中能力大大增强，抗反射能力明显提高。本章就短纤维增强乳化沥青机理进行研究，得出复合材料体系的力学参数。利用有限元计算断裂参数应力强度因子，评价纤维增强乳化沥青下封层在路面结构体系中对 3 种不同开裂模式的阻力效果，分析下封层模量、厚度，半刚性基层裂缝宽度，层间接触条件以及加铺层厚度对沥青混合料面层底部的应力强度因子的敏感性，为纤维增强乳化沥青下封层力学试验验证和配合比设计提供参考的依据。

第一节　短纤维增强沥青作用机理

本节主要从乱向不连续纤维复合理论来分析纤维增强乳化沥青下封层的增强机理，而基本的出发点是复合材料的混合原理。

一、应力传递理论

短纤维增强复合材料应力传递机理，一般采用三种方法分析，分别是剪滞法、剪切滑移法、广义的剪滞法。杂乱走向纤维增强复合材料一般采用广义的剪滞法，分析模型中有一个圆形纤维柱，外围包裹一层沥青，假设外围材料具有该复合材料的平均性，Chon-Sun 理论[108]分析体积单元如图 5-1 所示。理论分析中假设如下：

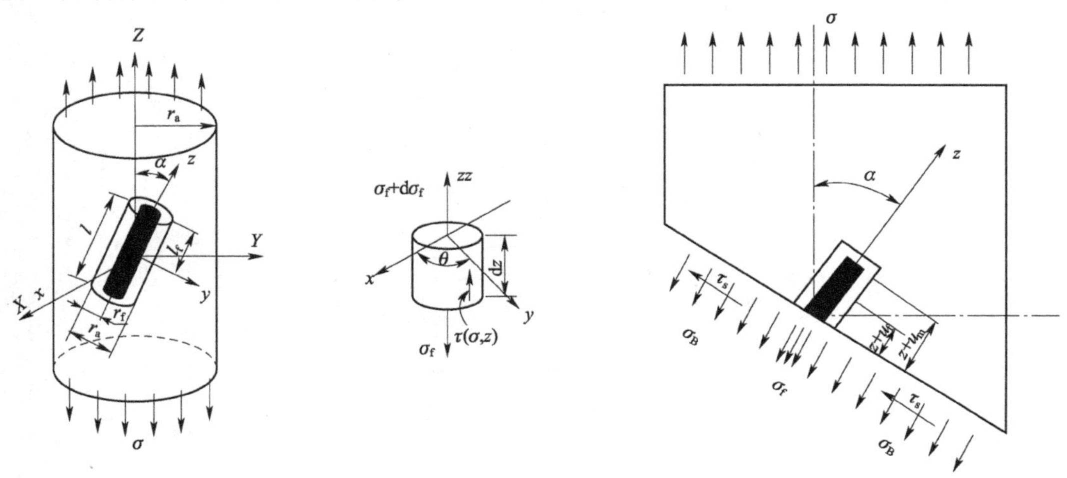

图 5-1　剪滞法理论分析体积单元

(1)在界面上纤维/基体之间黏结完好。

(2)在纤维方向上,基体的正应力比在纤维中的应力小。

(3)荷载是由基体材料通过界面上的剪应力来传递。

(4)纤维不会屈服。

(5)最近相邻纤维对沿外围乳化沥青应力场无显著的干扰。

在纤维的微分段上,根据平衡条件[109]:

$$\int_0^{2\pi}\tau \mathrm{d}\theta+\pi r_{\mathrm{f}}\frac{\mathrm{d}\sigma_{\mathrm{f}}}{\mathrm{d}z}=0 \tag{5-1}$$

在式中,σ_{f} 假定与 θ 无关。一般用于纤维增强乳化沥青下封层的纤维长细比很高,这样的假设是合理的,当纤维体积比足够小的时候,相邻的与之有影响的那部分纤维长度也很小。

从总体平衡条件,可以得到:

$$r_{\mathrm{f}}^2\sigma_{\mathrm{f}}+\left(\frac{r_{\mathrm{a}}^2}{\cos\alpha}-r_{\mathrm{f}}^2\right)\sigma_{\mathrm{a}}=\sigma r_{\mathrm{a}}^2\cos\ \alpha \tag{5-2}$$

在基体中,剪应变 γ_{m} 可以根据纤维和平均复合材料的相对位移来确定,可以表达为式(5-3):

$$u_{\mathrm{a}}-u_{\mathrm{f}}=\gamma_{\mathrm{m}}(r_{\mathrm{m}}-r_{\mathrm{f}}) \tag{5-3}$$

对式(5-3)微分段取一阶导数,代入应变—位移关系,然后代入应变—应力关系,可以推导出:

$$\frac{1}{E_{\mathrm{a}}}\sigma_{\mathrm{a}}-\frac{1}{E_{\mathrm{f}}}\sigma_{\mathrm{f}}=\frac{r_{\mathrm{m}}-r_{\mathrm{f}}}{G_{\mathrm{m}}}\frac{\mathrm{d}\tau}{\mathrm{d}z} \tag{5-4}$$

式中,复合材料的平均模量 E_{a},可以从试验中获得,也可以根据组分材料的性能和长细比来计算。因此,上式也可以写成:

$$\int_0^{2\pi}\frac{\mathrm{d}\tau}{\mathrm{d}z}\mathrm{d}\theta=2\pi\frac{\mathrm{d}\tau}{\mathrm{d}z} \tag{5-5}$$

将式(5-5)代入式(5-1)可得:

$$\frac{\mathrm{d}\tau}{\mathrm{d}z}+\frac{r_{\mathrm{f}}}{2}\frac{\mathrm{d}^2\sigma_{\mathrm{f}}}{\mathrm{d}z^2}=0 \tag{5-6}$$

推导出 σ_{f} 的微分方程式:

$$\frac{\mathrm{d}^2\sigma_{\mathrm{f}}}{\mathrm{d}z^2}-\eta^2\sigma_{\mathrm{f}}=-\xi^2 \tag{5-7}$$

其中:

$$\eta^2=\frac{2G_{\mathrm{m}}}{(r_{\mathrm{m}}-r_{\mathrm{f}})r_{\mathrm{f}}}\left[\frac{r_{\mathrm{f}}^2\cos\ \alpha}{E_{\mathrm{a}}(r_{\mathrm{a}}^2-r_{\mathrm{f}}^2\cos\ \alpha)}+\frac{1}{E_{\mathrm{f}}}\right] \tag{5-8}$$

$$\xi^2=\frac{2\sigma G_{\mathrm{m}}r_{\mathrm{a}}^2\cos^2\alpha}{E_{\mathrm{a}}r_{\mathrm{f}}(r_{\mathrm{m}}-r_{\mathrm{f}})(r_a^2-r_{\mathrm{f}}^2\cos\alpha)} \tag{5-9}$$

式(5-7)具有以下形式的解:

$$\sigma_{\mathrm{f}}=A\sinh\ \eta z+B\cosh\ \eta z+\frac{\xi^2}{\eta^2} \tag{5-10}$$

根据假设条件：

$$\sigma_f(l_f)=\sigma_f(-l_f)=0 \tag{5-11}$$

将式(5-11)代入式(5-10)，可得：

$$\sigma_f=\sigma\cos^2\alpha\left(\frac{E_f}{E_a}\right)\left(1-\frac{\cosh\ \eta z}{\cosh\ \eta l_f}\right) \tag{5-12}$$

将式(5-12)代入式(5-7)求解：

$$\tau=Q\sinh\eta z+C \tag{5-13}$$

式中：

$$Q=\frac{G_m\xi^2}{\eta^3(r_m-r_f)\cosh\ \eta l_f}\left[\frac{r_f^2\cos\ \alpha}{E_a(r_a^2-r_f^2\cos\ \alpha)}+\frac{1}{E_f}\right] \tag{5-14}$$

考虑到纤维的半径远远小于单元体的半径，故：

$$Q=\frac{G_m\xi^2}{E_f\eta^3(r_m-r_f)\cosh\ \eta l_f} \tag{5-15}$$

C 的表达式如下：

$$C=-\sigma\sin\alpha\cos\alpha\sin\theta \tag{5-16}$$

将式(5-16)代入式(5-13)得到剪切力 τ 的表达式：

$$\tau=Q\sinh\eta z-\sigma\sin\alpha\cos\alpha\sin\theta \tag{5-17}$$

由上式，在已知纤维体积比、纤维长细比和纤维与基体的性能参数就可以求解荷载作用下，由基体传递给纤维的剪切应力的大小，分析可得纤维最大正应力 σ_f 发生在纤维的中部长度，在 $0\leqslant z\leqslant l_f$ 的区间几乎没有变化，最大剪切应力发生在纤维的两个末端。

二、混合理论下的弹性模量和强度预报

在短纤维增强复合材料体系中，常用复合材料混合法模型计算轴向模量以及泊松比，模型中假设对复合材料施加简单外载时，仅有相对应的内应力产生，而其他的内应力皆为零；在轴向的外力作用下，纤维和基体中产生轴向的应变相等；在其他简单外载作用下，纤维和基体中所产生的内应力相等；当特征单元的轴(径)向施加单位应力 σ_{xx} 时，在单项应力状态下，对复合材料应该有[110-112]：

$$\sigma_{xx}=E_{xx}\varepsilon_{xx}=V_f\sigma_{xx}^f+V_m\sigma_{xx}^m=V_fE_{xx}^f\varepsilon_{xx}^f+V_mE_{xx}^m\varepsilon_{xx}^m=(V_fE_{xx}^f+V_mE_{xx}^m)\varepsilon_{xx} \tag{5-18}$$

从而得到等效的轴向模量为：

$$E_{xx}=V_fE_{xx}^f+V_mE_{xx}^m \tag{5-19}$$

考虑轴向荷载下复合材料沿横向(y)方向的应力—应变关系。由横向外载为0，可以推导出：

$$\begin{aligned}\varepsilon_{yy}&=-\nu_{xy}\varepsilon_{xx}=V_f\varepsilon_{yy}^f+V_m\varepsilon_{yy}^m=V_f(-\nu_{xy}^f\varepsilon_{xx}^f)+V_m(-\nu_{xy}^m\varepsilon_{xx}^m)\\&=-(V_f\nu_{xy}^f+V_m\nu_{xy}^m)\varepsilon_{mm}\end{aligned} \tag{5-20}$$

即主平面内的泊松比为：

$$\nu_{xy}=V_f\nu_{xy}^f+V_m\nu_{xy}^m \tag{5-21}$$

式中，E_{xx}、E_{xx}^f、E_{xx}^m 为复合材料、纤维、沥青基体的轴向模量；ν_{xy}、ν_{xy}^f、ν_{xy}^m 为主平面内复合材料、纤维、基体沥青的泊松比；V_f、V_m 为纤维、沥青基体的体积含量，可以采用光学手

段实测复合材料横截面纤维图中纤维面积占总横截面积的百分比，得到纤维体积含量 V_f，其中 $V_m = 1 - V_f$。

采用上式计算得到的复合材料的模量值往往偏大，因此在分析乱向短纤维复合材料时，修正公式必须同时考虑纤维在沥青基体中的取向、长度及其与基体的界面黏结状态。这些因数可以分别用方向有效因子、长度有效因子和界面黏结因子表示。当下封层在承受拉应力时纤维要么被拉断（小概率），要么从基体中被拔出。乱向分布不连续纤维增强乳化沥青下封层抗拉强度和弹性模量由式（5-22）表示[113]。

$$\left.\begin{aligned}\sigma_{fcu} &= \eta_\theta \eta_b \eta_l \sigma_{fu} V_f + \sigma_m (1 - V_f)\\ E_{fcu} &= \eta_\theta \eta_b \eta_l E_{fu} V_f + E_m (1 - V_f)\end{aligned}\right\} \tag{5-22}$$

式中，η_θ 为纤维的方向因子；η_l 为纤维的长度因子；η_b 为纤维与乳化沥青基体的界面黏结因子。

由于短纤维复合材料与连续纤维增强复合材料相比更加复杂，无论哪一种模型和预报的公式都存在一定的缺陷，需要与实际的试验验证进行对比。对比试验可以通过测定应力—应变曲线得到材料的弹性模量以及泊松比。由于复合材料的特殊性，对试件的形状、尺寸、端部垫片、夹头、对中等提出相应的要求以满足试验精度。推荐采用美国试验和材料学会（ATSM）-D3039[114]的标准。具体要求如表 5-1 所示。

非连续纤维增强材料拉伸试件技术要求 表 5-1

技术指标	参数
厚度(t)	5mm（或实际膜厚）
宽度(w)	25mm
全长(L)	250 ± 10(mm)
垫片长度(LT)	25mm
垫片厚度	1.5mm
建议的垫片材料	0°/90°玻璃纤维增强塑料
垫片端部	90°
试验速度	应变率 = 0.01min^{-1}，位移 = 2mm · min^{-1}
夹头	建议自对中
模量计算的基础	0.1% ~ 0.3% 弦长，如果最大应变低于 0.6%，取最大应变 25% ~ 50%

纤维增强乳化沥青碎石下封层对抑制沥青路面反射裂缝的效果还来自材料本身具有较好的防水性能，由于施工中分上、下两层均匀洒布乳化沥青结合料，其密闭性更强，另外纤维对上、下两层沥青结合料的吸附作用，可明显阻止沥青的流动，形成一层网状致密的保护膜，一定程度上阻止半刚性基层水分的挥发而减小干缩裂缝。

第二节　抗裂性能的有限元近似计算模型

一、断裂力学理论

断裂力学是研究含裂缝的构件在各种环境下（包括荷载作用、温度变化、湿度变化等）裂缝的平衡、扩展和失稳规律的一门学科。可对结构的稳定性进行预测，其主要任务是确定

出应力强度因子 K(线弹性断裂力学)或 J 积分及裂纹面张开的最大位移 δ(弹塑性断裂力学),进而确定裂纹尖端应力应变场[115]。

结构物中裂缝在一定条件下失稳扩展,按照它们在荷载作用下扩展形式的不同,可以分成 3 种基本类型:张开型裂缝(Ⅰ型)、剪切型裂缝(Ⅱ型)、撕开型裂缝(Ⅲ型)。3 种裂缝如图 5-2 所示。

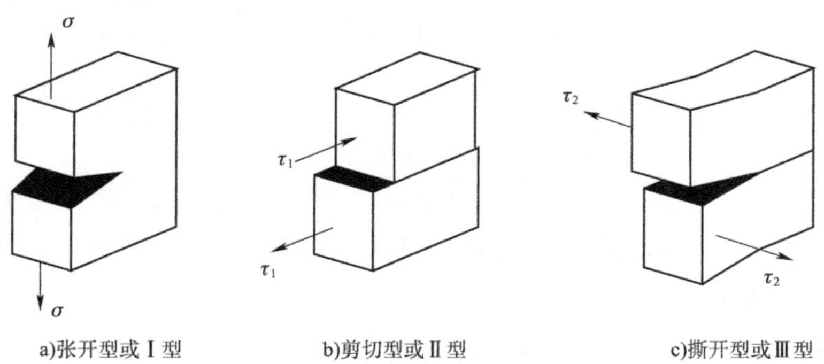

a)张开型或Ⅰ型　　b)剪切型或Ⅱ型　　c)撕开型或Ⅲ型

图 5-2　3 种基本开裂模式

应力场和位移场如图 5-3 所示,可以分别表示为下式[116]:

$$\sigma_{rr}=\frac{K_{\mathrm{I}}}{\sqrt{2\pi r}}\left(\frac{5}{4}\cos\frac{\theta}{2}-\frac{1}{4}\cos\frac{3\theta}{2}\right)+\frac{K_{\mathrm{II}}}{\sqrt{2\pi r}}\left(-\frac{5}{4}\sin\frac{\theta}{2}+\frac{3}{4}\sin\frac{3\theta}{2}\right) \tag{5-23}$$

$$\sigma_{\theta\theta}=\frac{K_{\mathrm{I}}}{\sqrt{2\pi r}}\left(\frac{3}{4}\cos\frac{\theta}{2}+\frac{1}{4}\cos\frac{3\theta}{2}\right)+\frac{K_{\mathrm{II}}}{\sqrt{2\pi r}}\left(-\frac{3}{4}\sin\frac{\theta}{2}-\frac{3}{4}\sin\frac{3\theta}{2}\right) \tag{5-24}$$

$$\sigma_{r\theta}=\frac{K_{\mathrm{I}}}{\sqrt{2\pi r}}\left(\frac{1}{4}\sin\frac{\theta}{2}+\frac{1}{4}\sin\frac{3\theta}{2}\right)+\frac{K_{\mathrm{II}}}{\sqrt{2\pi r}}\left(\frac{1}{4}\cos\frac{\theta}{2}+\frac{3}{4}\cos\frac{3\theta}{2}\right) \tag{5-25}$$

$$\sigma_{x}=\frac{K_{\mathrm{I}}}{\sqrt{2\pi r}}\cos\frac{\theta}{2}\left(1-\sin\frac{\theta}{2}\sin\frac{3\theta}{2}\right)-\frac{K_{\mathrm{II}}}{\sqrt{2\pi r}}\sin\frac{\theta}{2}\left(2+\cos\frac{\theta}{2}\cos\frac{3\theta}{2}\right) \tag{5-26}$$

$$\sigma_{y}=\frac{K_{\mathrm{I}}}{\sqrt{2\pi r}}\cos\frac{\theta}{2}\left(1+\sin\frac{\theta}{2}\sin\frac{3\theta}{2}\right)+\frac{K_{\mathrm{II}}}{\sqrt{2\pi r}}\sin\frac{\theta}{2}\cos\frac{\theta}{2}\cos\frac{3\theta}{2} \tag{5-27}$$

$$\tau_{xy}=\frac{K_{\mathrm{I}}}{\sqrt{2\pi r}}\cos\frac{\theta}{2}\sin\frac{\theta}{2}\cos\frac{3\theta}{2}+\frac{K_{\mathrm{II}}}{\sqrt{2\pi r}}\cos\frac{\theta}{2}\left(1-\sin\frac{\theta}{2}\sin\frac{3\theta}{2}\right) \tag{5-28}$$

$$u=\frac{K_{\mathrm{I}}}{4\mu}\sqrt{\frac{r}{2\pi}}\left[(2\chi-1)\cos\frac{\theta}{2}-\cos\frac{3\theta}{2}\right]+\frac{K_{\mathrm{II}}}{4\mu}\sqrt{\frac{r}{2\pi}}\left[(2\chi+3)\sin\frac{\theta}{2}+\sin\frac{3\theta}{2}\right] \tag{5-29}$$

$$v=\frac{K_{\mathrm{I}}}{4\mu}\sqrt{\frac{r}{2\pi}}\left[(2\chi+1)\sin\frac{\theta}{2}-\sin\frac{3\theta}{2}\right]-\frac{K_{\mathrm{II}}}{4\mu}\sqrt{\frac{r}{2\pi}}\left[(2\chi-3)\cos\frac{\theta}{2}+\cos\frac{3\theta}{2}\right] \tag{5-30}$$

式中,μ 为剪切模量,$\mu=\dfrac{E}{2(1+\nu)}$;$\chi=\dfrac{3-\nu}{4+\nu}$(平面应力),$\chi=3-4\nu$(平面应变)。

对于撕开型即Ⅲ型裂缝来说,裂缝尖端附近的应力分量和位移分量为[117]:

$$\tau_{xz}=\frac{K_{\mathrm{III}}}{\sqrt{2\pi r}}\sin\frac{\theta}{2} \tag{5-31}$$

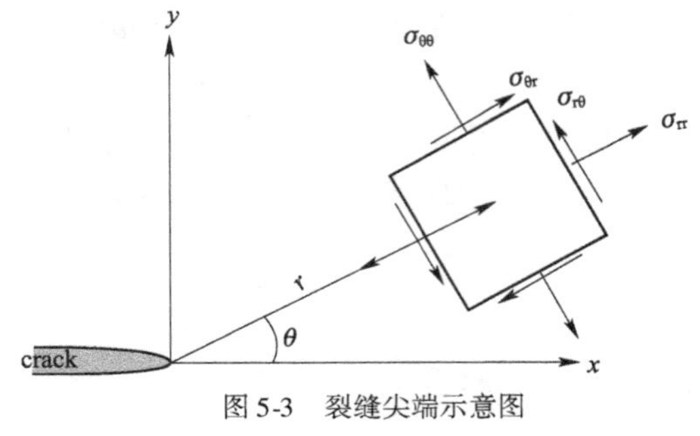

图 5-3　裂缝尖端示意图

$$\tau_{yz}=\frac{K_{\mathrm{III}}}{\sqrt{2\pi r}}\cos\frac{\theta}{2} \tag{5-32}$$

$$w=\frac{2(1+\mu)K_{\mathrm{III}}}{E}\sqrt{\frac{2r}{\pi}}\sin\frac{\theta}{2} \tag{5-33}$$

以上各式中,应力强度因子控制的裂缝尖端的应力场和位移场可统一记为:

$$\sigma_{ij}=\frac{K}{\sqrt{2\pi r}}f_{ij}(\theta) \tag{5-34}$$

$$u_i=K\sqrt{\frac{r}{\pi}}g_i(\theta) \tag{5-35}$$

在断裂力学中,应力强度因子 K 可以作为裂纹尖端附近应力奇异性程度的表征参量,相应的应力场和位移场定义为:

$$K_{\mathrm{I}}=\lim_{r\to 0}\sqrt{2\pi r}\sigma_y(r,0) \tag{5-36}$$

$$K_{\mathrm{II}}=\lim_{r\to 0}\sqrt{2\pi r}\tau_{xy}(r,0) \tag{5-37}$$

$$K_{\mathrm{III}}=\lim_{r\to 0}\sqrt{2\pi r}\tau_{yz}(r,0) \tag{5-38}$$

或

$$K_{\mathrm{I}}=\frac{2\mu}{\chi+1}\sqrt{2\pi}\lim_{r\to 0}\frac{v(r,\pi)}{\sqrt{r}} \tag{5-39}$$

$$K_{\mathrm{II}}=\frac{2\mu}{\chi+1}\sqrt{2\pi}\lim_{r\to 0}\frac{u(r,\pi)}{\sqrt{r}} \tag{5-40}$$

$$K_{\mathrm{III}}=\frac{\mu}{2}\sqrt{2\pi}\lim_{r\to 0}\frac{w(r,\pi)}{\sqrt{r}} \tag{5-41}$$

通过上面的分析可以看出,应力强度因子反映了裂缝尖端附近应力场的强弱。因此,可以采用力学分析模型,计算不同荷载条件下的应力强度因子,用应力强度因子的大小表征该种情况下抗裂性能的好坏。应力强度因子的计算方法主要包括:数值分析法、近似计算法、实验标定法、试验应力分析法[118]。本书主要采用近似计算有限元法。

二、有限元模型构建和计算参数

1. 路面结构模型

在半刚性基层沥青路面中,裂缝形式大致可以分为 3 类:第一类是目前研究比较广泛的反射裂缝,由半刚性基层温缩和干缩引起的裂缝在温度应力和荷载应力共同作用下反射到沥青路面上;第二类是 Top-down 裂缝,传统的沥青路面疲劳开裂总是认为发生在沥青面层的底部并向上扩展的(Bottom-Up),然而, 近年来有研究报告表明[119], 出现在轮迹带附近的源于沥青路面表面而向下扩展的纵向开裂(Top-Down) 已经成为高等级沥青路面的主要损坏类型之一,沥青面层开裂会增大对半刚性基层表面的拉应力而促使其开裂;第三类是由第一类裂缝和第二类裂缝同时出现在路面结构中相同位置处而形成的对接裂缝(贯穿裂缝),这类裂缝的出现会加速路面的破坏。

为了分别研究纤维增强乳化沥青下封层对以上三种类型路面开裂模式的阻力效果。选取如图 5-4 所示的 3 种路面结构模型，使用有限元软件 ABAQUS 建立路面结构模型，沿路线方向垂直向下取一截面，将路面结构简化成平面应变问题。路面结构在长度方向取 10m，深度方向取 6m，假设各层的接触状态为完全连续。在路面模型两侧施加水平方向的约束，在土基底面施加水平方向和垂直方向的约束。

在进行车轮荷载分析时，车轮荷载选用 BZZ-100，模型计算过程中荷载作用于路面上，假定轮胎接触面积为矩形，荷载压力 0.7MPa，接触面积 $A_C = 0.5227L^2$，轮印宽为 $0.6L$，长为 $0.8712L$[120]，经计算得到作用面积 0.22m × 0.16m。分别采用正荷载和偏荷载两种荷载模式，如图 5-4a）和图 5-4b）所示。纤维增强乳化沥青下封层设置在沥青面层和半刚性基层之间，厚度为 6mm，如图 5-5 所示。

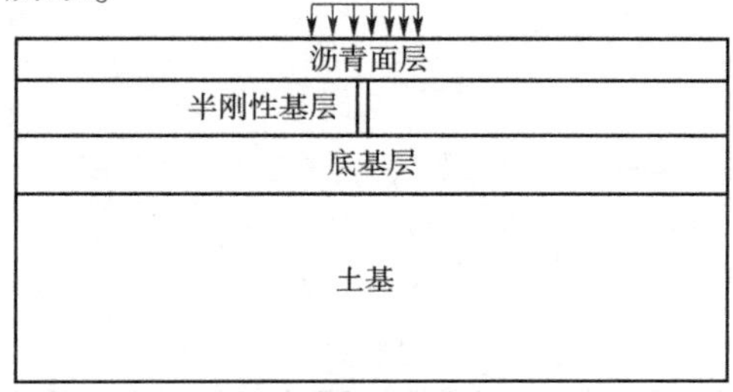

a）半刚性基层裂缝

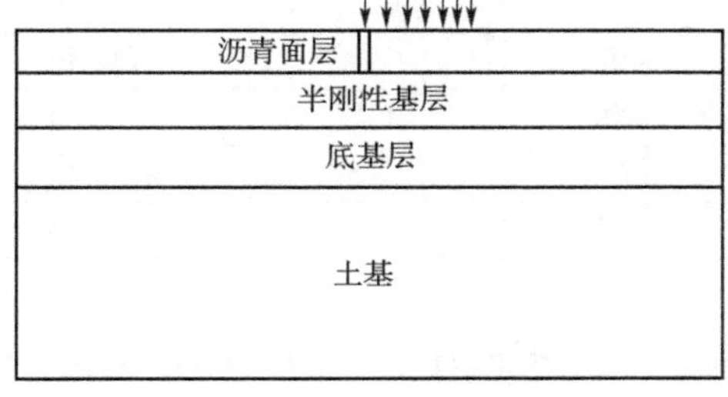

b）沥青面层裂缝

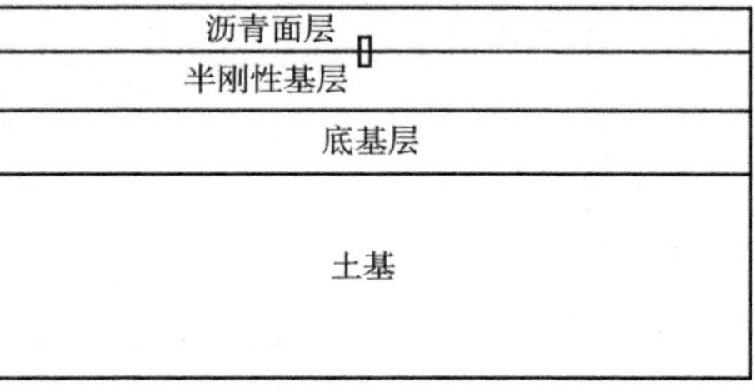

c）沥青面层和半刚性基层对接裂缝

图 5-4　3 种路面结构模型

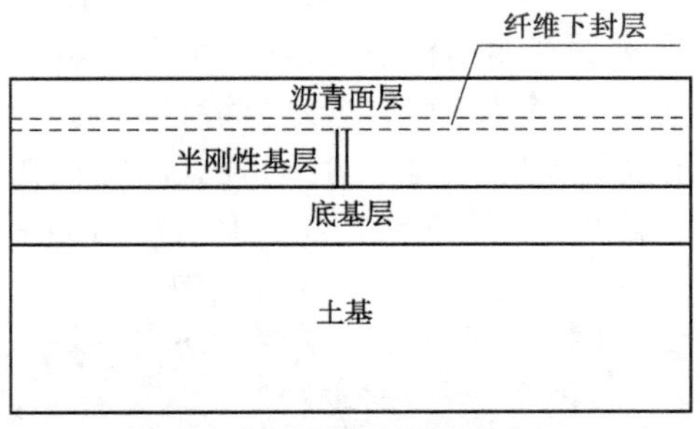

图 5-5　纤维下封层的布置

2. 路面温度变化场

由于路面结构所在的使用环境受到太阳辐射和空气对流热交换的作用，不同路面结构深度处的温度差异性比较大。由于沥青混合料的导热系数比较小，大气温度发生改变时，路面不同深处的改变幅度也是不一样的。为此，学术界展开了很多关于这方面的研究[116,121]，结果表明：在沥青路面结构中，不同时刻温度的差值随着深度的增加而逐渐减小,可以采用指数函数来定量描述这种变化规律[122],如式(5-42)、式(5-43)所示。

$$T(x,y)=\begin{cases}P_1e^{-b_1y} & 0\leqslant y\leqslant h\\ P_2e^{-b_2(y-h)} & h\leqslant y\leqslant h+g\\ P_3e^{-b_3(y-h-g)} & h+g\leqslant y\leqslant +\infty\end{cases} \tag{5-42}$$

式中,P_i 表示路面结构第 i 层表面处温度变化差值。且

$$\begin{cases}P_2=P_1e^{-b_1h}\\ P_3=P_2e^{-b_2g}\end{cases} \tag{5-43}$$

式中,b_i 为控制温差随路面深度变化速度的因子。

对于由沥青面层、半刚性基层和土基组成的3层体系路面结构,一般可取$(b_1,b_2,b_3)=(5,4,3)$。

3.路面结构参数

在有限元计算中,选取的路面结构参数如表5-2所示。在进行车轮荷载分析时,采用沥青混合料常温(25℃)时的模量,取1200MPa。在进行温度荷载分析时,面层沥青混合料的模量取4000MPa(降温范围内的平均值),并假定沥青混合料的模量不随着温度的降低而变化。

路面结构参数 表5-2

结构层次	厚度(cm)	模量(MPa)	泊松比	温度收缩系数α(/℃)
沥青面层	18	—	0.25	2×10^{-5}
纤维增强乳化沥青下封层	0.6	500	0.3	2×10^{-5}
半刚性基层	30	1600	0.3	7×10^{-6}
底基层	30	600	0.35	1×10^{-5}
土基	—	40	0.4	2×10^{-5}

第三节 荷载作用下路面结构力学响应分析

在路面结构中半刚性基层开裂以后,在温度和荷载应力作用下沥青路面中应力分布会发生变化,选取如图5-4a)所示的路面结构模型,本节重点分析在车轮荷载下半刚性基层先期裂缝对沥青面层底部拉应力(正荷载)和剪应力(偏荷载)的影响,以及在温度荷载下半刚性基层先期裂缝对沥青面层底部拉应力的影响,同时对比在有先期裂缝的半刚性基层上铺设纤维增强乳化沥青下封层后沥青面层底部拉应力和剪应力的变化情况。从理论上验证下封层的阻裂效果。有限元分析模型的单元网格划分如图5-6所示。

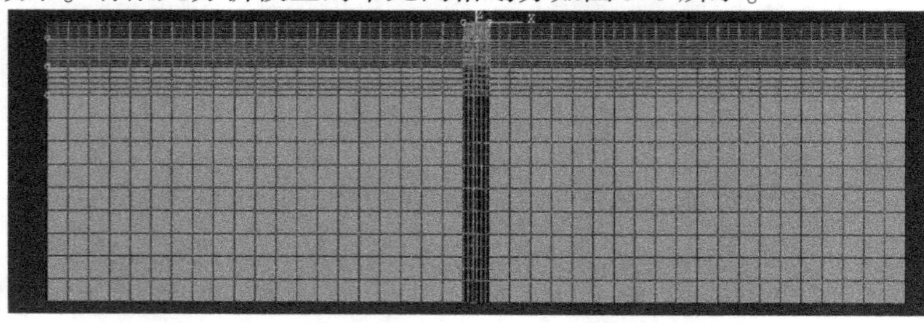

图5-6 有限元单元网格划分

一、半刚性基层开裂前后

在正荷载作用下，半刚性基层有裂缝和无裂缝状态时沥青面层中拉应力的分布情况如图 5-7、表 5-3 所示。图中正值表示拉应力、负值表示压应力。

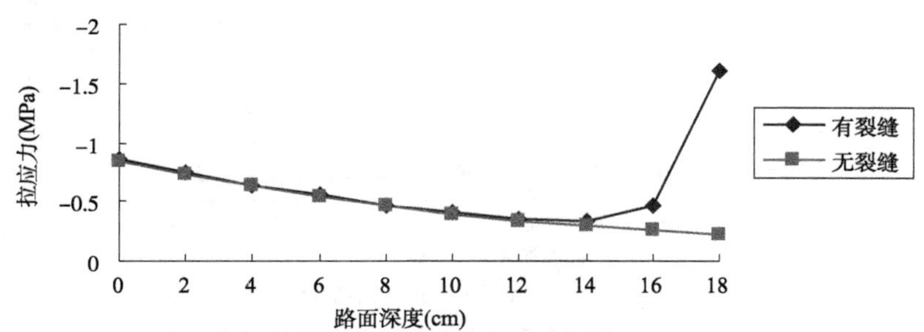

图 5-7　正荷载作用下半刚性基层开裂前后路面不同深度处拉应力值

正荷载下半刚性基层开裂前后路面不同深度处拉应力　　表 5-3

距路表深度(cm)	半刚性基层无裂缝(MPa)	半刚性基层有裂缝(MPa)
0	-0.84199	-0.85580
2	-0.73595	-0.74696
4	-0.63532	-0.64413
6	-0.54471	-0.55178
8	-0.46616	-0.47218
10	-0.39972	-0.40599
12	-0.34425	-0.35490
14	-0.29819	-0.33292
16	-0.26005	-0.45902
18	-0.22859	-1.60303

从有限元计算结果可以得到如下结论：

(1)在正荷载作用下，沥青面层处于受压状态，不同深度处压应力的大小不同，在半刚性基层无裂缝情况下，压应力随深度的增加逐渐减小，沥青面层压应力是层底压应力的 3.68 倍。

(2)半刚性基层出现裂缝后，开始面层的压应力随深度的增加缓慢减小，深度增加到 14cm 左右，压应力开始逐渐增加，从深度 14cm 增加到 16cm，压应力增加了 37.8%，从深度 16cm 增加到 18cm，压应力增加了 249.2%，即在沥青面层底部出现压应力陡增即应力集中现象。

(3)半刚性基层中有无裂缝的存在对沥青路面上面层和中面层压应力的影响不大，在接近沥青面层底部 4cm 的范围内差异较为显著，尤其是在沥青面层底部差值在 6 倍左右，出现显著的压应力集中。

(4)在车轮正荷载作用下，计算应力值全部为负数，故沥青面层底部不会在正荷载作用下产生张开型反射裂缝。

有限元计算得出在偏荷载作用下半刚性基层有裂缝和无裂缝状态时沥青面层中剪应力的分布如图 5-8、表 5-4 所示。

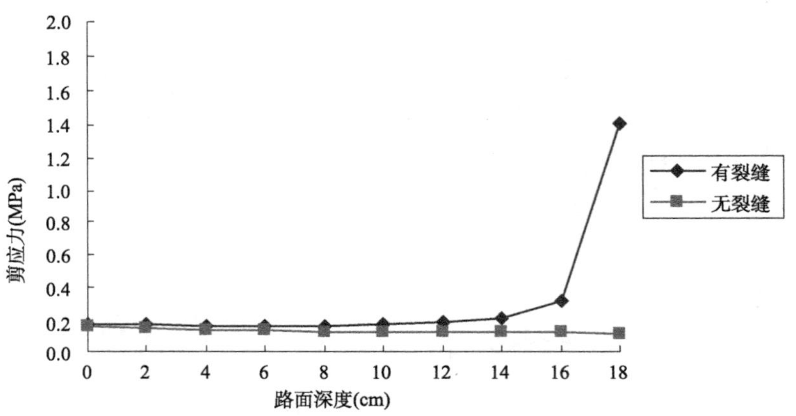

图 5-8　偏荷载下半刚性基层开裂前后路面不同深度处剪应力值

偏荷载下半刚性基层开裂前后路面不同深度处剪应力　　表 5-4

距路表深度(cm)	半刚性基层无裂缝(MPa)	半刚性基层有裂缝(MPa)
0	0.19290	0.20602
2	0.18128	0.20767
4	0.16423	0.18954
6	0.15853	0.19444
8	0.15555	0.20041
10	0.15225	0.20863
12	0.14884	0.22289
14	0.14556	0.25873
16	0.14280	0.39181
18	0.14112	1.74616

由图 5-8 可知,在偏荷载作用下,半刚性基层中如果没有裂缝存在,沥青混合料面层结构中不同深度处剪应力呈缓慢减小趋势,面层与底层剪应力差值在 0.05MPa 左右;而半刚性基层中一旦出现裂缝,在沥青路面上面层 0 ~ 4cm 的范围内剪切力有所减小,在 4 ~ 14cm 范围内剪切力开始缓慢增加,在接近沥青下面层底部 14 ~ 18cm 范围内剪应力出现明显增加趋势,路面顶部与底部剪应力差值达到 1.60MPa,即出现剪切应力陡增现象,产生显著的剪应力集中。因此,车轮偏荷载会在沥青面层中引起剪切型反射裂缝。

有限元计算得到的路表温度降低 10℃时,半刚性基层有裂缝和无裂缝状态下沥青面层中拉应力的分布如图 5-9、表 5-5 所示。

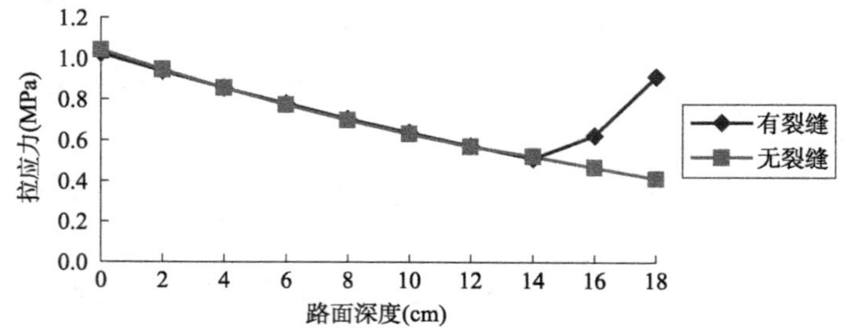

图 5-9　路表降温下半刚性基层开裂前后路面不同深度处拉应力

路表降温下半刚性基层开裂前后路面不同深度处拉应力 表 5-5

距路表深度(cm)	半刚性基层有裂缝(MPa)	半刚性基层无裂缝(MPa)
0	1.03822	1.02315
2	0.94315	0.93723
4	0.85511	0.85585
6	0.77333	0.77900
8	0.69866	0.70640
10	0.63111	0.63755
12	0.57067	0.57248
14	0.52089	0.51202
16	0.46815	0.71030
18	0.41245	0.90866

由图 5-9、表 5-5 可知，当路表温度降低时，半刚性基层中如果没有裂缝的存在，随路面深度的增加，沥青面层内的拉应力呈线性减小的趋势；当半刚性基层中存在裂缝时，在沥青混合料面层 14cm 以内变化趋势与无裂缝的情况基本相同，深度继续增加沥青混合料面层内的拉应力开始呈上升趋势，到面层底部 18cm 处的拉应力值是无裂缝情况下的 2.2 倍左右。因此，温度降低会在半刚性基层开裂的沥青混合料面层底部产生拉应力集中而引起张开型反射裂缝。

以上分析可知，当半刚性基层中存在裂缝时，沥青混合料面层中反射裂缝源于车辆偏荷载作用和降温。车辆偏荷载会引起剪切型反射裂缝，温度降低会引起张开型反射裂缝。以下的有限元力学分析中，只考虑车轮偏荷载和温度降低两种荷载模式。

二、设置下封层前后

为了验证铺设在基层与沥青混合料面层之间的纤维增强乳化沥青下封层对反射裂缝的阻裂效果，采用有限元分别计算在偏荷载和温度荷载作用下，沥青混合料面层各个深度处的应力分布。

图 5-10 是铺设纤维增强乳化沥青下封层前后在偏荷载作用下沥青混合料面层中剪应力的分布。

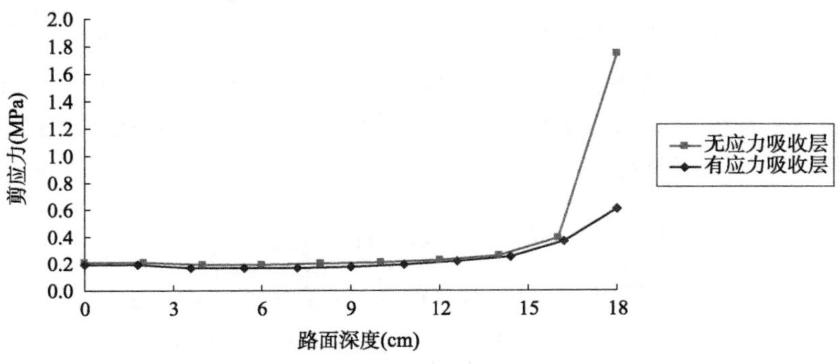

图 5-10 偏载下设置下封层前后路面不同深度剪应力

由图 5-10 对比可知，半刚性基层与沥青面层之间设置纤维增强乳化沥青下封层与否对面层 16cm 范围内的应力分布没有太大的影响，两条剪应力曲线基本重合，但是在 16～18cm 范围内差异比较明显，设置下封层以后由半刚性基层裂缝引起的沥青面层底部的集中应力减小了 65% 左右。因此，下封层起到了隔离半刚性基层尖端的应力集中，这就显著减小了沥青面层中产生剪切型反射裂缝的可能性。

图 5-11 是铺设纤维增强乳化沥青下封层前后路表温度降低 10℃时沥青面层中拉应力的分布图。由图 5-11 对比可知，地表温度下降后，拉应力随深度增加逐渐减小，如果半刚性基层中存在裂缝，基层与面层之间没有设置下封层时，在路面以下 15cm 处拉应力开始增加，在接近沥青面层的底部时出现最大值，表现为应力集中。如果设置下封层，拉应力出现持续减小，沥青面层底部的拉应力比不设下封层减小 54.0%。

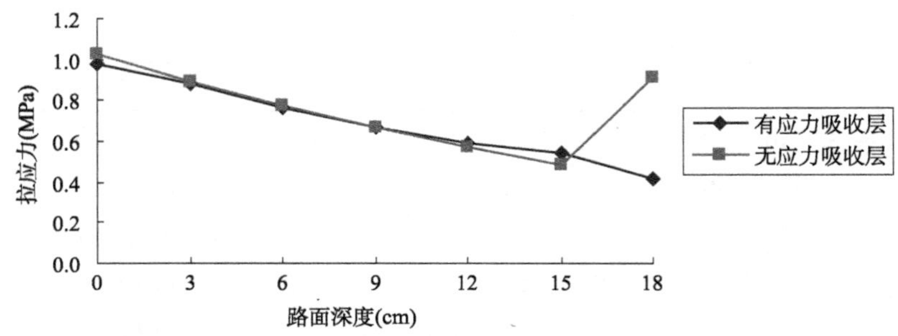

图 5-11　路表降温下设置下封层前后路面不同深度拉应力

由以上分析可知，无论在偏荷载还是温度应力作用下，在半刚性基层和沥青混合料面层之间设置纤维增强乳化沥青下封层，对于由半刚性基层开裂引起的沥青混合料面层底部应力集中有很好分散作用，能延缓和阻止裂缝在面层中发展。

第四节　基于应力强度因子不同开裂模型下阻裂效果分析

本节将使用断裂力学方法，分析在半刚性基层和沥青混合料面层之间设置纤维增强乳化沥青下封层后，对图 5-4 中 3 种路面结构模型的阻裂效果进行分析。在分析半刚性基层裂缝引起的沥青面层裂缝时[图 5-4a)]，在沥青面层底部预设一个 1cm 长的裂缝；在分析沥青面层裂缝引起的半刚性基层裂缝时[图 5-4b)]，在半刚性基层顶部预设一个 1cm 长的裂缝；在分析沥青面层底部和半刚性基层顶部的对接裂缝时[图 5-4c)]，分别在沥青面层底部和半刚性基层顶部预设一个 1cm 长的裂缝。应用有限元分别计算各模式下裂缝尖端的应力强度因子，荷载模式包括车轮偏荷载和温度荷载。

一、半刚性基层裂缝引起的沥青面层反射裂缝

图 5-12 是铺设纤维增强乳化沥青下封层前后，在偏荷载作用下沥青面层底部裂缝尖端应力强度因子变化图。由图可知，铺设纤维增强乳化沥青下封层后，沥青面层底部裂缝尖端应力强度因子降低了 49.1%。因此，纤维增强乳化沥青下封层可以有效阻止由半刚性基层

引起的沥青面层底部剪切型裂缝的扩展。

图 5-13 是设置纤维增强乳化沥青下封层前后，路表温度降低 10℃ 时沥青面层底部裂缝尖端应力强度因子的变化图。由图可知，铺设纤维增强乳化沥青下封层后，沥青面层底部裂缝尖端的应力强度因子降低了约 24.8%。因此，纤维增强乳化沥青下封层可以有效阻止沥青面层底部由于温度降低引起的张开型裂缝的扩展。

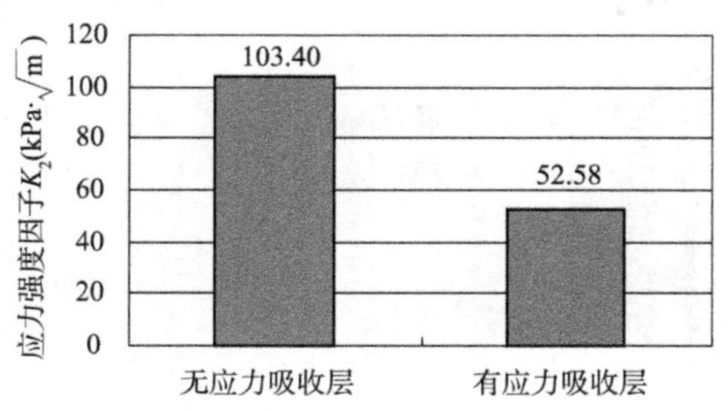

图 5-12　偏载作用下反射型裂缝沥青面层底部应力强度因子

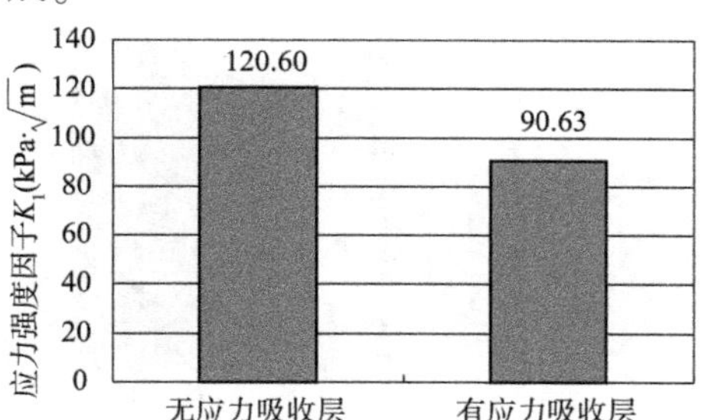

图 5-13　路表降温下反射型裂缝沥青面层底部应力强度因子

二、沥青面层 Top-down 裂缝引起的半刚性基层裂缝

图 5-14 是铺设纤维增强乳化沥青下封层前后，在偏荷载作用下半刚性基层顶部裂缝尖端应力强度因子的变化图。由图 5-14 可知，铺设纤维增强乳化沥青下封层后，半刚性基层顶部的应力强度因子从 121.10kPa·$\sqrt{m}$减小到 55.87kPa·$\sqrt{m}$，降低了 54.1%。因此，在偏荷载作用下纤维增强乳化沥青下封层可以减小沥青路面结构对半刚性基层表面的弯拉应力，降低由于表面过大的弯拉应力引起基层开裂概率。

图 5-15 是铺设纤维增强乳化沥青下封层前后，路表温度降低 10℃ 时半刚性基层顶部裂缝尖端应力强度因子的变化。由图 5-15 可知，铺设纤维增强乳化沥青碎石下封层后，半刚性基层顶部的应力强度因子从 560.10kPa·$\sqrt{m}$减小到 263.30kPa·$\sqrt{m}$，降低了约 53.0%。因此路表温度降低，在沥青混合料面层和半刚性基层中设置纤维增强乳化沥青下封层同样可以减小路面面层结构对半刚性基层表面的弯拉应力。

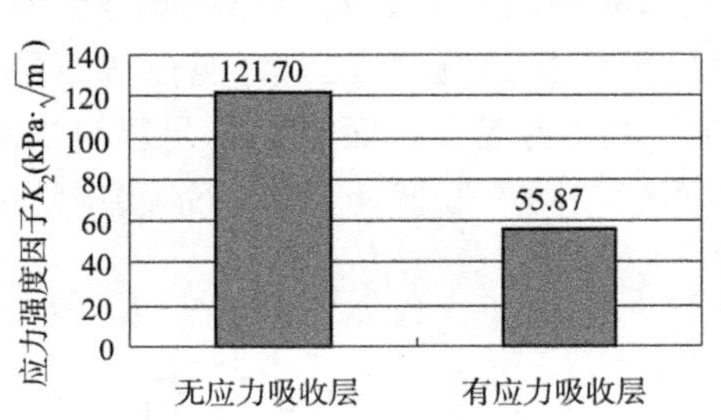

图 5-14　偏载作用下 Top-down 裂缝沥青面层底部应力强度因子

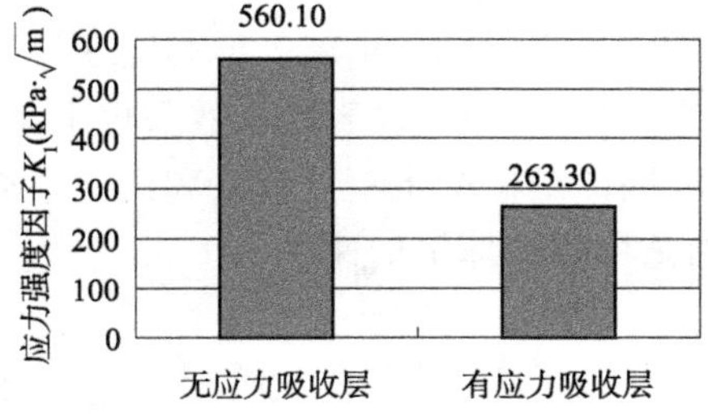

图 5-15　路表降温下 Top-down 裂缝沥青面层底部应力强度因子

因此，在半刚性基层与沥青混合料面层之间铺设纤维增强乳化沥青下封层后，无论是在偏载产生的剪切力作用下，还是在路表温度降低而产生的温度应力下，半刚性基层顶部的应力强度因子都将减小 50% 左右。

三、沥青面层与半刚性基层对接裂缝

图5-16是铺设纤维增强乳化沥青碎石吸收层前后，在偏荷载作用下沥青混合料面层底部和半刚性基层顶部裂缝尖端应力强度因子的变化结果。

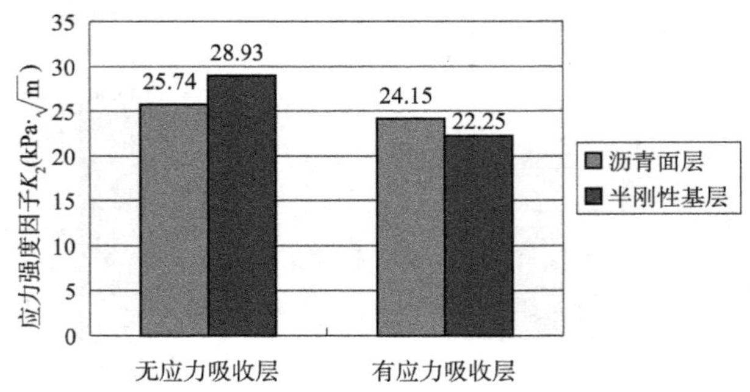

图5-16　偏荷载作用下对接型裂缝沥青面层底部与半刚性基层顶部应力强度因子

当沥青面层的裂缝和半刚性基层的裂缝出现在同一位置处时将产生对接裂缝，在对接裂缝处铺设纤维增强乳化沥青吸收层后，沥青面层底部的应力强度因子减小了6.2%，半刚性基层顶部的应力强度因子减小了23.1%（图5-17）。

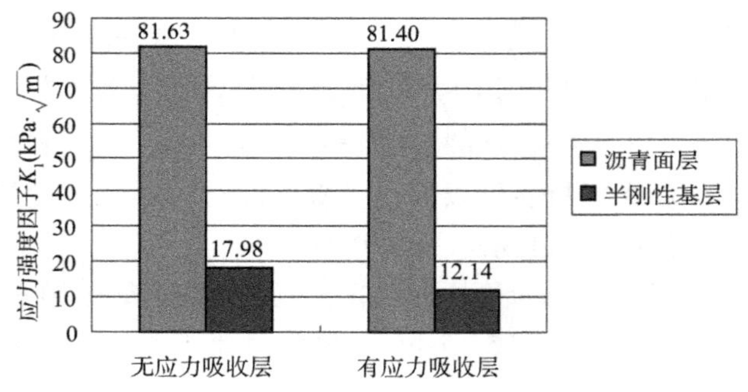

图5-17　路表降温下对接型裂缝沥青面层与半刚性基层底部应力强度因子

综合上述分析可知，在半刚性基层和沥青混合料面层之间铺设纤维增强乳化沥青下封层，可以有效阻止半刚性基层裂缝引起反射裂缝和沥青混合料面层（Top-down）裂缝引起的半刚性基层顶部裂缝的扩展。但是对于阻止对接裂缝的扩展时，在沥青混合料面层底部收到的效果有限，在半刚性表面的效果也不及单独只由沥青混合料面层引起开裂的效果明显。故一旦在路面结构中半刚性基层和沥青混合料面层在同一位置处开裂，下封层阻裂效果下降，路面结构的破坏将加速。

第五节　抗裂性能影响因素敏感性分析

在纤维增强乳化沥青碎石下封层中，组成材料纤维、沥青、碎石类型和用量的变化会影响下封层的物理力学参数，为了验证不同的物理力学参数以及裂缝宽度和层间接触状态对阻裂效果的影响，本节选取如图5-4a）所示的路面结构模型，分析纤维增强乳化沥青碎石下封层模量、厚度和半刚性基层裂缝宽度对阻止沥青面层底部裂缝扩展的影响，计算荷载模式

为车轮偏荷载。在进行参数分析时，采用控制变量法，仅仅变化需要研究的参数，保持其他参数不变。

一、下封层模量的影响

图 5-18 是沥青面层底部裂缝尖端应力强度因子随着纤维增强乳化沥青碎石下封层模量的变化情况。

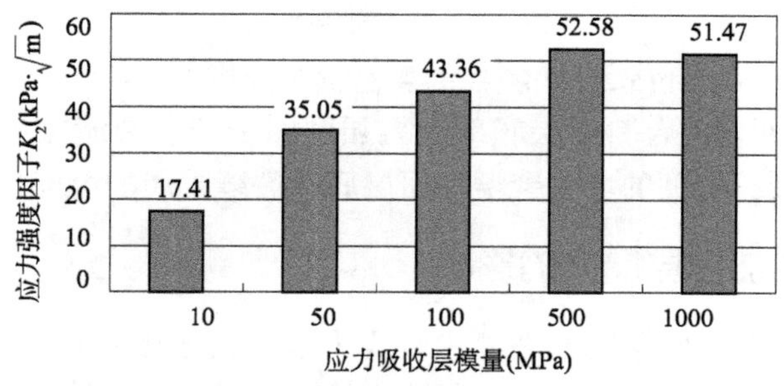

图 5-18　下封层模量敏感性分析结果

由图 5-18 可知，应力强度因子随着纤维增强乳化沥青碎石下封层模量的增加而增加，从 10～50MPa，增加比较明显，增幅在 101.3%。达到 500MPa 以后，有缓慢下降的趋势。因此，选取模量较小的纤维增强乳化沥青碎石下封层对于阻止沥青面层底部裂缝的扩展是有利的。

二、下封层厚度的影响

图 5-19 是沥青混合料面层底部裂缝尖端应力强度因子随着纤维增强乳化沥青下封层厚度的变化情况。

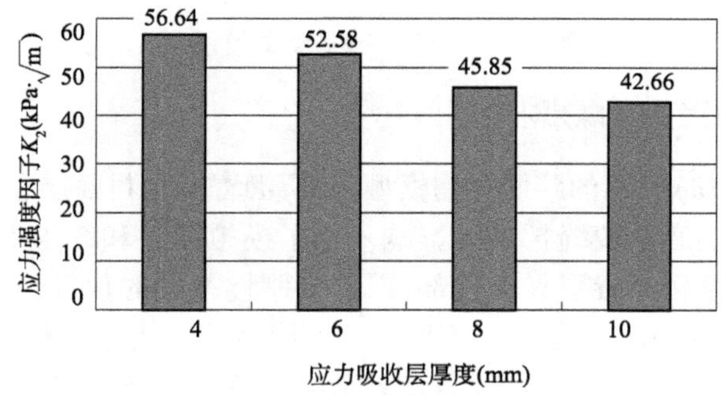

图 5-19　下封层厚度敏感性分析结果

由图 5-19 可知，纤维增强乳化沥青下封层厚度越大，沥青混合料面层底部应力强度因子越小。因此，增加纤维增强乳化沥青下封层厚度有利于阻止沥青面层底部裂缝的扩展，但是在实际的应用中，需考虑下封层太厚时与面层和基层的黏结性能，避免出现不连续的现象，以及考虑工程造价和施工总厚度的要求。

三、半刚性基层裂缝宽度的影响

图 5-20 是沥青混合料面层底部裂缝尖端应力强度因子随半刚性基层裂缝宽度的变化情况。

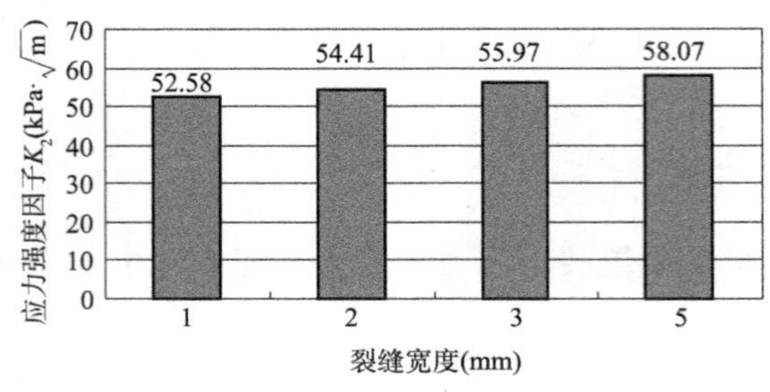

图 5-20　半刚性基层裂缝宽度敏感性分析结果

由图 5-20 可知，沥青混合料面层底部应力强度因子随着裂缝宽度的增大而增大，但增加幅度很小。因此，裂缝宽度的增大会增加面层底部裂缝扩展的可能性，但是影响不太大。

四、沥青混合料加铺层厚度的影响

图 5-21 是沥青混合料面层底部裂缝尖端应力强度因子随加铺层厚度的变化情况。由图可知，面层底部应力强度因子随着加铺层厚度的增大而减小，因此增加加铺层厚度对减缓反射裂缝扩散是有利的。但在实际工程中加铺层厚度往往受到结构设计和工程造价的制约，因此单单靠这一种方法来抵抗反射裂缝有一定的局限性。

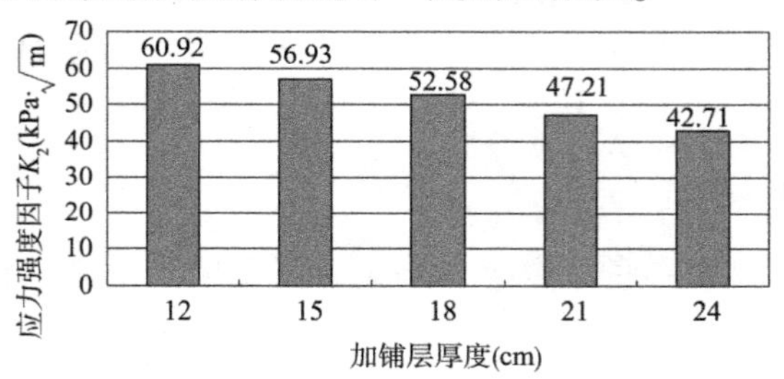

图 5-21　加铺层厚度敏感性分析结果

五、下封层层间接触的影响

本节选取如图 5-4a）所示的路面结构模型，分析沥青混合料面层和纤维增强乳化沥青下封层的层间接触对面层底部裂缝扩展的影响。为了模拟面层和纤维下封层的接触状态，在面层底部和纤维增强乳化沥青下封层顶部，以及半刚性基层的顶部与纤维增强乳化沥青下封层底部设置库仑摩擦接触，接触状态用层间的摩擦系数表征。在有限元软件 ABAQUS 中，摩擦系数可以是任何非负数，摩擦系数为 0 表示层间没有摩擦，处于完全滑动状态，摩擦系数越大，层间的结合状态越好。

图 5-22 是在车轮路表降温和偏荷载作用下沥青混合料面层底部裂缝尖端应力强度因子随着层间接触状态的变化情况。

由图 5-22 可知，在偏载作用下，沥青混合料面层和纤维增强乳化沥青下封层的层间接触由完全滑动变为完全连续状态时，应力强度因子先增加后减小，其中完全连续比完全滑动时应力强度因子大 2 倍左右。因此，单单从应力强度因子的角度来说，面层和下封层之间处于完全滑动状态对于阻止面层底部裂缝的扩展是有利的。但是层间的不连续接触会对整个结构的受力产生一定的影响，验算证明层间污染或不连续接触，层底弯拉应力可能增加 3 倍左右[123]。也有资料显示，层间由连续变为滑动，路面损伤因子 SDEG 会增加，面层与基层层间接触状态的恶化（从完全连续变为完全滑动）将加速路面的损伤断裂[117]。

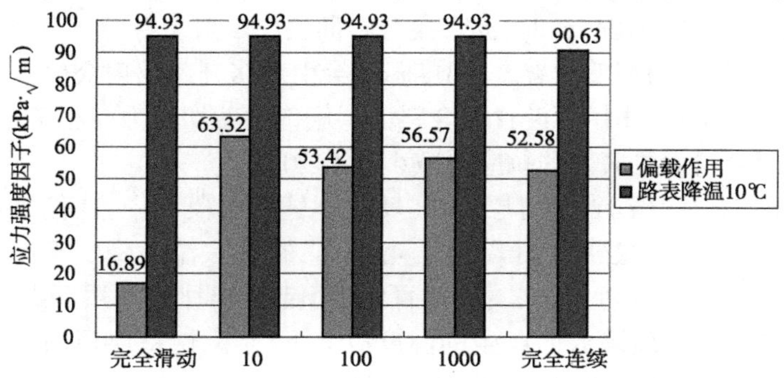

图 5-22　降温和偏载下下封层与面层层间接触条件敏感性分析结果

路表温度降低 10℃时，沥青混合料面层和纤维增强乳化沥青下封层层间接触状态从完全滑动变化到完全连续时，应力强度因子基本没有变化，只是在完全连续时各低于其他接触状态 5% 左右。因此，沥青混合料面层和纤维增强乳化沥青下封层层间接触状态对于温度降低引起的面层底部裂缝的扩展基本没有影响。

图 5-23 是在车轮路表降温和偏荷载作用下半刚性基层顶部裂缝应力强度因子随着层间接触状态的变化情况。

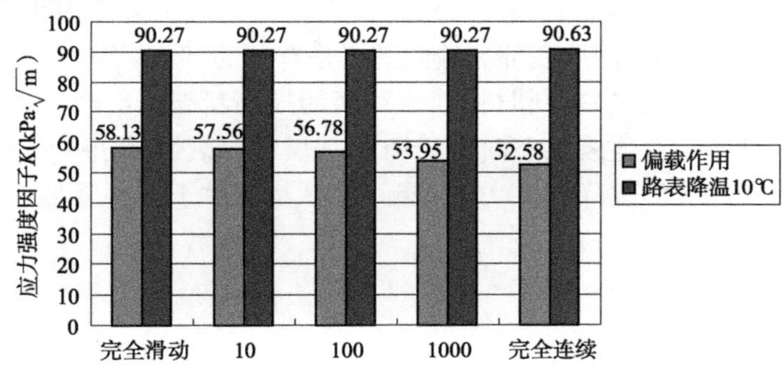

图 5-23　降温和偏载下下封层与基层层间接触条件敏感性分析结果

由图 5-23 可知，在偏载作用下，半刚性基层和纤维增强乳化沥青下封层的层间接触为完全滑动变为完全连续状态时，应力强度因子逐渐减小，但是减小的幅度不大，最大减小幅度为 9.6%，因此基层和下封层层间处于完全连续状态时对于阻止基层顶部的裂缝扩展是有利的，但效果不是特别明显。当路表温度降低 10℃时，半刚性基层和纤维增强乳化沥青下封层层间接触状态从完全滑动变化到完全连续时，应力强度因子基本没有变化，因此基层和下封层层间接触状态对于温度降低引起的基层顶部裂缝的扩展基本没有影响。

本 章 小 结

采用断裂力学有限元计算模型，分析在荷载作用下基层开裂前后以及设置纤维增强乳化沥青下封层与否，路面结构内的力学响应。探讨纤维增强乳化沥青下封层对三种路面开裂模型的阻裂效果，并对影响抗裂性能的因素敏感性进行分析，得到如下结论：

(1)在乱向短纤维复合材料中,复合材料模量和抗拉强度可以用方向有效因子、长度有效因子和界面黏结因子的修正公式来表示。

(2)当半刚性基层中存在裂缝时,沥青混合料面层中反射裂缝源于车辆偏荷载作用和降温,车辆偏荷载会引起剪切型反射裂缝,温度降低会引起张开型反射裂缝。设置纤维增强乳化沥青下封层以后,在偏载作用下沥青混合料面层底部的剪切应力减小了65%左右;在路表温度降低下沥青混合料面层底部的拉应力减小了54.0%。

(3)铺设纤维增强乳化沥青下封层后,在反射裂缝路面模型中,在偏载作用下沥青混合料面层底部裂缝尖端的应力强度因子降低了49.1%,在路表温度降低下沥青面层底部裂缝尖端的应力强度因子降低了约24.8%;在沥青面层引起的半刚性基层开裂模型中,无论是在偏载作用下还是在路表温度降低而产生的温度应力下,半刚性基层顶面的应力强度因子都将减小50%左右;在对接裂缝模型中,在偏载和降温情况下下封层抗裂效果有限。

(4)应力强度因子随着纤维增强乳化沥青下封层模量的增加而增加,选取模量较小的下封层对于阻止沥青混合料面层底部裂缝的扩展是有利的。下封层厚度增加有利于阻止沥青混合料面层底部裂缝的扩展。裂缝宽度的增大会增加面层底部裂缝扩展的可能性,但是影响不大。沥青混合料面层底部裂缝尖端应力强度因子随着面层厚度的增大而减小,增加面层厚度对减缓反射裂缝扩散是有利的,但这种方法在实际工程中受到结构设计和工程造价的制约。

(5)在偏载作用下,沥青混合料面层和纤维增强乳化沥青下封层层间接触由完全滑动变为完全连续状态时,对于阻止面层底部裂缝的扩展是有利的,但是层间的不连续接触使结构层底弯拉应力可能增加3倍左右,同时将加速路面的损伤断裂。半刚性基层和纤维增强乳化沥青下封层层间处于完全连续状态时对于阻止基层顶部裂缝的进一步扩展是有利的,但效果不是特别明显。路表温度降低10℃时,层间接触状态对于温度降低引起的裂缝扩展基本没有影响。

第六章　FR-SAMI 阻裂效应扩展有限元分析

沥青路面在建成使用过程中，其结构与使用性能往往会受到材料断裂问题的影响，常见的新建沥青路面裂缝的产生与扩展、旧路加铺层结构下已有裂缝的扩展等均会对路面造成较大的损害。抗裂纤维封层作为中间下封层铺筑于新建沥青路面基层与面层之间，一方面可以抵抗基层反射裂缝的产生与扩展，另一方面又可以提高路面的整体强度。因此，研究路面结构材料的断裂及扩展特性具有重要意义。阻裂效应需建立在沥青路面裂缝扩展问题的研究前提下，研究方法包括试验法与经验法。

试验法不仅需要花费大量人力与物力，并且精度存在不确定性，受人为因素影响大。理论法中，传统有限元法模拟研究裂缝的扩展问题是当下使用较多的研究方法，但研究人员采用有限元法模拟沥青路面裂缝扩展的问题时，发现了传统有限元法的弊端：①网格重构，裂缝每扩展一步都需要重新划分网格，给模拟工作带来了极大不便。②裂缝扩展路径只能沿着单元边界，不能穿过单元内部，极大降低了计算精度。

扩展有限元法（Extended Finite Element Method，XFEM）是近年来兴起的一种求解不连续力学问题的数值模拟方法。相比于传统有限元，其采用单位分解法（PUM），通过添加裂尖位移场与改进逼近函数提高模拟精度，不依赖高密度网格划分、不需要预知裂缝扩展路径，在裂缝问题研究中显示出强烈优势。本章将基于断裂力学基本理论对扩展有限元法的原理与方法及在沥青路面裂缝扩展中的应用进行阐述与探讨。

第一节　扩展有限元的基本理论

一、扩展有限元的基本思想与公式

1. 扩展有限元的基本思想

针对二维线弹性裂缝问题，Belytschko 与 Black[124] 于 1999 年提出在裂尖单元引入渐进场函数（Westergard），并采用 Signed Distance Function（有向距离函数）对裂缝几何特性进行描述，有效地减少了网格的重构。Moes 等[125] 在该研究基础上，提出在包含裂缝面的单元内引入 Heaviside（阶跃函数）作为富集函数以完整反映裂缝的间断特性。随着研究的深入，针对三维裂缝问题、孔洞、裂缝扩展等的水平集法应运而生，其被用于几何描述裂缝及其扩展问题。至此，扩展有限元法得以完善并形成。本节将基于二维线弹性裂缝问题，对扩展有限元法的基本思想与公式展开简要阐述。

2. 扩展有限元的公式推导

某线弹性材料二维裂缝模型如图 6-1 所示，假设该裂缝面上应力为 0，则可得该模型的边界条件与控制方程，如式(6-1)所示[126]。

$$
\begin{aligned}
&\nabla\sigma + b = 0 \quad \text{in} \quad \Omega \\
&\sigma \cdot n = \bar{t} \quad \text{on} \quad \Gamma_t \\
&\sigma \cdot n = 0 \quad \text{on} \quad \Gamma_c + \cup \Gamma_c \\
&\varepsilon = \varepsilon(u) = \nabla_s u \quad \text{small deformation} \\
&u = \bar{u} \quad \text{on} \quad \Gamma_u \\
&\sigma = C : \varepsilon
\end{aligned}
\tag{6-1}
$$

式中，Γ_c 为裂缝的内边界(包含所有裂缝边界)；Γ_u、Γ_t 分别为位移边界与应力边界；Ω、C、ε、u、σ 分别为计算域、弹性张量、应变张量、位移矢量与应变张量；$\bar{u}$、$\bar{t}$、b 分别为边界位移矢量、边界应力矢量与体积力。

式(6-2)的等效积分方程如下式：

$$
\int_{\Omega} \sigma(u^h) : \delta\varepsilon(\delta u^h) \mathrm{d}\Omega + \int_{\Omega} b : \delta u^h \mathrm{d}\Omega + \int_{\Gamma_t} \bar{t} : \delta u^h \mathrm{d}\Gamma \quad \forall u^h \in u, \delta u^h \in u_0 \tag{6-2}
$$

式中，δu^k、u^h 分别为检验函数与试探函数。

针对裂缝附近应力存在奇异性及 u 在两侧裂缝面的间断性，在对 u^h 进行选取时应基于有限元标准近似函数在裂缝附近区域 Ω_c 增加富集项，以反映 Ω_c 存在的应力奇异性与间断特性。该富集项如式(6-3)所示。

$$
u^h(x) = \sum_{i \in N} N_i(x) u_i + \sum_{i \in N_\Gamma} N_i(x) u_i H(x) a_i + \sum_{i \in N_\Lambda} N_i(x) \sum_{\alpha=1}^{m} \Phi_\alpha(x) b_i^\alpha \tag{6-3}
$$

式中，$H(x)$ 与 Φ_α 为富集函数，m 表示裂尖处富集函数的个数(对于采用 Westergard 函数的二维线弹性裂缝问题时，m 取 4)；a_i 与 b_i^α 为节点附加自由度；公式的右一项为试探函数，右二项反映裂缝区域内的位移间断性，右三项反映裂尖区域奇异性；N_Λ 为包括裂缝尖端的所有支撑域节点集，N_Γ 为被裂缝截断的所有支撑域节点集，即图6-2 中的小圆圈。如果某节点 x_1 同属于 N_Λ 与 N_Γ，则仅取 x_1 属于 N_Λ。

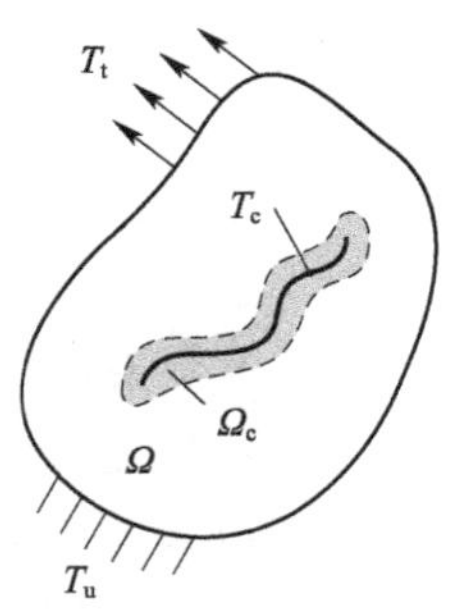

图6-1　二维裂缝模型示意图

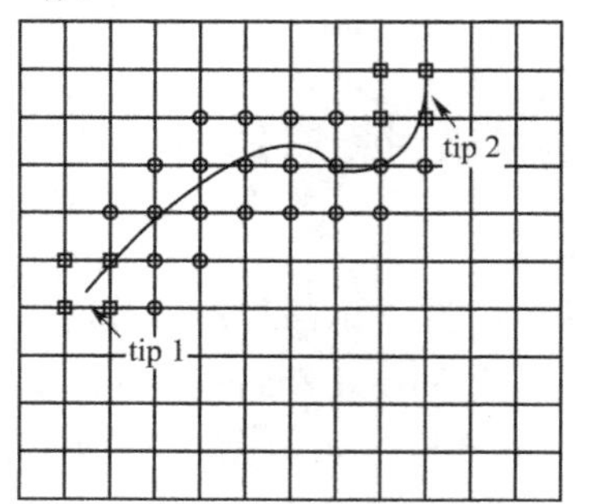

图6-2　富集节点示意图

由于扩展有限元采用的是覆盖 Ω_i 所有共用节点 x_1 且满足单位分解的标准有限元形函数。因此，对于 Ω_i 中存在的极少量被裂缝所切割的节点 x_1，需考虑是否将对其采用 $H(x)$ 函数对其进行富集，Dolbow 等[126]遂提出采用了面积比判定标准，如图 6-3 所示。

图 6-3 中，A_w 表示 Ω_i 的面积，A_w^{ab} 与 A_w^{be} 分别表示 Ω_i 处于裂缝面上端与下端的面积。当

$r_{ab}=\frac{A_w^{ab}}{A_w}$与$r_{be}=\frac{A_w^{be}}{A_w}$中任意一个比值小于0.0001时，可对节点$x_1$不进行富集处理。

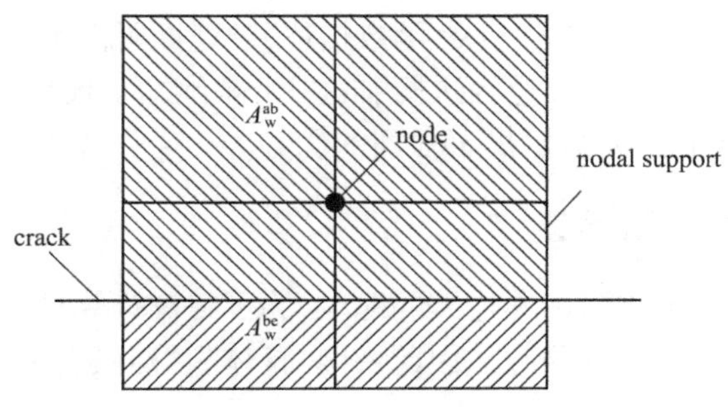

图6-3　判定节点采用$H(x)$函数进行富集的面积标准

将式(6-3)代入积分方程式(6-2)即得到扩展有限元的离散方程如式(6-4)所示。

$$Kd=f \tag{6-4}$$

式中，f、K分别为外力矢量量与总体刚度矩阵；d为节点位移及附加未知量。外力矢量及总体刚度矩阵分别可由式(6-5)所示单元外力向量与单元刚度集成得到。

$$K_{ij}^{e}=\begin{bmatrix} K_{ij}^{uu} & K_{ij}^{ua} & K_{ij}^{ub} \\ K_{ij}^{au} & K_{ij}^{aa} & K_{ij}^{ab} \\ K_{ij}^{bu} & K_{ij}^{ba} & K_{ij}^{bb} \end{bmatrix}, f_i^{e}=\{f_i^{u}, f_i^{a}, f_i^{b1}, f_i^{b2}, \cdots, f_i^{bm}\} \tag{6-5}$$

其中，式(6-5)的子矩阵与向量定义见式(6-6)。

$$\begin{aligned} K_{ij}^{rs} &= \int_{\Omega_e} (B_i^r)^T D B_j^s d\Omega \qquad (\mathrm{r,s=u,a,b}) \\ f_i^u &= \int_{\partial\Omega_t^h \cap \partial\Omega_e} N_i \bar{t} d\Gamma + \int_{\Omega_e} N_i b d\Omega \\ f_i^a &= \int_{\partial\Omega_t^h \cap \partial\Omega_e} N_i H \bar{t} d\Gamma + \int_{\Omega_e} N_i H b d\Omega \\ f_i^{be} &= \int_{\partial\Omega_t^h \cap \partial\Omega_e} N_i \Phi_a \bar{t} d\Gamma + \int_{\Omega^h} N_i \Phi_a b d\Omega \end{aligned} \tag{6-6}$$

式(6-6)中，D为弹性矩阵；有限单元$\Omega^h=\cup\Omega_e^h$，Ω_e^h表示与裂缝相交的单元；B_i^u、B_i^a、B_i^b表示形函数的偏导数，见式(6-7)。

$$\begin{gathered} B_i^u=\begin{bmatrix} N_{i,x} & 0 \\ 0 & N_{i,y} \\ N_{i,y} & N_{i,x} \end{bmatrix}, \quad B_i^a=\begin{bmatrix} (N_iH)_{,x} & 0 \\ 0 & (N_iH)_{,y} \\ (N_iH)_{,y} & (N_iH)_{,x} \end{bmatrix} \\ B_i^b=[B_i^{b1}, B_i^{b2}, \cdots, B_i^{bm}], B_i^a=\begin{bmatrix} (N_i\Phi_\alpha)_{,x} & 0 \\ 0 & (N_i\Phi_\alpha)_{,y} \\ (N_i\Phi_\alpha)_{,y} & (N_i\Phi_\alpha)_{,x} \end{bmatrix} \qquad (\alpha=1-m) \end{gathered} \tag{6-7}$$

相比于传统有限元，扩展有限元在描述裂缝扩展问题时，将其独立于有限元网格外，因此在描述裂缝扩展时只需更新裂缝的水平集函数,不依赖网格的重构。与此同时,由于富集函数是水平集函数的函数,前者会随着后者的更新而更新,简化了计算过程,提高了计算的精度。对于裂缝问题,裂缝前沿可由 $g(x)$ 函数描述,裂缝面可由水平集函数 $f(x)$ 描述,通过 $g(x)$、$f(x)$ 可对裂缝的扩展位置及过程进行描述,无需预知扩展路径[127-128]。因此,在模拟裂缝的扩展问题时,扩展有限元显示出了强烈的优势。

二、扩展有限元的近似函数

应用扩展有限元法求解裂缝的不连续问题时,为了提高计算精度,可在含断面子域中采用能够反映位移局部特性的富集函数。因此,针对具体裂缝问题,采用适合的富集函数是扩展有限元的关键。

针对沥青路面裂缝问题,本文采用 Black 与 Belychko[124] 针对各向同性的线弹性材料二维裂缝问题提出的 Westergaad 函数作为裂尖单元的富集函数,见式(6-8)。

$$[\Phi_{\alpha}(r,\theta),\alpha=1\sim4]=\sqrt{r}\left\{\sin\left(\frac{\theta}{2}\right),\cos\left(\frac{\theta}{2}\right),\sin\left(\frac{\theta}{2}\right)\sin\theta,\cos\left(\frac{\theta}{2}\right),\sin\theta\right\} \tag{6-8}$$

式中,(r,θ) 表示裂缝尖端的极坐标系。

在被裂缝面截断的单元内,采用 Moes 等[125] 提出 Heaviside(阶跃函数)作为富集函数,见式(6-9)。

$$H(x)=\begin{cases}1,\text{if}(x-x^{*})n\geqslant0\\-1,\text{ortherwise}\end{cases} \tag{6-9}$$

式中,n 表示裂缝在 x^{*} 的外法线;x^{*} 表示裂缝面上距离 x 最近的点。

三、水平集方法

水平集方法是一种追踪移动界面的数值模拟方法,由 Osher 与 Sethian 提出[129]。在扩展有限元中,为了准确描述不连续裂缝面的几何形态以及扩展过程,可采用水平集方法或快速推进法,从而使得对于裂缝不连续面的描述独立于有限元网格,不需要依赖复杂的网格重建[130-132]。

描述移动界面 $\Gamma(t)$ 的方法可分为边值描述法与水平集法两种。对于边值描述法,首先假设界面的法向速度 $V>0$,且界面保持向外部移动恒定,则可建立界面到达点 x 的时间函数 $T(x)$ 对界面的移动过程进行描述。通过速度与时间的关系建立函数 $T(x)$ 的控制方程及边界条件,如式(6-10)所示。

$$\|\nabla T\|V=1,T=0\text{ on }\Gamma \tag{6-10}$$

式(6-10)可对移动边界的边值进行描述。若令 $V=1$,即得到扩展有限元(XFEM)中常用到的水平集函数,其中,有限距离函数 $\Phi(x)$ 满足 $\|\nabla\Phi(x)\|=1$。点 x 到界面的最短距离可通过简单函数 $\Phi(x)=\pm\min\limits_{x_\Gamma\in\Gamma(x)}\|x-x_\Gamma\|$ 求得。当 x 在界面外部 $[(x-x^{*})n<0]$ 时,函数取负,反之在内部时取正。

当界面移动时的法向速度正负不确定时,将有可能得到多个界面到达点 x 的时间,此时函数 $T(x)$ 将不满足单值条件,需采用水平集函数 $f(x,t)$ 进行描述,界面上设定 $f(x,t)=0$,由链式求导法可推得式(6-11)。

$$f_t+\nabla f(x(t),t)\cdot x(t)=0 \tag{6-11}$$

由于法向速度 $V=x(t)\cdot n$，界面的法向 $n=\nabla f/\|\nabla f\|$，则联立式(6-10)可得界面移动的初值描述如式(6-12)所示。

$$\begin{cases} f_t+V\|\nabla f\|=0 \\ f(x,0)\,\text{given}(\text{已知}) \end{cases} \tag{6-12}$$

综上所述，裂缝界面的扩展问题，可归纳为采用水平集方法与快速推进法分别求解式(6-12)的初值问题与求解式(6-10)的边值问题。由于边界描述法与快速推进法不涉及 CFL 及时间步，对于法向速度方向恒定，且各点之间差别较大的问题应采用边界描述法和快速推进法。此外，水平集法常由于法向速度未知，使得求解具有较大的难度。

四、扩展有限元法求解应力强度因子

应力强度因子(SIF)反映了裂缝尖端附近在外力作用下的应力场强度，是评价材料断裂性能的一个重要参量。传统有限元数值方法计算 SIF 时需在裂尖处划分很密的网格，同时需要采用奇异性单元以反映裂尖的奇异性，并采用后处理及 J 积分方法对其进行计算，计算过程比较复杂。本节基于扩展有限元法直接计算 SIF，推导了有限元列示，系统地给出了直接计算 SIF 的扩展有限元法。

1. 离散位移表达式

有限元法可计算任意类型裂缝，但考虑到位移对裂缝扩展行为的影响，在传统有限元的基础上，为了加强不连续单元，扩展有限单元中引入了 Heaviside 函数，该函数采用位移逼近场函数对裂缝尖端区域内节点自由度进行增加，如图 6-4、图 6-5 所示(圆圈与小方框表示节点)。

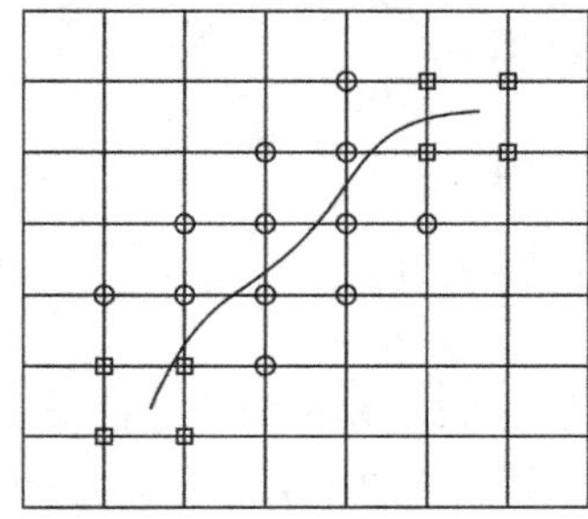

图 6-4　单元内任意位置裂纹示意图

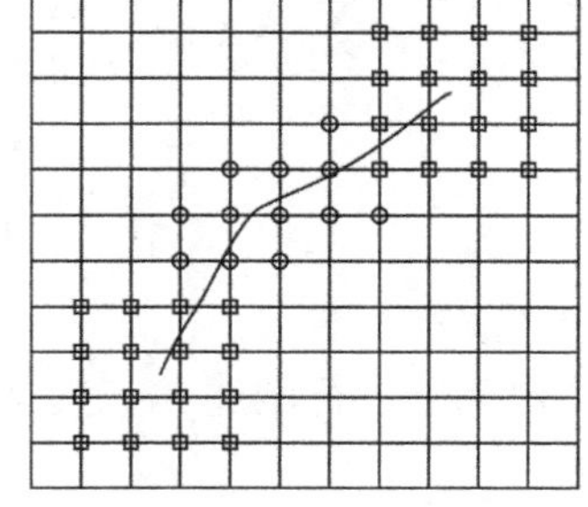

图 6-5　裂缝尖端单元节点加强图

对位移表达式进行改进后可得如式(6-13)所示的近似表达式：

$$\begin{Bmatrix} u^h(x) \\ v^h(x) \end{Bmatrix}=\sum_{i\in I}N_i(x)\begin{Bmatrix} u_{0i} \\ v_{0i} \end{Bmatrix}+\sum_{j\in J\cap I}N_j(x)H(x)\begin{Bmatrix} a_{1i} \\ a_{2i} \end{Bmatrix}+\sum_{m\in M\cap I}N_{\mathrm{m}}(x)\begin{Bmatrix} u_m^{\mathrm{tip}} \\ v_m^{\mathrm{tip}} \end{Bmatrix} \tag{6-13}$$

式中，$H(x)$ 为 Heaviside 函数，其局部坐标系定义如式(6.14)所示。

$$H(x,y)=\begin{cases} 1, y\geqslant 0 \\ -1, y<0 \end{cases} \tag{6-14}$$

J 为被裂缝穿过且不含裂尖单元节点的集合(如图 6-5 中圆圈所示)；I 是所有离散节点集合；$N(x)$ 为常规有限元形函数；M 为含裂尖单元节点集合(如图 6-5 中方框所示)；$\{u_{0i},v_{0i}\}^{\mathrm{T}}$ 为连续部分的节点位移；$\{u_{0i},v_{0i}\}^{\mathrm{T}}$ 为改进节点附加自由度；$\{u_m^{\mathrm{tip}},v_m^{\mathrm{tip}}\}^{\mathrm{T}}$ 为裂尖渐进位移函数[133-134]，其表达式如式(6-15)所示。

$$\begin{Bmatrix} u^{\text{tip}} \\ v^{\text{tip}} \end{Bmatrix} = \sum_{n=1}^{N} [L]^{\text{T}} \begin{bmatrix} f_{11n} & f_{12n} \\ f_{21n} & f_{22n} \end{bmatrix} \begin{Bmatrix} K_{\text{I}n} \\ K_{\text{II}n} \end{Bmatrix} \tag{6-15}$$

式中，$[L]$ 为坐标转换矩阵，针对各向同性材料，其表达式如式(6-16)、式(6-17)所示：

$$\begin{Bmatrix} f_{11n} \\ f_{12n} \\ f_{21n} \\ f_{22n} \end{Bmatrix} = \frac{r^{\frac{n}{2}}}{2\mu n\sqrt{2\pi}} \begin{Bmatrix} \left[\kappa + \frac{n}{2} + (-1)^n\right]\cos\frac{n}{2}\theta - \frac{n}{2}\cos\left[\frac{n}{2} - 2\right]\theta \\ \left[\kappa + \frac{n}{2} - (-1)^n\right]\sin\frac{n}{2}\theta - \frac{n}{2}\sin\left[\frac{n}{2} - 2\right]\theta \\ \left[\kappa - \frac{n}{2} - (-1)^n\right]\sin\frac{n}{2}\theta + \frac{n}{2}\sin\left[\frac{n}{2} - 2\right]\theta \\ -\left[\kappa - \frac{n}{2} + (-1)^n\right]\cos\frac{n}{2}\theta - \frac{n}{2}\cos\left[\frac{n}{2} - 2\right]\theta \end{Bmatrix} \tag{6-16}$$

$$[L] = \begin{bmatrix} \cos\beta & \sin\beta \\ -\sin\beta & \cos\beta \end{bmatrix} \tag{6-17}$$

式中，μ、κ 分别为剪切模量与 Kolosov 常数。用 ν 表示泊松比，κ 的表达式如式(6-18)所示；r 与 θ 表示极坐标（以裂尖为原点）；β 为整体坐标轴与极坐标轴的夹角；n 为多项式阶数。

$$\kappa = \begin{cases} 3 - 4\nu & (\text{平面应变}) \\ \dfrac{3 - \nu}{1 + \nu} & (\text{平面应力}) \end{cases} \tag{6-18}$$

将式(6-15)代入式(6-13)后可得离散位移表达式，如式(6-19)所示。

$$\begin{Bmatrix} u^h(x) \\ v^h(x) \end{Bmatrix} = \sum_{i \in I} N_i(x) \begin{Bmatrix} u_{0i} \\ v_{0i} \end{Bmatrix} + \sum_{j \in J \cap I} N_j(x) H(x) \begin{Bmatrix} a_{1i} \\ a_{2i} \end{Bmatrix} + \sum_{m \in M \cap I} N_m(x)$$

$$\sum_{n=1}^{N} [L]^{T} \begin{bmatrix} f_{11n} & f_{12n} \\ f_{21n} & f_{22n} \end{bmatrix} \begin{Bmatrix} K_{\text{I}nm}^{\text{tip}} \\ K_{\text{II}nm}^{\text{tip}} \end{Bmatrix} \tag{6-19}$$

2. 虚功原理及支配方程

基于典型边值问题进行阐述，给定边界条件裂缝体如图 6-6 所示。边界 Γ_{u} 上给定位移 $\bar{u}$，边界 Γ_t 上作用分布力 $\bar{t}$，裂缝的上表面 Γ_c^+ 与下表面 Γ_c^- 上无应力相互作用，可得虚功方程如式(6-20)所示[135]。

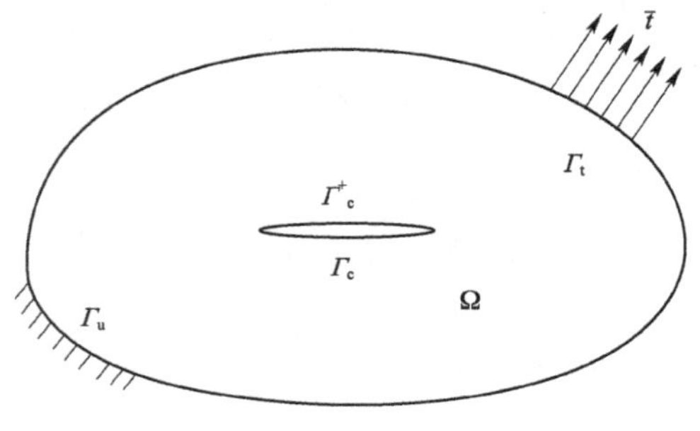

图 6-6　定义边界条件的裂缝体

$$\int_{\Omega_{\text{h}}} \sigma : \delta\varepsilon^h \text{d}\Omega = \int_{\Omega_{\text{h}}} b \cdot \delta u^h \text{d}\Omega + \int_{\partial\Omega_{\text{t}}^h} \bar{t} \cdot \delta u^h \text{d}\Gamma \quad \forall \delta u^h \in U_0^h \tag{6-20}$$

式中，真实位移 $u^h \in U^h$，虚位移 $\delta u^h \in U_0^h$；b 与 D 分别为体力与本构方程；$\sigma = D:\varepsilon$ 满足线弹性本构关系，$\partial\Omega_{\text{t}}^{\bar{t}}$ 是离散位移边界，$\Omega^h = U_{\text{e}=1}^m \Omega_{\text{e}}^h$ 为有限元空间。

等同于传统有限元法，将式(6-19)代入虚功原理方程式(6-20)中，采用有限元法求解得到控制方程见式(6-21)。

$$kd = f \tag{6-21}$$

式中，d 是未知节点在各方向上的自由度矢量；k 是由子单元刚度矩阵组成的总体刚度矩阵如式(6-22)所示。

$$k_{ij}^{e} = \begin{bmatrix} k_{ij}^{uu} & k_{ij}^{ua} & k_{ij}^{ux} \\ k_{ij}^{au} & k_{ij}^{aa} & k_{ij}^{ax} \\ k_{ij}^{ux} & k_{ij}^{ua} & k_{ij}^{xx} \end{bmatrix} \tag{6-22}$$

外力矢量 f 为：

$$f_i^e = \{f_i^u\, f_i^a\, f_i^{a1}\, f_i^{a2}\, f_i^{a3}\, f_i^{a4}, \cdots, f_i^{aN}\}^{\mathrm{T}} \tag{6-23}$$

式(6-22)与式(6-23)中出现的子矩阵与外力矢量分量表达式如式(6-24)所示。

$$\begin{aligned} k_{ij}^{rs} &= \int_{\Omega^e} (B_{\mathrm{i}}^r)^{\mathrm{T}} D B_j^s \mathrm{d}\Omega (r, s = u, a, an) \\ f_i^u &= \int_{\Omega^e} N_i b \mathrm{d}\Omega + \int_{\Omega_t^h \cap \partial\Omega^e} N_i \bar{t} \mathrm{d}\Gamma \\ f_i^a &= \int_{\Omega^e} N_i H b \mathrm{d}\Omega + \int_{\Omega_t^h \cap \partial\Omega^e} N_i H \bar{t} \mathrm{d}\Gamma \\ f_i^{anb} &= \int_{\Omega^e} N_i f^{\mathrm{tip}} b \mathrm{d}\Omega + \int_{\Omega_t^h \cap \partial\Omega^e} N_i u^{\mathrm{tip}} \bar{t} \mathrm{d}\Gamma \quad (n = 1, 2, \cdots, N) \end{aligned} \tag{6-24}$$

式中，B_i^u、B_i^a、B_i^{an} 均为形函数的导数矩阵，表达式如式(6-25)所示。

$$B_i^u = \begin{bmatrix} N_{\mathrm{t},x} & 0 \\ 0 & N_{\mathrm{t},y} \\ N_{\mathrm{t},y} & N_{\mathrm{t},x} \end{bmatrix} \tag{6-25a}$$

$$B_i^a = \begin{bmatrix} (N_i H)_x & 0 \\ 0 & (N_i H)_y \\ (N_i H)_y & (N_i H)_x \end{bmatrix} \tag{6-25b}$$

$$B_i^{an} = \begin{bmatrix} (N_i f_{in})_x & 0 \\ 0 & (N_i f_{in})_y \\ (N_i f_{in})_y & (N_i f_{in})_x \end{bmatrix} \quad (n = 1, 2, \cdots, N) \tag{6-25c}$$

3. 应力强度因子(SIF)计算

将式(6-19)代入虚功方程式(6-20)后可得到类似的线性代数方程组(6-21)，求解方程组(6-21)即可得到各节点的常规与附加自由度，其中含裂尖单元附加自由度的首项 k_m^{tip} 和 k_n^{tip} 恰为要计算的应力强度因子值，无需进行后处理和采用 J 积分进行计算，极大简化了计算。

第二节　扩展有限元模拟裂缝扩展的实现

对于裂缝扩展的模拟方法，ABAQUS 6.9 后的版本引入了扩展有限元法（XFEM），能够很好地对静态与动态裂缝扩展进行模拟，被视为最具应用价值的裂缝扩展模拟方法。本节将基于 ABAQUS 6.11 版本，对扩展有限元模拟裂缝扩展的计算过程及相关要点进行阐述。

一、网格及参数设置

ABAQUS 在网格划分时有隐式与显式两种分析方法。网格划分时若网格过大将会造成数值模拟计算结果误差较大、精度不高。同时,网格的过于细化将会造成计算成本较高,分析时间冗长。因此,在网格划分过程中,应以使数值计算结果收敛、稳定并趋向唯一结果为标准,适当细化网格。一般对于同一模型,采用相同单元类型但不同网格密度进行划分时,两种网格密度所划分的模型所得计算结果基本一致时,即可近似认为模拟计算结果满足数学中所要求精确值,符合计算要求。

对于扩展有限元模拟时的边界问题,由于扩展有限元单元网格的划分与模型物理表明及几何尺寸无关,可在单元网格划分时忽略模型边界所造成的精度误差。

本节基于损伤演化准则对沥青路面裂缝扩展模拟的参数进行选择,相关参数设置见后。

二、分析步、载荷及边界条件设置

在分析步中,ABAQUS 需设置增量步数并对其对应的方程进行求解,但相比于隐式算法,显式算法求解方程时并不需要对所有的方程进行求解即可得到解值,使得其计算成本要低得多,具有小增量步、计算成本低的特点,特别适合非线性计算分析。同时,对于裂缝扩展大、变形不连续的问题,显式算法在节约计算成本的同时,亦能保证计算精度。

ABAQUS 处理非线性问题时,每一个分析步中均要施加荷载,而通过设置增量步可将荷载分解成更小的增量,使得非线性问题实现逐步计算。

对于 ABAQUS 模拟裂缝扩展时的边界条件设置,只需对含裂缝平板进行适当位移约束以保证几何模型在荷载的施加过程中符合荷载工况,并且含裂缝构件不出现朝某个方向的滑动即可。

三、扩展有限元(XFEM)的实现过程

扩展有限元(XFEM)的实现步骤如下:①预设裂缝,在模型中特定位置预设裂缝,并对模型中含扩展有限元特性的单元进行富集;②选择断裂破坏法则,断裂破坏法则的选取需基于材料特性,以保证单元在满足该法则的情况下,裂缝能够稳定扩展演化。③重要参数设置,材料的性能参数的选择需基于适当的损伤准则及其他相关参数设置。因为,破坏准则是材料单元破坏的起始判据,而裂纹在扩展过程中的稳定性需基于适当的损伤准则,损伤稳定系数对保证计算结果的收敛性又起到了重要作用。

ABAQUS 中,扩展有限元(XFEM)模拟裂缝扩展有如下实现模块(以静态裂缝扩展为例):①定义裂缝及扩展区域,在 part 模块中预设裂缝,在主菜单的 special 模块中,定义裂缝尖端位置及裂缝扩展的单元富集区域;②选择裂缝扩展方向,裂缝扩展方向的选择是裂缝扩展的参考方向,为虚拟起始方向,计算中裂缝的扩展方向是任意的;③定义分析步,裂缝预设及扩展方向设定后,在 step 模块中设置荷载的增量步,同时选择场变量及历史变量的输出。场变量输出时可选择输出裂缝扩展过程中的位移、应力与应变、能量、应力强度因子等变量与参数。退出 step 模块后,扩展有限元(XFEM)模拟裂缝扩展的过程即已完成。

装配、荷载、边界条件设置、网格类型选择与划分、job 提交等其他过程与传统有限元模

拟过程类似,见图 6-7。

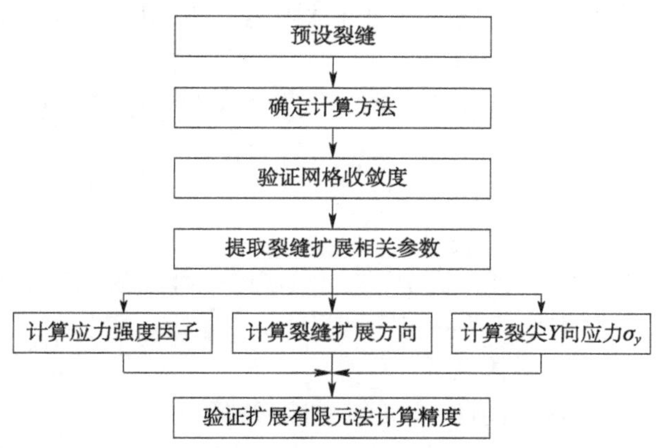

图 6-7　扩展有限元模拟裂缝扩展的实现步骤

第三节　损伤准则与裂尖应力强度因子

一、损伤准则

1. 初始开裂准则

扩展有限元模型中分别提供了三种应力与应变初变准则,即最大主应力与最大主应变准则、最大名义主应力与主应变准则、二次名义应力与二次名义应变准则。但以上初变准则中,仅有最大主应力准则提供了裂缝的自由扩展,裂缝的扩展方向为最大主应力正交方向,其余三种准则均需预设裂缝扩展方向。因此,选择与实际工况相符的最大主应力准则作为模型的初始开裂准则。沥青混合料的抗拉强度与最大主应力的关系如式(6-26)所示。

$$f=\left[\frac{\delta_{max}}{\delta_{max}^{0}}\right] \tag{6-26}$$

式中,δ_{max}为沥青面层拉应力;δ_{max}^{0}为沥青混合料抗拉强度。

2. 裂缝演化准则

当临界应力达到初始开裂准则设定的阈值时,将会引起结构的退化,裂缝将发生扩展,即裂缝的演化。裂缝的演化可采用能量计算法进行计算,扩展有限元模型提供了 Reeder 模式、BK 模式及 Power Law 模式三种能量计算法,三者仅在算法上有所区别,本节的裂缝演化准则选用 Power Law 模式,如式(6-27)所示:

$$\left\{\frac{G_{n}}{G_{n}^{c}}\right\}^{\alpha}+\left\{\frac{G_{s}}{G_{s}^{c}}\right\}^{\alpha}+\left\{\frac{G_{t}}{G_{t}^{c}}\right\}^{\alpha}=1 \tag{6-27}$$

式中,G_s、G_t、G_n 分别表示第一、第二与剪切方向与法向的断裂能;G_s^c、G_t^c、G_n^c 分别表示第一、第二剪切方向与法向的临界断裂能。

二、裂尖应力强度因子

为解释抗裂纤维封层力学机理及阻裂效应,结合断裂力学中的应力强度因子对抗裂纤维封层抑制半刚性基层反射裂缝扩展的内部影响机理进行研究与阐述。本节所研究裂缝属于I型,采用 Python 语言编写求解裂解应力强度因子 K_1 的 ABAQUS 外部插件程序。

第四节　路面结构扩展有限元模型建立

一、基本假定

目前,在沥青路面结构的计算分析中,采用最多的一种较为理想的力学分析模型是将其简化为弹性层状体系,其基本假定为:

(1)路面结构为半空间无限体系。

(2)路面各结构层均由各向同性、均质线弹性材料组成。

(3)轮胎及路面结构各层材料不计自重,且为小变形。

(4)土基在无限深处,其位移、应力与应变为零。

(5)层间水平与竖向位移均保持完全连续。

(6)初始基层裂缝贯穿路面结构的整个横向宽度。

二、未增设抗裂纤维封层的路面结构计算模型及参数

1. 模型建立

为研究沥青路面半刚性基层裂缝的扩展情况,依托工程中常用的高速公路沥青路面结构形式,模型结构采用含半刚性基层裂缝的高速公路典型沥青路面结构,如图6-8所示。

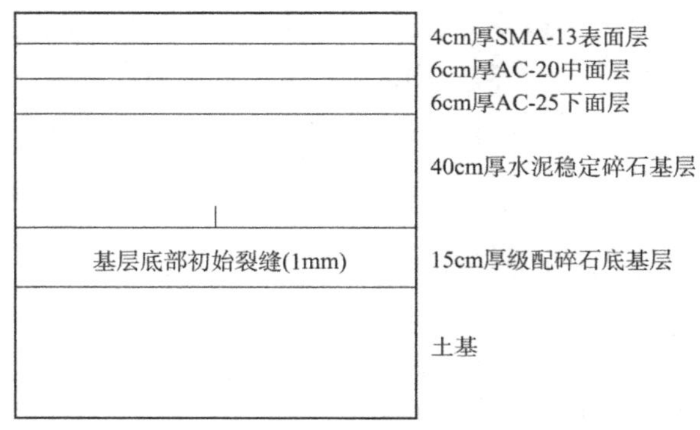

图6-8　沥青路面结构组成

采用 ABAQUS 软件建立未增设抗裂纤维封层路面的三维扩展有限元模型,路面结构采用5层结构体系,模型尺寸为:横向尺寸取6m,纵向尺寸取8m,模型深度取6m,整体模型如图6-9所示。其中,行车方向为 z 轴方向,深度方向为 y 轴方向,路面结构的网格划分采用 C3D8R 类型,上层密、下层疏。四边设置相应水平约束,模型底面完全固定。

轮胎结构模型采用11R22.5-14RP 全钢子午线轮胎,由于本书研究重点为路面结构层的裂缝扩展,对轮胎的变形及应力不做探讨。因此,根据参考文献[136],本书将轮胎模型简化为直径为1035mm,断面宽度为273mm 的圆柱形刚体,两轮轴距1800mm。行车荷载采用标准轴载 BZZ-100,胎压取0.7MPa,行车距离为路面中间4m 范围,模拟行车速度设定为20m/s

(72km/h),从模型右边向左匀速行驶。轮胎网格划分采用 C3D8R 单元,轮胎与路面的接触设置为法向硬接触,摩擦系数为 0.5。

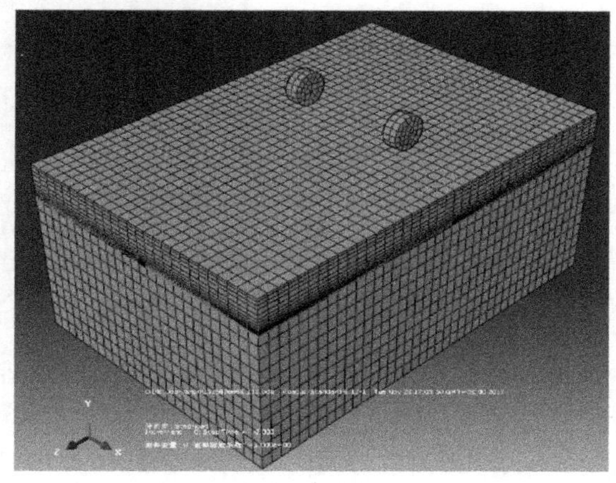

图 6-9 沥青路面三维结构数值计算模型

2. 参数设置

基层底部初始裂缝宽度设定为 1mm,裂缝深度为 3mm。简化后的轮胎刚体,弹性模量取 10310MPa,泊松比取 0.48。结合工程实际并参照高速公路典型沥青路面结构的相关数值模拟研究成果[137-138],设置路面各结构层的材料特性及动力学分析参数如表 6-1 所示。

未增设抗裂纤维沥青路面结构材料参数(20℃) 表 6-1

结构层	材料名称	厚度(cm)	弹性模量(MPa)	泊松比	密度(kg/m^3)	阻尼
表面层	SMA-13	4	1400	0.35	2400	0.9
中面层	AC-20	6	1300	0.35	2400	0.9
下面层	AC-25	6	1200	0.35	2400	0.9
基层	水泥稳定碎石 CTB	40	1500	0.25	2300	0.8
底基层	级配碎石 GM	15	500	0.35	2300	0.4
土基	土基 SG	—	40	0.4	1800	0.4

三、增设抗裂纤维封层的路面结构计算模型及参数

为研究抗裂纤维封层的阻裂效应,路面结构模型在典型沥青路面结构基础上进行构建,在相同工况条件下于基层与下面层之间添加一层抗裂纤维封层,以研究抗裂纤维封层对基层反射裂缝的阻裂行为。

1. 模型建立

增设抗裂纤维封层的高速公路典型路面结构如图 6-10 所示,《公路沥青路面设计规范》规定,沥青路面结构验算时沥青面层采用 20℃、10Hz 条件下的动态压缩模量,沥青类基层采用 20℃、5Hz 条件下的动态模量,在不考虑外部温度变化及各沥青路面面层与基层模量变化的情况下,抗裂纤维封层的阻裂效应除了受自身模量的影响外,还主要受到外部轴载、基层裂缝宽度的影响。因此,模型将以抗裂纤维封层自身的模量及外部轴载、基层裂缝宽度作为变量因素构建模型,增设抗裂纤维封层沥青路面的三维结构数值模型如图 6-11 所示。

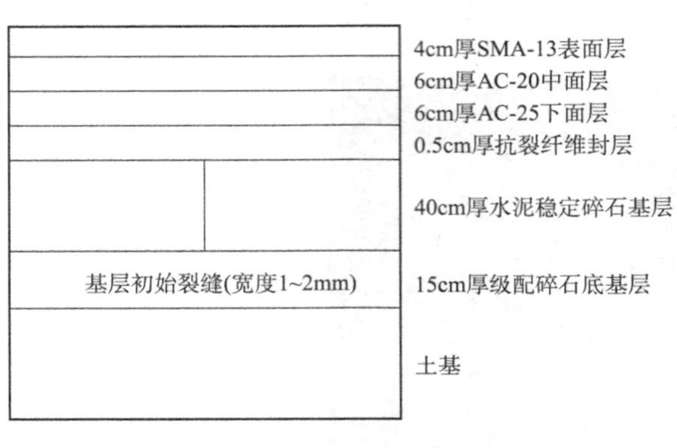

图6-10　增设抗裂纤维封层沥青路面结构组成

图6-11　增设抗裂纤维封层沥青路面三维结构数值计算模型

抗裂纤维碎石封层设计中，纤维封层厚度需综合考虑封层类型、道路交通量、碎石粒径与级配。因此，数值模拟中，适应高速公路典型沥青路面结构的纤维封层厚度取0.5cm，基层底部初始裂缝取1～2mm。

2. 参数设置

数值模拟时，考虑到路面在投入使用过程中存在的超载现象，轴载取0.7～1.0MPa。同时借鉴相关研究成果[139-140]，抗裂纤维封层的模量取200～600MPa，增设抗裂纤维封层沥青路面的材料特性及动力分析参数如表6-2所示。

增设抗裂纤维沥青路面结构材料参数(20℃)　　表6-2

结构层	材料名称	厚度(cm)	弹性模量(MPa)	泊松比	密度(kg/m^3)	阻尼
表面层	SMA-13	4	1400	0.35	2400	0.9
中面层	AC-20	6	1300	0.35	2400	0.9
下面层	AC-25	6	1200	0.35	2400	0.9
纤维封层	纤维封层	0.5	200～600	0.25	2400	0.9
基层	水泥稳定碎石CTB	40	1500	0.25	2300	0.8
底基层	级配碎石GM	15	500	0.35	2300	0.4
土基	土基SG	—	40	0.4	1800	0.4

第五节　应力强度因子影响因素分析

对于荷载型反射裂缝扩展的内部影响因素，可结合断裂力学中常用的应力强度因子对其力学机理进行研究。应力强度因子可用来表征裂缝尖端附近应力场的强弱，其大小会随着荷载性质、结构几何形态与裂缝几何性质而发生改变，路面结构的阻裂效应也会随之受到影响。因此，本节计算并研究了抗裂纤维封层沥青路面结构的应力强度因子在不同轴载、不同裂缝宽度、不同抗裂纤维封层模量等单因素变量下的变化规律，对抗裂纤维封层的防反射裂缝性能影响因素进行了分析，其中裂缝尖端应力强度因子取车轮行进过程中的最大值。

一、抗裂纤维封层模量对应力强度因子的影响

作为一种预防性养护技术，抗裂纤维封层在设计时需对材料的选取与配合比设计进行充分的考虑。因此，研究抗裂纤维封层路面结构应力强度因子受抗裂纤维封层自身模量的影响具有重要意义。

结合高速公路典型路面结构，ABAQUS 扩展有限元数值模拟时，抗裂纤维封层路面结构基层裂缝的预设宽度取 1mm、2mm，抗裂纤维封层的模量取 200 ~ 600MPa，数值模拟计算参数如表 6-3 所示。

不同抗裂纤维封层模量下沥青路面结构计算参数　　表 6-3

参数名称	抗裂纤维封层模量(MPa)	轴载(MPa)	裂缝宽度(mm)
参数值	200、300、400、500、600	0.7	1、2

对应表 6-3 的参数，分别建立不同抗裂纤维封层模量下路面结构的扩展有限元数值模型并计算应力强度因子如表 6-4 所示。不同抗裂纤维封层模量下路面结构的应力强度因子变化规律如图 6-12 所示。

不同抗裂纤维封层模量下沥青路面结构的应力强度因子($MPa\cdot\sqrt{m}$)　　表 6-4

裂缝宽度(mm)	抗裂纤维封层模量($MPa\cdot\sqrt{m}$)				
	200	300	400	500	600
1	0.1121	0.1192	0.1669	0.2057	0.2426
2	0.1249	0.1267	0.1746	0.2121	0.2507

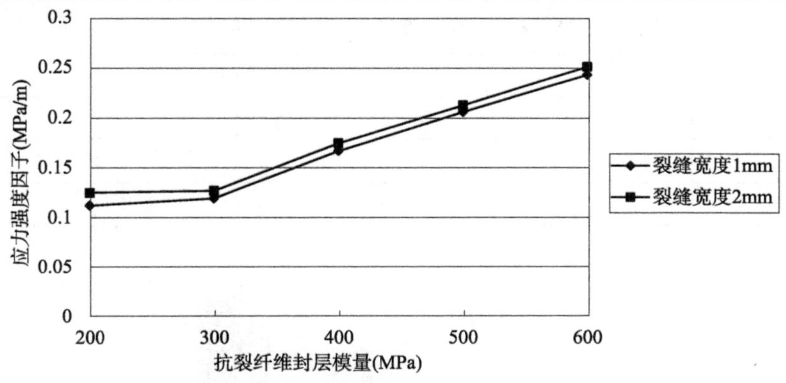

图 6-12　不同抗裂纤维封层模量下路面结构的应力强度因子变化

由表 6-4、图 6-12 可知，当抗裂纤维封层模量大于 200MPa 后，不同基层裂缝宽度下路面结构的应力强度因子迅速增加。当基层裂缝宽度为 1mm 时，抗裂纤维封层的模量由 200MPa 提高到 300MPa 后，路面结构的应力强度因子由 0.1121MPa·$\sqrt{m}$提高到了 0.1192MPa·$\sqrt{m}$，增长幅度为 6.33%；但当抗裂纤维封层模量由 300MPa 提高到 600MPa 的后，路面结构的应力强度因子由 0.1192MPa·$\sqrt{m}$提高到了 0.2426MPa·$\sqrt{m}$，路面结构的应力强度因子的增长幅度达到了 104%。

同样，当基层裂缝宽度为 2mm 时，将抗裂纤维封层的模量由 200MPa 提高到 300MPa

后，路面结构的应力强度因子由 0.1249MPa·$\sqrt{m}$提高到了 0.1267MPa·$\sqrt{m}$，增长幅度仅为 1.44%；但当抗裂纤维封层的模量由 300MPa 提高到 600MPa 后，应力强度因子迅速增加，由 0.1267MPa·$\sqrt{m}$增加到了 0.2507MPa·$\sqrt{m}$，增长幅度达到了 97.87%。

由以上分析可知，路面结构的应力强度因子受抗裂纤维封层模量的影响较大，当模量大于 300MPa 后，其值随封层模量的增大迅速增长。而应力强度因子作为反映裂缝尖端弹性应力场强弱的物理量，其值越小，表征抗裂纤维封层的抗裂性能越好。因此，数值模拟分析得出，抗裂纤维封层的模量不宜过大，建议取值为 200～300MPa。

二、轴载对应力强度因子的影响

目前，我国高速公路上交通流量与行车荷载日趋复杂，重载车辆对路面结构的受力影响很大，抗裂纤维封层路面结构的应力强度因子随之受到较大的影响。结合高速公路设计中常用的典型路面结构，分析抗裂纤维封层路面结构应力强度因子受轴载的影响具有重要意义。结合高速公路典型路面结构，选取不同轴载下抗裂纤维封层沥青路面结构数值模拟计算参数，如表 6-5 所示。

不同轴载下抗裂纤维封层沥青路面结构计算参数 表 6-5

参数名称	轴载(MPa)	裂缝宽度(mm)	抗裂纤维封层模量(MPa)
参数值	0.7～1.0	1、2	300

在表 6-5 的参数条件下，分别建立抗裂纤维封层路面结构的扩展有限元数值模型并计算应力强度因子，如表 6-6 所示。不同轴载下抗裂纤维封层路面结构的应力强度因子变化规律如图 6-13 所示。

不同轴载下抗裂纤维封层沥青路面结构应力强度因子(MPa·$\sqrt{m}$) 表 6-6

裂缝宽度(mm)	轴载(MPa)			
	0.7	0.8	0.9	1.0
1	0.1192	0.1395	0.1673	0.2011
2	0.1281	0.1484	0.1804	0.2238

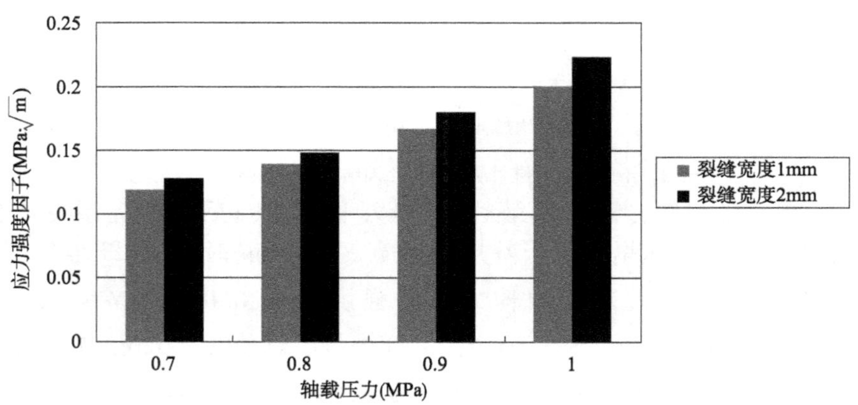

图 6-13 不同轴载下抗裂纤维封层路面结构的应力强度因子变化

由图 6-13 可知，不同裂缝宽度下，抗裂纤维封层路面结构的应力强度因子均随轴载的增大而增大。其中,裂缝宽度为1mm时,在轴载从0.7MPa增大到1.0MPa的情况下,应力强度因子由0.1192MPa·$\sqrt{m}$提高到了0.2011MPa·$\sqrt{m}$,增长幅度为68.71%;当裂缝宽度为2mm时,轴载从0.7MPa提高到1.0MPa后,抗裂纤维封层路面结构的应力强度因子由0.1281MPa·$\sqrt{m}$提高到了0.2238MPa·$\sqrt{m}$,提高幅度为74.71%。由两种不同基层裂缝宽度下的应力强度因子分析结果可知,裂缝宽度越大,同轴载下的应力强度因子越大,抗裂纤维封层的路面结构的受力状况越不利。

由图6-13亦可知,随着轴载的增大,对比不同裂缝宽度下应力强度因子的提高幅度可知,裂缝宽度越大,应力强度因子提高幅度越大,其增长速率逐渐增大,说明车辆超载量越大,对抗裂纤维封层路面结构的损毁就愈加严重。

三、裂缝宽度对应力强度因子的影响

抗裂纤维封层作为一种预防性养护技术,铺设于路面结构的下封层,车辆荷载作用下,其抗裂性能将受基层裂缝宽度与数量的影响。因此,本节将重点分析不同路面基层裂缝宽度对抗裂纤维封层抗裂性能的影响。通过分析不同裂缝宽度下抗裂纤维封层路面结构应力强度因子的变化,研究不同基层微裂缝对抗裂纤维封层抗反射裂缝能力的影响。

结合高速公路典型路面结构,ABAQUS扩展有限元数值模拟时,抗裂纤维封层路面结构基层裂缝的预设宽度取0.5~2mm,选取不同裂缝宽度下抗裂纤维封层沥青路面结构数值模拟计算参数如表6-7所示。

不同裂缝宽度下抗裂纤维封层沥青路面结构计算参数 表6-7

参数名称	裂缝宽度(mm)	轴载(MPa)	抗裂纤维封层模量(MPa)
参数值	0.5、1、1.5、2	0.7	200、300、400

在表6-7的参数条件下,分别建立抗裂纤维封层路面结构的扩展有限元数值模型并计算应力强度因子值如表6-8所示。不同基层裂缝宽度下的应力强度因子变化规律如图6-14所示。

不同裂缝宽度下抗裂纤维封层沥青路面结构应力强度因子(MPa·$\sqrt{m}$) 表6-8

抗裂纤维封层模量(MPa)	裂缝宽度(mm)			
	0.5	1.0	1.5	2
200	0.1076	0.1121	0.1177	0.1249
300	0.1131	0.1192	0.1221	0.1267
400	0.1652	0.1669	0.1697	0.1746

由图6-14可知,在裂缝宽度增大的情况下,不同抗裂纤维封层模量下的路面结构的应力强度因子均随之增大。

首先,抗裂纤维封层模量为200MPa时,路面结构的应力强度因子在基层预设裂缝宽

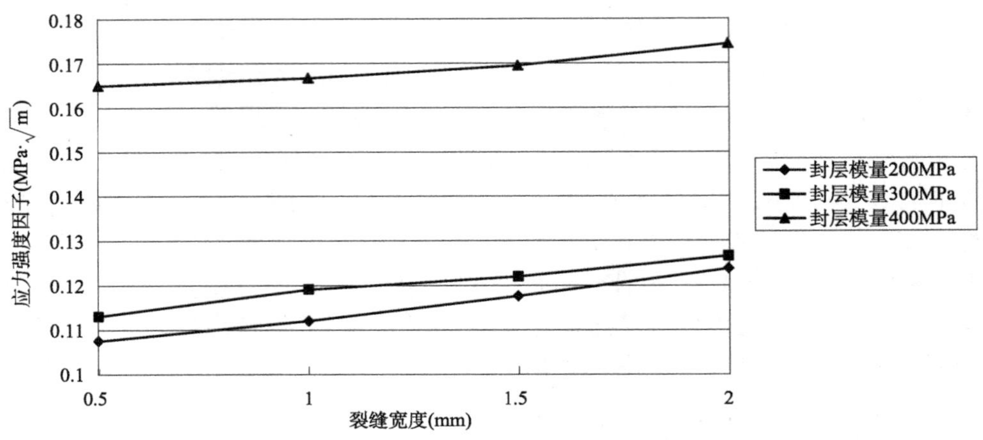

图 6-14　不同裂缝宽度下抗裂纤维封层路面结构的应力强度因子变化

度由 0.5mm 提高到 1mm 后增大了 4.18%，由 1mm 提高到 2mm 后增大了 11.42%。其次，封层模量为 300MPa 时，路面结构的应力强度因子在基层预设裂缝宽度由 0.5mm 提高到 1mm 后增大了 5.39%，由 1mm 提高到 2mm 后增大了 6.29%。最后，封层模量为 400MPa 时，当基层预设裂缝宽度由 0.5mm 提高到 1mm 后，路面结构的应力强度因子由 0.1652MPa·$\sqrt{m}$提高到了 0.1669MPa·$\sqrt{m}$，增长幅度为 1.03%；当裂缝宽度由 1mm 增大到 2mm 后，应力强度因子由 0.1669MPa·$\sqrt{m}$提高到了 0.1746MPa·$\sqrt{m}$，增长幅度为 4.61%。

以上分析表明，基层裂缝的宽度对抗裂纤维封层路面结构的应力强度因子产生了一定的影响，但较轴载而言，其影响效果较弱，且在设定裂缝宽度范围后，其影响效果不太明显。

第六节　抗裂纤维封层阻裂效应与抗裂性能形成机理分析

一、半刚性基层反射裂缝动态扩展过程

标准动荷载一次加载条件下，运用有限元数值模拟软件，模拟了高速公路典型沥青路面半刚性基层荷载型反射裂缝的扩展全过程，未增设抗裂纤维封层的半刚性基层反射裂缝随时间的动态扩展过程如图 6-15 所示，增设与未增设抗裂纤维封层时的裂缝扩展长度与时间关系如图 6-16 所示，其中当时间为 0.1s 时，轮胎载荷位于预设裂缝（裂缝宽度 1mm、深度 3mm）正中部位。

图 6-15 中，使用 ABAQUS 菜单里的查询功能，分别量测动荷载加载初期（0.00s）至动荷载加载末期（0.16s）各时间点下初始裂缝的扩展长度，图中红点表示量测时的节点，两节点之间的距离即为裂缝在不同时间下的扩展长度。由图 6-16 可知，初始裂缝在 0.08s 以前未发生扩展，但随着轮胎的进一步驶近，裂缝在 0.09s 时迅速扩展，此时轮胎载荷距离预设裂缝的水平距离为 0.2m，此后裂缝缓慢扩展并于 0.12s 扩展完成。

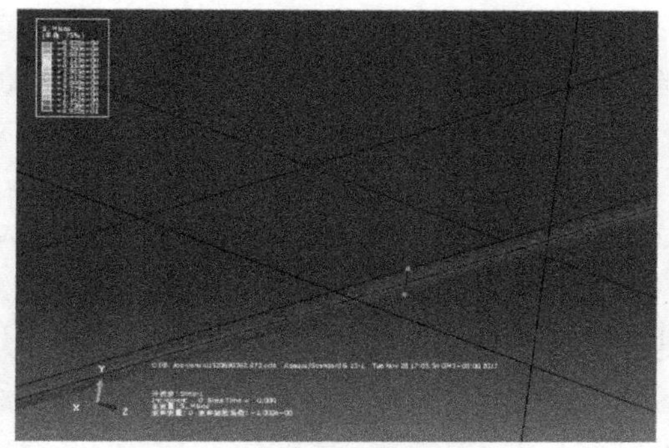
a)0s时预设裂缝形态

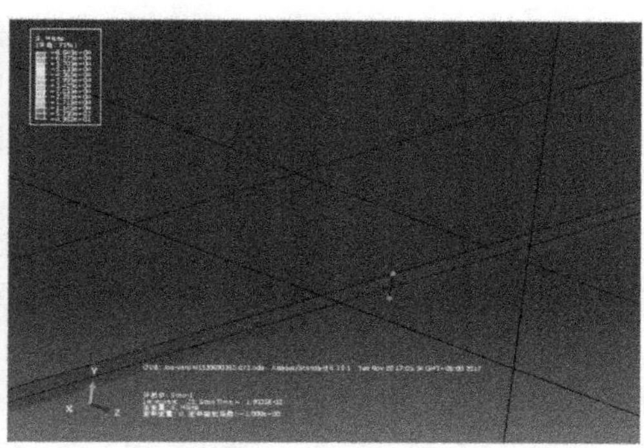
b)0.08s时裂缝未发生扩展

c)0.09s时裂缝开始扩展

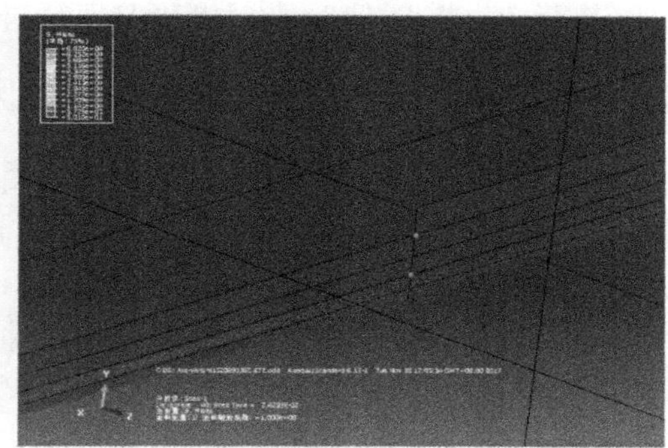
d)0.12s时裂缝扩展完成

图6-15　半刚性基层反射裂缝扩展过程

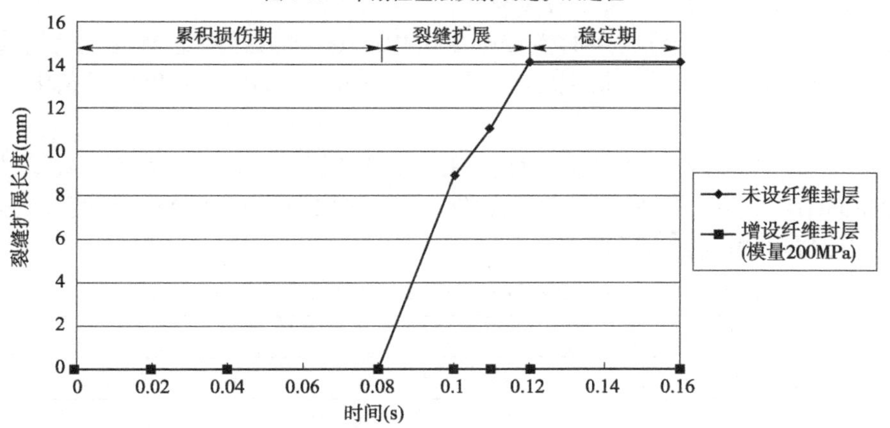

图6-16　半刚性基层反射裂缝扩展长度与时间的关系

由图6-15可知,增设抗裂纤维封层后,半刚性基层反射裂缝未发生扩展,表明抗裂纤维封层具有良好的阻裂性能。分析未增设抗裂纤维封层时反射裂缝的扩展机理时,可结合软件输出的STATUSXFEM所代表的损伤带发展过程将半刚性基层沥青路面荷载型反射裂缝的开裂过程分为以下四个阶段,并对其开裂机理进行了分析研究。

(1)损伤期:轮胎初步驶近裂缝区域的过程中,路面结构材料处于弹性阶段,但由于基层预设裂缝的存在,当裂尖应力达到抗拉强度后,裂尖出现损伤,并随着轮胎的进一步驶近,基层水泥稳定碎石材料将多处处于损伤状态。

(2)起裂期:当靠近基层裂缝的水泥稳定碎石材料损伤达到1时,基层裂缝将变宽,并逐步向上扩展。该阶段下,裂缝将发生快速扩展,原因是在损伤期基层已积累较多待开裂水泥稳定碎石材料,并处以应力集中区域。因此,该阶段下,裂缝的扩展表现为快速上升的直线形。

(3)稳定期:当裂缝扩展至基层水泥稳定碎石中部后,由于I型荷载裂缝扩展所需水平拉应力减小,疲劳开裂处于稳定低速阶段。

(4)加速期:裂缝的扩展是不可逆的,一旦裂缝扩展,即意味着材料已产生某种缺陷。对沥青路面进行多次加载后,裂缝将进一步发生扩展。当裂缝扩展深度越过基层中部后,受结构层累积应力与整体疲劳的影响,基层的反复疲劳将进一步加剧,结构层将进入疲劳开裂加速期,甚至产生贯穿裂缝,此时沥青路面基层承载能力基层散失,裂缝将进一步扩展至面层。

二、最不利条件下抗裂纤维封层的阻裂效应

前述章节分析了抗裂纤维封层在单一因素变量下的抗裂性能,但实际工程应用中,需考虑内外部等不利因素的综合作用。因此,本节将基于最不利组合情况下,对抗裂纤维封层的抗裂性能进行验证与分析。

综合分析前述章节中各单因素变量条件下增设抗裂纤维封层路面结构的应力强度因子的变化规律,选择路面结构受力的最不利工况。在此工况下,对比沥青路面结构的ABAQUS扩展有限元数值模型基层裂缝的扩展情况,若基层裂缝未发生扩展,即证明抗裂纤维封层的抗裂性能较好。

1. 综合因素条件下沥青路面结构的应力强度因子值

综合前述章节,抗裂纤维封层的模量取200MPa、300MPa,并考虑轴载、基层裂缝宽度的最不利条件。其中,综合条件下抗裂纤维封层沥青路面结构的应力强度因子值汇总如表6-9所示。

应力强度因子的值越小,表征抗裂纤维封层的抗裂性能越好。由表6-9可知,抗裂纤维封层沥青路面结构的应力强度因子值随着抗裂纤维封层模量、预设裂缝宽度及轴载的增大而增大,在表格右下角取得最大值。

综合因素条件下沥青路面结构的应力强度因子汇总($MPa\cdot\sqrt{m}$) 表6-9

抗裂纤维封层模量(MPa)		200		300	
裂缝宽度(mm)		1	2	1	2
轴载(MPa)	0.7	0.1121	0.1249	0.1192	0.1281
	0.8	0.1327	0.1453	0.1395	0.1484
	0.9	0.1609	0.1776	0.1673	0.1804
	1.0	0.1968	0.2201	0.2011	0.2238

2. 综合因素条件下沥青路面半刚性基层裂缝的扩展情况

裂缝的扩展是不可逆的,一旦裂缝发生扩展,即意味着材料已产生缺陷。对沥青路面进行多次加载后,裂缝将进一步发生扩展。因此,各组合条件下抗裂纤维封层的抗裂性能亦可通过裂缝的扩展情况来进行描述,若裂缝未发生扩展则表明该工况下抗裂纤维封层的抗裂性能良好。

以轴载为 0.8MPa、裂缝宽度为 2mm、抗裂纤维封层模量值为 300MPa 时的参数为例，沥青路面结构半刚性基层裂缝的扩展情况可由 ABAQUS 扩展有限元模型模拟得出，模型的建立同前述章节。使用菜单里的查询功能，分别量测动荷载加载初期(0.00s)及动荷载加载末期(0.16s)初始裂缝的扩展长度，如图 6-17 所示，图中红点表示量测时的节点，两节点之间的距离即为裂缝在不同时间下的扩展长度。由图 6-17 可知，该工况条件下，抗裂纤维封层路面结构基层裂缝未发生扩展，表明抗裂纤维封层具有良好的抗裂性能。同理，综合因素条件下沥青路面结构模型的基层裂缝扩展情况如表 6-10 所示。

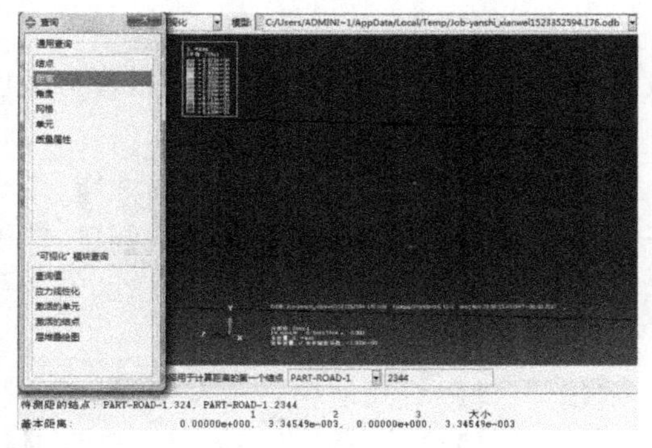

a)动荷载加载初期裂缝扩展情况

b)动荷载加载末期裂缝扩展情况

图 6-17　裂缝扩展情况有限元截图(初始裂缝深度:3mm)

对比分析表 6-9 与表 6-10 数据可知，由应力强度因子值表征抗裂纤维封层的抗裂性能与半刚性基层裂缝的实际扩展情况描述一致，即沥青路面结构的应力强度因子越小，抗裂纤维封层的抗裂性能越好，基层裂缝越不易发生扩展。同时，对比两个表可知，当裂缝宽度≥3mm后，不同模量与轴载下，沥青路面半刚性基层反射裂缝均发生扩展，抗裂纤维封层阻裂性能散失。当轴载≥0.9MPa、基层裂缝宽度≥2mm 后，沥青路面半刚性基层裂缝均发生扩展，抗裂纤维封层抗裂效果并不明显，这是因为超载过多情况下，抗裂纤维封层亦被车辆行驶过程中所产生的剪应力破坏，散失抗裂性能。因此，工程应用中，路面的超载不宜过大。

综合因素条件下沥青路面结构基层裂缝扩展情况描述　　表 6-10

抗裂纤维封层模量(MPa)		200			300			400		
裂缝宽度(mm)		1	2	3	1	2	3	1	2	3
轴载压力/MPa	0.7	○	○	×	○	○	×	○	×	×
	0.8	○	○	×	○	○	×	○	×	×
	0.9	○	×	×	○	×	×	×	×	×
	1.0	×	×	×	×	×	×	×	×	×

注：“○”表示未扩展，“×”表示扩展。

3. 最不利条件确定与验证

综合表 6-10 与前述分析，最不利条件下，抗裂纤维封层的模量取 300MPa，轴载与基层裂缝宽度分别满足如下条件：

(1)路面承受轴载不能过大,当轴载为0.9MPa、基层裂缝宽度≥2mm后,沥青路面半刚性基层裂缝均发生扩展。因此超载不能过大,轴载不宜大于0.8MPa。

(2)基层裂缝宽度取2mm,这也是抗裂纤维封层铺筑时,对旧路裂缝的最大宽度限制。

因此,轴载为0.8MPa、裂缝宽度为2mm、抗裂纤维封层模量值为300MPa即为抗裂纤维封层路面结构受力的最不利条件,由表6-10可知,该最不利条件下,沥青路面基层裂缝未发生扩展,抗裂纤维封层具有较好的抗裂性能。

三、纤维封层抗裂性能形成机理分析

相比于传统碎石封层,纤维的加入有效地改善了封层抗裂性能,其性能增强机理可从以下几方面进行分析:

(1)良好的下封与扩散性能:由于纤维自身具有高弹性模量与高抗拉强度的性能,结合其在封层中独特的网格缠绕结构,可有效提高下封层的抗拉、抗压、抗剪及抗冲击强度,能够有效吸收和扩散基层裂缝产生的反射应力,消除裂缝尖端的应力集中,对反射裂缝的产生与扩展起到良好的抑制作用。

(2)不同于传统碎石封层以沥青作为唯一连续相,纤维碎石封层中,纤维对连续相进行了有效的补充。由于其高弹性模量与高抗拉强度的特性,使得其在沥青基体发生破坏时依旧能够保持材料的整体性,有效阻止材料的开裂。

(3)由断裂力学理论分析可知:抗裂纤维封层的阻裂性能可由裂缝尖端处的应力强度因子进行表征,应力强度因子越低,表明阻裂性能越佳。一般可将裂尖处的应力强度因子表示为:

$$K = K^{c} - K^{f} \tag{6-28}$$

式中,K为抗裂纤维封层的应力强度因子;K^{c}为抗裂纤维封层基体的应力强度因子;K^{f}为纤维作用产生的应力强度因子。

式(6-28)可对纤维增强沥青碎石封层的抗裂性能进行理论解释,即纤维作用产生的应力强度因子值K^{f}恰好减小了抗裂纤维封层的应力强度因子K,抗裂纤维封层整体应力强度因子K的降低表明抗裂纤维封层抗裂能力的增强,有效地阻止了反射裂缝的产生与扩展,提高了路面使用寿命。

本 章 小 结

本章主要介绍了断裂力学基本原理、扩展有限元基本理论及在模拟裂缝扩展中的实现,给出了直接计算SIF的扩展有限元法。运用ABAQUS有限元软件建立了含基层裂缝的高速公路典型沥青路面结构数值计算模型,研究了半刚性基层反射裂缝的扩展过程与机理,分析了抗裂纤维封层沥青路面结构的应力强度因子影响因素,并对最不利组合条件下抗裂纤维封层的阻裂效应进行了验证与分析,主要得到如下结论:

(1)半刚性基层沥青路面荷载型反射裂缝的扩展过程可依次分为四个阶段:损伤期、起裂期、稳定期及加速期。

(2)抗裂纤维封层沥青路面结构的应力强度因子随轴载的增大而增大,当轴载从

0.7MPa增大到1.0MPa的情况下，基层裂缝宽度1mm时的应力强度因子增加了68.71%，基层裂缝宽度2mm时的应力强度因子增加了74.71%。表明裂缝宽度越大，抗裂纤维封层沥青路面结构的应力强度因子随轴载增大而增加的幅度越大。

(3)路面结构的应力强度因子受抗裂纤维封层模量的影响较大，当抗裂纤维封层的弹性模量大于300MPa后，抗裂纤维封层沥青路面结构的应力强度因子随封层弹性模量的增大迅速增长。当抗裂纤维封层的模量由300MPa增加到600MPa时，基层裂缝宽度1mm时的应力强度因子增加了104%，基层裂缝宽度2mm时的应力强度因子增加了97.87%。

(4)根据工程实际设定基层裂缝宽度1~2mm范围后，裂缝宽度对应力强度因子的影响效果不太明显，应力强度因子随基层裂缝宽度增大而出现小幅增加，但较轴载与抗裂纤维封层模量而言，其影响效果较弱。

(5)通过最不利组合条件下抗裂纤维封层的阻裂效应分析得到抗裂封层的适用工况：轴载不宜大于0.8MPa、基层裂缝宽度不宜超过2mm。推荐抗裂纤维封层模量取值为200~300MPa。

(6)相比于传统有限元，扩展有限元法在模拟裂缝扩展时可使裂缝完全独立于有限元网格，实现了裂缝的自由真实扩展，可直接计算出裂缝的扩展长度。

(7)通过扩展有限元法可模拟得到抗裂纤维封层沥青路面结构半刚性基层裂缝的实际扩展情况，以对纤维封层的抗裂性能作出直观描述，结果与通过应力强度因子值表征的纤维封层抗裂性能具有一致性。

第七章　抗裂纤维封层的等效模量

抗裂纤维封层中,纤维与沥青基体之间、纤维与纤维之间相互作用关系复杂,纤维的性状与掺量对复合材料的韧性与破坏过程有很大影响。因此,从材料设计观点出发,研究抗裂纤维封层中纤维的合理性状与掺量具有重要意义。结合第六章 ABAQUS 数值模拟所得到抗裂纤维封层模量推荐值,本章基于复合材料理论,应用纤维增强复合材料的等效模量法对抗裂纤维封层在不同纤维的掺入量下的弹性模量进行理论计算,并通过板带拉伸试验结果对理论计算值展开误差分析,为抗裂纤维封层配合比设计中纤维掺量的理论设计方法提供参考。

第一节　抗裂纤维封层等效模量的理论计算

一、复合材料细观力学

复合材料从组成材料上来看是指由多种材料(≥2)组合而成的多项固体材料,且各材料之间存在着较大的物理与化学性质差异。复合材料集合了多种材料的性能,在综合发挥各材料性能优点的同时,有效地改善了单一材料的性能缺点,充分发挥出 1 + 1 ≥2 的效果。根据增强材料的类型进行划分,可将抗裂纤维封层划分为短纤维增强复合材料。

在对复合材料力学进行研究时,一般可基于宏观力学与微观力学两种方法分别展开研究。前者是从宏观角度将复合材料视为宏观均匀介质并仅对其综合表现性能进行力学分析,而不考虑各组成材料之间的相关影响及作用。但由于复合材料各组成材料之间存在着非匀质性与非各向同性,复合材料的宏观力学性能受各组分相的材料性能、几何特征、体积含量及各组合材料之间的相互作用影响很大,对于复合材料的损伤、断裂行为,宏观力学无法进行深入的定量研究。因此,有必要对复合材料各组成材料之间的相互作用及微观力学性能进一步进行分析,细观力学方法由此应运而生,并得到了广泛的应用。

细观力学方法研究复合材料力学行为的关键是建立各组分材料性能及细观结构与其宏观性能之间的关系,并在一定工况条件下揭示其力学响应规律与本质,以实现设计优化[141]。由于各组成材料的含量及细观结构的轻微变化均会衍生出具有不同宏观性能的复合材料,因此,试图对不同组合变化下的所有组合性能进行试验研究是不现实的,需基于明确的工程应用背景以提高研究的目的性。

本章基于复合材料细观力学方法对抗裂纤维封层的模量进行预测,并给出便于工程应用的抗裂纤维封层等效模量的理论计算表达式。

二、抗裂纤维封层等效模量公式的建立

在 Eshelby-Mori-Tanaka 理论基础上，Y. H. Zhao 与 G. J. Weng 通过进一步研究提出了纤维增强复合材料的等效模量理论计算公式[142]。假设纤维增强复合材料是由两种被视为线弹性均质材料的纤维与基体组成，且纤维均匀分布于基体中。基于上述假设后，纤维增强复合材料从宏观上来看将具有各项同性的性质，为了计算方便，采用有效体积模量与有效剪切模量来表示复合材料的等效模量，两者的无量纲形式如式(7-1)所示。

$$\frac{k}{k_0}=\frac{1}{1+cp}\ ,\ \frac{\mu}{\mu_0}=\frac{1}{1+cq} \tag{7-1}$$

式中，k、k_0 分别表示复合材料的有效体积模量与基体的体积模量；μ、μ_0 分别表示为复合材料的有效剪切模量与基体的剪切模量；p、q 分别表示各组分材料的确定参数；c 为增强相体积含量。

对于抗裂纤维封层，将沥青与碎石组成的混合料视为基体，纤维即为增强体。由式(7-1)即可求得抗裂纤维封层的等效弹性模量。设定一定温度下抗裂纤维封层的等效弹性模量与泊松比分别为 E_0 与 V_0，纤维的弹性模量与泊松比分别为 E_1 与 V_1，由式(7-2)与式(7-3)即可求得纤维或基体的体积模量与剪切模量。

$$k_i=\frac{E_i}{3(1-2v_i)}\qquad (i=0,1) \tag{7-2}$$

$$\mu_i=\frac{E_i}{2(1+v_i)}\qquad (i=0,1) \tag{7-3}$$

设抗裂纤维封层弹性模量为 E，纤维增强项的体积含量为 c，则由式(7-1)、式(7-2)与式(7-3)即可计算得到抗裂纤维封层的等效模量与纤维体积含量分别如式(7-4)、式(7-5)所示。

$$E=\frac{cp+E_0(1-2v)}{1-2v_0}\quad 或\quad E=\frac{cq+E_0(1+v)}{1+v_0} \tag{7-4}$$

$$c=\frac{E(1-2v_0)-E_0(1-2v)}{p}\quad 或\quad c=\frac{E(1+v_0)-E_0(1+v)}{q} \tag{7-5}$$

参考相关文献[143]，玻璃纤维弹性模量取 80GPa，泊松比取 0.13；基体弹性模量取 150MPa，泊松比取 0.25。本书第六章通过数值模拟已求得抗裂纤维封层的最佳弹性模量范围为 200～300MPa，因此，反代抗裂纤维封层弹性模量值 200～300MPa，即可求得不同弹性模量值下，玻璃纤维的体积含量，又由沥青碎石混合料的密度与纤维的密度，可将纤维的体积含量转化为质量分数。不同玻璃纤维体积掺量下的抗裂纤维封层等效模量理论计算结果如表 7-1 所示。

不同玻璃纤维体积掺量下的抗裂纤维封层等效模量理论计算结果　　表 7-1

理论计算结果	玻璃纤维体积掺量(%)								
	0	0.5	1	1.5	2	2.5	3	3.5	4
弹性模量(MPa)	150	173.46	194.54	216.72	237.18	258.26	279.07	301.25	322.19

第二节　抗裂纤维封层的板带拉伸试验

一、试验材料

1. 改性乳化沥青

抗裂纤维封层中,沥青结合料必须兼具良好黏结性能与防水性能以保证碎石集料与下层结构黏结紧密并形成防水层作用。因此,所选择的沥青结合料应具备良好的流动性以便于喷洒,同时沥青喷洒后,还应具有较好的黏度及一定的浓度以保持沥青薄层的均匀性并确保能够湿润碎石集料。另一方面,沥青结合料还应与碎石集料具有较好的相容性,以保证沥青结合料与集料能够快速形成早期黏结强度,并确保长期稳定的黏结性能。

优先选用 SBS/SBR 聚合物胶乳(SBS/SBR 改性剂剂量宜≥3%)、快凝及阳离子改性乳化沥青。本节试验选 SBR 聚合物胶乳改性乳化沥青,参照文献[144],其主要性能要求指标见表 7-2。

SBR 聚合物胶乳改性乳化沥青　　表 7-2

破乳速度	粒子电荷	恩格拉黏度 E_{25}	蒸发残留物软化点(℃)	筛上残留物(1.18mm)(%)	与矿料的黏附性(包裹面积)
快裂	阳离子(+)	1~10	≥54	≤0.1	≥2/3

2. 碎石集料

宜选用玄武岩、花岗岩及石灰岩作为抗裂纤维封层的碎石集料,且集料的扁平指数与针片状含量满足规范要求并具备一定的接近立方体的破碎面,以确保集料在沥青结合料中具备适当的嵌入深度,形成稳定嵌挤结构。另一方面,碎石集料表面宜保持一定的潮湿、洁净无杂质,以保证其与沥青结合料之间的黏结性能。

本节试验选用玄武岩碎石集料,相关技术要求如表 7-3 所示。抗裂纤维封层作为应力中间吸收的推荐厚度为 0.3~0.5cm[145],试验中,以碎石粒径≤0.5cm 进行筛分,碎石集料的级配设计如表 7-4 所示。

玄武岩碎石集料质量要求　　表 7-3

检测项目	压碎值(%)	洛杉矶磨耗(%)	软石含量(%)	针片状含量(%)	粉尘含量(%)	破碎面
规范要求	≤30	≤35	≤5	≤20	≤1	见表注
试验方法	T 0316—2005	T 0317—2005	T 0320—2005	T 0312—2005	T 0310—2005	T 0346—2005

注:大部分具有≥4 个破碎面,90% 具有≥2 个破碎面,100% 具有≥1 个破碎面。

玄武岩碎石集料级配组成设计　　表 7-4

孔径(mm)	0.075	1.18	2.36	4.75	9.5	13.2
通过筛孔质量百分数(%)	≤1	0~10	0~40	0~100	100	100

3. 玻璃纤维

抗裂纤维碎石封层中,应选取吸油率、切割性及断裂强度良好且长短适中的纤维,以保证撒布的纤维在乳化沥青夹层中呈乱向均匀分布，充分发挥其增韧阻裂、吸附沥青及加筋稳定的作用。纤维的长度一般推荐采用 30 ~ 120mm[145]。本节选用玻璃纤维，长度取 60mm，相关质量要求如表 7-5 所示。

玻璃纤维质量要求　　表 7-5

检测项目	指　标	备　注
直径(μm)	12 ~ 23	—
碱金属氧化物含量(%)	实测	无碱(E 玻璃)≤1%，中碱(C 玻璃)11.6% ~ 12.4%
断裂强度(N/tex)	≥0.2	用于下封层时≥0.25
线密度(tex)	实测	g/km
外观检查	满足要求	包括检查污渍、错股、起毛、蛛网及集束等项目
吸油率	≥自身 5 倍质量	吸油率试验
吸水性	较小	观测 5d 内纤维吸水后的质量与体积变化

二、试件制备

抗裂纤维封层板带可视为单项材料，其力学行为受边缘效应可忽略不计，目前对于试件的尺寸没有严格的规范要求，本节试验选用板带的尺寸为 300mm × 300mm × 5mm。按照板带尺寸制备试模，在试模底部安放油毡纸，待乳化沥青加热完成后，并依次洒布乳化沥青(总用量一半) + 短玻璃纤维(称量) + 乳化沥青(总用量一半) + 碎石，随后采用车辙试验仪对试件碾压，试件初压 10min，并在 12h 复压 60min，20d 后将试件切割成尺寸为 80mm × 60mm × 5mm，进行板带拉伸试验。

三、试验方案

参考国内外相关抗裂纤维封层经验设计方法[112]，所用 SBR 聚合物胶乳改性乳化沥青为 1.8kg/m²，碎石集料撒布量为 8m³/1000m²，分别取玻璃纤维的体积掺量为 0%、0.5%、1%、1.5%、2%、2.5%、3%、3.5%、4%；板带拉伸试验采用 MTS 万能试验机，板带拉伸时的试验温度为 20℃，试件置于保温箱取出后采用红外数显示温度计测试试验温度，拉伸速率设定为 5mm/min。试验设备及板带拉伸试验过程分别如图 7-1、图 7-2 所示。

图 7-1　万能试验机

图 7-2　抗裂纤维封层板带拉伸试验

第三节　板带拉伸试验结果与理论计算结果分析

一、玻璃纤维体积掺量对抗裂纤维封层模量的影响

通过板带拉伸试验得到了温度20℃时抗裂纤维封层试件的劲度模量，结合理论计算结果，可得不同玻璃纤维体积掺量下抗裂纤维封层试件弹性模量的理论计算值与试验值如表7-6所示。玻璃纤维体积掺量对抗裂纤维封层劲度模量的影响如表7-7、图7-3所示。

抗裂纤维封层模量的理论计算值与试验值　　表7-6

弹性模量(MPa)	玻璃纤维体积掺量(%)								
	0	0.5	1	1.5	2	2.5	3	3.5	4
理论计算	150	173.46	194.54	216.72	237.18	258.26	279.07	301.25	322.19
试验结果	150	166.53	190.31	206.25	218.42	226.41	232.37	239.92	243.95

纤维体积掺量对抗裂纤维封层劲度模量的影响(试验温度:20℃)　　表7-7

玻璃纤维体积掺量(%)	0	0.5	1	1.5	2	2.5	3	3.5	4
弹性模量提升率(%)	0	11.02	26.87	37.50	45.61	50.94	54.91	59.95	62.63

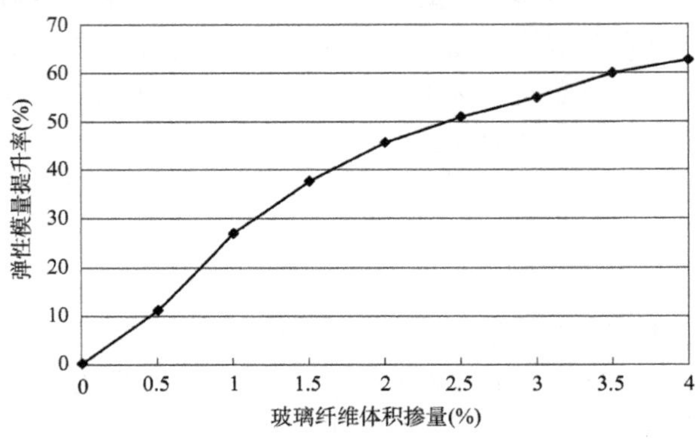

图7-3　纤维体积掺量对抗裂纤维封层劲度模量的影响(试验温度:20℃)

由图7-3、表7-6及表7-7可知，随着玻璃纤维体积掺量的增加，抗裂纤维封层的弹性模量随之增加，但当玻璃纤维体积掺量大于2%后，弹性模量的增长率逐渐放缓。其中，当玻璃纤维体积掺量小于2%时，体积掺量每增加0.1%，抗裂纤维封层的弹性模量增加约2.28%；当玻璃纤维的体积掺量大于2%后，体积掺量每增加0.1%，抗裂纤维封层的弹性模量增加约0.85%，弹性模量增长率放缓。

分析玻璃纤维体积掺量大于2%后，抗裂纤维封层弹性模量增长率放缓原因可知：一方面，当玻璃纤维的体积掺量达到一定程度时，纤维分布逐渐趋于饱和，网状嵌锁体系逐渐趋于稳定，弹性模量增长随之放缓。若纤维过量掺入将会造成纤维的分布过度饱和从而使分布不均匀，造成部分区域纤维结团无法与乳化沥青有效结合，使得结构存在薄弱面，弹性模量甚至会降低，影响抗裂纤维封层的抗变形能力；另一方面，由于玻璃纤维所形成的网状结构在拉伸试验中所产生的几何变形对抗裂纤维封层弹性模量的增强有一定的影响，抗裂纤维封层的抗变形能力会被部分削弱。因此，建议玻璃纤维在抗裂纤维封层中的最佳体积掺量为2%。

二、抗裂纤维封层模量的理论计算值与试验值误差分析

抗裂纤维封层弹性模量的理论计算结果与试验结果如表7-6、图7-4所示，二者的相对误差如图7-5所示。由图7-5可知，温度为20℃时，随着玻璃纤维体积掺率的增加，抗裂纤维封层弹性模量的理论计算与试验结果相对误差呈增大趋势，且当玻璃纤维体积掺量大于2%后，相对误差增加趋势十分明显。当玻璃纤维的体积掺量不大于2%时，试验所得抗裂纤维封层的弹性模量与理论计算结果较为接近，相对误差较小，控制在10%以内。因此，结合上节试验分析，得出玻璃纤维的最佳体积掺量为2%。

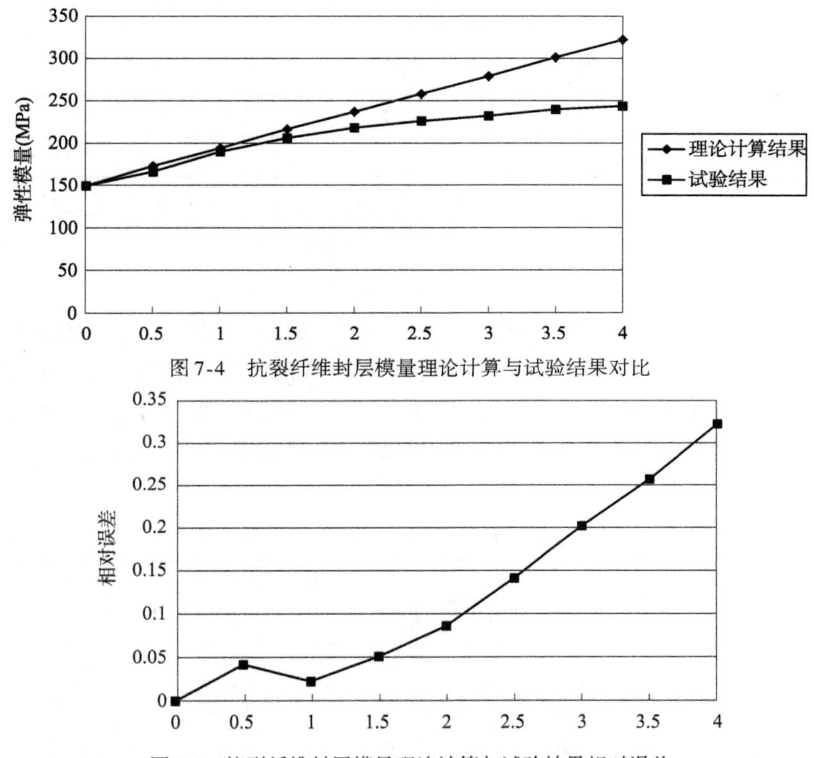

图7-4　抗裂纤维封层模量理论计算与试验结果对比

图7-5　抗裂纤维封层模量理论计算与试验结果相对误差

分析误差出现的原因可知，一方面，由于等效模量公式应用的前提是复合材料界面完全紧密结合的理想状态，而试验中却无法保证，同时当玻璃纤维的体积掺量达到某一程度时，沥青碎石混合料的黏结性将有所减弱，使材料发生松散，由此增加了抗裂纤维封层结构的微裂缝，材料的弹性模量由此有所降低，这也是当玻璃纤维体积掺量大于2%后，试验结果与理论计算结果相对误差较大的原因；另一方面，需要说明的是，本节所使用的等效模量公式是基于复合材料处于弹性状态并未考虑温度影响因素。而抗裂纤维封层作为黏弹性材料，不同温度下的劲度模量不同的，正温度下抗裂纤维封层表现出弹性与黏性性质。因此，本节将对抗裂纤维封层的等效模量公式进行修正。

三、抗裂纤维封层等效模量公式的修正

综上分析可知，玻璃纤维体积掺量小于2%时，温度是理论计算结果与试验结果出现误

差的主要原因。因此需对式(7-1)进行修正,式(7-1)可转化为:

$$k = k_0 \left(1 + cp\right)^{-1} \tag{7-6}$$

式(7-6)中,当玻璃纤维的体积掺量 c 一定时,k_0 与 p 均为常数,由图 7-4 可知,理论计算结果与试验结果所得不同玻璃纤维体积掺量下抗裂纤维封层的弹性模量变化基本一致,且玻璃纤维体积掺量小于 2% 时,两者具有很强的线性相关性。因此,可对抗裂纤维封层的等效模量理论公式进行线性系数修正。对(7-1)修正后可得表达式为:

$$k(c) = k_0 \left(1 + cp\right)^{-1} \alpha(c) \tag{7-7}$$

式中,α 为修正系数,其值可由不同温度与不同玻璃纤维体积掺量下的试验结果确定,不同纤维体积掺量下的修正系数如表 7-8 所示。

不同玻璃纤维体积掺量下的修正系数 表 7-8

玻璃纤维体积掺量(%)	0	0.5	1	1.5	2
修正系数 $\alpha(c)$	1	0.968	0.971	0.949	0.921

温度为 20℃时,修正系数 $\alpha(c)$ 与玻璃纤维体积掺量 c 的回归关系式如式(7-8)所示:

$$\begin{gathered} \alpha(c) = -0.354c + 0.9972 \\ R = 0.9584 \end{gathered} \tag{7-8}$$

由式(7-8)可知,$\alpha(c)$ 与 c 具有较强的相关性,表明修正系数 $\alpha(c)$ 与玻璃纤维的体积掺量 c 有较好的规律性。因此,当温度与玻璃纤维体积掺量确定时,即可求得抗裂纤维封层的劲度模量。基于修正后的等效模量公式,可得抗裂纤维封层在 20℃时,劲度模量的理论计算值如表 7-9 所示。由表 7-9 可知,修正后的计算结果与试验结果具有良好的一致性,误差较小。

修正后的抗裂纤维封层弹性模量计算结果 表 7-9

弹性模量(MPa)	玻璃纤维体积掺量(%)				
	0	0.5	1	1.5	2
理论计算结果	150	173.46	194.54	216.72	237.18
试验结果	150	166.53	190.31	206.25	218.42
修正后计算结果	150	167.91	188.90	205.67	218.44

需要说明的是,本节修正后的抗裂纤维封层等效模量公式适用于温度为 20℃、玻璃纤维体积掺量不大于 2% 的工况。参照本节研究方法及成果,可对不同温度及不同玻璃纤维体积掺量下抗裂纤维封层的等效模量公式进行修正,对抗裂纤维封层的劲度模量进行理论求值。

本 章 小 结

本章基于复合材料细观力学理论对抗裂纤维封层等效模量的分析方法进行了探讨,应用纤维增强复合材料等效模量公式对不同纤维体积掺量下抗裂纤维封层在 20℃的等效模量进行了理论计算,并通过板带拉伸试验结果对计算值进行了误差分析,提出了考虑温度影响的抗裂纤维封层等效模量修正公式,为抗裂纤维封层配合比设计中纤维掺量的理论设计方法提供了参考。得到如下主要结论:

(1)随着玻璃纤维体积掺量的增加,抗裂纤维封层的弹性模量随之增加,但当玻璃纤维体积掺量大于2%后,弹性模量的增长率出现拐点,弹性模量的增长率逐渐降低,据此提出玻璃纤维的最佳体积掺量不宜超过2%。

(2)通过纤维增强复合材料的等效模量公式与板带拉伸试验分别计算了抗裂纤维封层在20℃时的弹性模量,并对两种计算结果进行了误差分析,得到了当抗裂纤维封层体积掺量小于2%时,温度是主要影响因素。

(3)温度为20℃时,随着玻璃纤维体积掺率的增加,抗裂纤维封层弹性模量的理论计算与试验结果相对误差呈增大趋势,且当玻璃纤维体积掺量大于2%后,相对误差增加趋势十分明显。

(4)根据误差分析结果提出纤维体积掺量小于2%时考虑温度影响的抗裂纤维封层等效模量修正公式,由修正后公式计算得到抗裂纤维封层的弹性模量值与试验值具有较好的一致性。

(5)本章修正后的抗裂纤维封层等效模量公式适用于温度为20℃、玻璃纤维体积掺量不大于2%的工况。因此,对于高寒或高温地区抗裂纤维封层设计时,可参照本章研究方法及成果,对不同温度及不同玻璃纤维体积掺量下抗裂纤维封层的等效模量公式进行修正,对抗裂纤维封层的劲度模量进行理论求值,为设计提供参考。

(6)温度20℃、最佳玻璃纤维体积掺量2%时,采用修正后等效模量公式计算得到抗裂纤维封层的弹性模量值为218.4MPa,处于第六章数值模拟分析所推荐最佳弹性模量值200~300MPa范围内。为抗裂纤维封层配合比设计中纤维掺量的理论设计方法提供了参考。

第八章 FR-SAMI 断裂能试验研究

断裂能是基于断裂力学概念发展而来的一种反映材料抗裂能力和抗冲击能力的力学性能指标，表示物体受外力作用，直至物体断裂时外力对每单位体积物体所做的功。本章从断裂的能量角度分析铺设纤维增强乳化沥青下封层后复合路面结构抗裂性能的大小，采用正交试验分析下封层材料在不同因素水平下断裂能参数，得出影响断裂能的主次因素，以及在获得最大断裂能时用量组合，为配合比设计提供参考依据。同时对几种常用的封层材料（改性乳化沥青下封层、稀浆封层、橡胶沥青下封层、纤维橡胶沥青下封层）进行三点弯曲断裂试验，对比其抗裂性能的大小。同时考虑温度对断裂能参数的影响，建立温度与断裂参数关系曲线。

第一节 材料的选择与试件成型

一、材料的技术性质

1. 纤维

根据第三章材料优选结果，采用 D 纤维（表面处理玻璃纤维）作为本章试验所用纤维，其技术指标见表 8-1。

纤维技术指标 表 8-1

检测项目	单位	指标	备注
碱金属氧化物含量	%		无碱（E 玻璃）类型 ≤1% 中碱（C 玻璃）类型 11.6% ~12.4%
纤维直径	μm	12 ~ 23	
断裂强度	N/tex	≥0.20	用于下封中间层时 ≥ 0.25
吸油率	—	≥ 自身质量的 5 倍	纤维吸油率试验
浸润剂含量	%	0.5 ~ 2.0	增强型浸润剂
外观检查	—	符合《玻璃纤维无捻粗纱》（GB/T 18369—2001）要求	包括蛛网、磨损、错股、污渍、起毛、集束等检查项目
抗拉模量	MPa	—	参考值：3100 ~ 3400MPa
极限拉伸应变	%	—	参考值：3.3% ~3.6%
吸水性	—	较小	观察纤维吸水后体积和质量的变化（5d）

2. 乳化沥青

试验中使用的乳化沥青为 SBR 改性乳化沥青，基质沥青为韩国 SK-70，乳化剂为美德维实伟克 INDULIN DF-62 型阳离子快裂乳化剂。

3. 集料

试验中所用碎石满足表 8-2 质量技术要求。

集料技术指标 表 8-2

检验项目	单位	标准		试验方法
		上封层	下封层	
压碎值	%	≤ 26	≤ 30	T 0316—2005
洛杉矶磨耗损失	%	≤ 28	≤ 35	T 0317—2005
磨光值	PSV	≥ 40	—	T 0321—2005
软石含量	%	≤ 3	≤ 5	T 0320—2005
吸水率	%	≤ 2	≤ 3	T 0304—2005
坚固性	%	≤ 12	—	T 0314—2000
针片状含量	%	≤ 18	≤ 20	T 0312—2005
粉尘含量	%	≤ 1	≤ 1	T 0310—2005
破碎面	—			T 0346—2005

4. *底层混凝土板*

底层混凝土板的配置强度为 C30，其配合比为水泥:砂:碎石:水 =400:546:1274:180，其中粗集料级配比为碎石(1):碎石(2):细集料 =87:7:6。集料级配见表 8-3。

5. *面层沥青混合料*

面层沥青混合料选用 AC-13，沥青用量 4.5%，矿料配合比组成如表 8-3 所示。

AC-13 矿料配合比设计 表 8-3

通过率(%)	粒径(mm)										料百分比(%)
	16	13.2	9.5	4.75	2.36	1.18	0.6	0.3	0.15	0.075	
碎石(1)	100	92.7	8.8	0.1							25.0
碎石(2)	100	100	95.7	6.3	0.3						22.0
细	100	100	100	94.0	64.9	46.1	27.1	16.1	10.6	2.6	46.0
矿粉	100	100	100	100	100	100	100	100	94.0	80.0	7.0
											100
合成级配	100	98.2	76.3	51.7	36.9	28.2	19.5	14.4	11.5	6.8	
级配中值	100	95.0	76.5	53.0	37.0	26.5	19.0	13.5	10.0	6.0	
级配上限	100	100	85.0	68.0	50.0	38.0	28.0	20.0	15.0	8.0	
级配下限	100	90.0	68.0	38.0	24.0	15.0	10.0	7.0	5.0	4.0	

AC-13 混合料矿料级配曲线如图 8-1 所示。

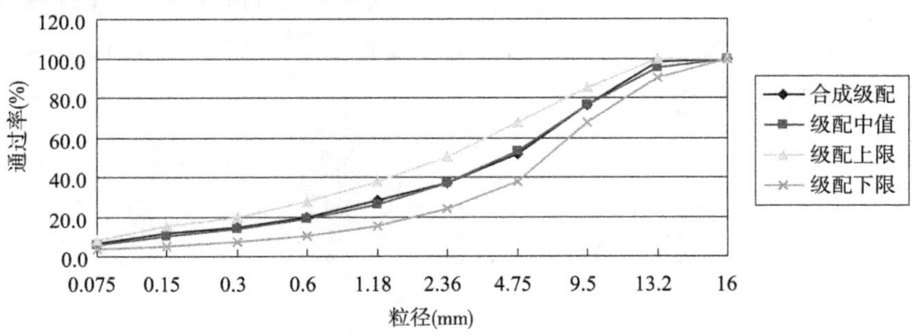

图 8-1 AC-13 混合料矿料级配曲线图

6. 乳化沥青稀浆封层的矿料级配及沥青用量

乳化沥青稀浆封层的矿料级配及沥青用量见表8-4。

乳化沥青稀浆封层的矿料级配及沥青用量　表8-4

项　目	筛孔(mm)	级配类型		
		ES-1	ES-2	ES-3
通过筛孔的质量百分率(%)	9.5		100	100
	4.75	100	90～100	70～90
	2.36	90～100	65～90	45～70
	1.18	65～90	45～70	28～50
	0.60	40～65	30～50	19～34
	0.30	25～42	18～30	12～25
	0.15	15～30	10～21	7～18
	0.075	10～20	5～15	5～15
沥青用量(油石比)(%)		10～16	7.5～13.5	6.5～12
适宜的稀浆封层平均厚度(mm)		2～3	3～5	4～6
稀浆混合料用量(kg/m²)		3～5.5	5.5～8	>8

7. 橡胶沥青技术要求

橡胶沥青技术指标要求如表8-5所示。

橡胶沥青技术要求　表8-5

检测项目	单　位	技术指标
180℃旋转黏度	Pa·s	1.5～4.0
软化点(环球法)	℃	52～74
针入度(25℃,100g,5s)	0.1mm	25～70
弹性恢复(25℃)	%	>60

二、试件成型方式

1. 试件的尺寸与结构

试件尺寸为300cm×300cm×100cm(为满足面层沥青混合料碾压成型),其结构示意图如图8-2所示。成型以后的试件切割成300cm×100cm×100cm尺寸,其中底部4cm为水泥混凝土板,并预留3mm裂缝,中部1cm纤维增强乳化沥青下封层(碎石粒径选择为4.75～9.5mm),上部为5cm沥青混合料面层。

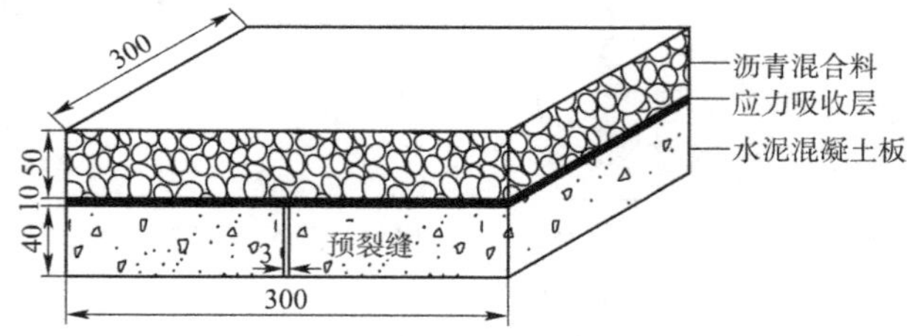

图8-2　试件结构示意图(尺寸单位:mm)

2. 试件的制作过程

(1)底层混凝土板的成型

底层混凝土板尺寸 300cm × 300cm × 40cm,配制强度等级 C30,配合比为水:水泥:砂:碎石 = 180:400:546:1274,达到龄期以后将混凝土板切割,中间应预留 3mm 左右的裂缝,为保证混凝土板中间的裂缝宽度,在端部压入两块宽度为 3mm 的木屑。

在实际的路用情况中,纤维增强乳化沥青下封层是铺筑在水泥稳定碎石基层上的,而试验中是用有预裂缝的水泥混凝土下层支撑板代替,其一为了成型方便快捷,不用担心由于强度低尺寸小而在面层沥青混合料成型碾压时受损,其二是模拟的实际路面情况为半刚性基层已经带有裂缝,因此混凝土板的强度对面层和下封层的复合断裂能试验结果影响不大,仅仅是模拟原有路面出现裂缝的情况。

(2)纤维增强乳化沥青下封层的成型

①将预裂缝用胶布封贴,以防浇筑的乳化沥青析漏。

②将底层乳化沥青涂抹在混凝土板上,乳化沥青的用量为整个下封层乳化沥青用量的二分之一。

③根据正交试验方案,按照既定的纤维长度与纤维用量,将纤维撒布在底层乳化沥青上,注意撒布过程中尽量使纤维的分布方向为二维乱向分布,纤维应均匀地覆盖在乳化沥青上,室内试件应与纤维同步封层设备施工现场情况吻合。

④加入剩下的一半乳化沥青,上层乳化沥青的涂抹一定要均匀,尽量将纤维完全覆盖,不要出现纤维裸露现象。

⑤撒布封层碎石,粒径 4.75 ~ 9.5cm,表面覆盖率为 70%,人工用橡胶锤将其嵌入下封层内,模拟现场施工的碾压工序。

(3)上层沥青混合料面层的成型

按 AC-13 沥青混合料的要求,拌和沥青混合料,加入试模内,将其碾压成型。

轮碾成型机成型试件时,需先将碾压轮预热到 100℃左右,然后将装有沥青混合料面层的复合路面结构试模置于轮碾机的平台上,为防止碾压轮黏附沥青,最好在表面覆盖一层隔离的报纸,放下碾压轮,调整总荷载为 9kN。先在平行于水泥混凝土板接缝的方向碾压 2 个往返(4 次),卸荷,再沿垂直于接缝的方向施加相同荷载碾压至标准密实度的 100% ± 1% 为止[146]。

实际工程中下封层铺筑以后,上部要撒布碎石,随即进行面层沥青混合料的铺筑,在沥青混合料的施工中部分沥青会渗透到下封层碎石表面增强其黏结,上层沥青混合料的碾压更能使碎石嵌挤进入下封层,使下封层空间结构更加的紧密。因此研究复合路面结构的力学性能比单独研究下封层更加符合实际的情况。

(4)三点弯曲加载试件的制作

①将试件切割成 300cm × 100cm × 100cm 尺寸。

②在距预裂缝高 1cm、3cm、5cm 处贴上应变片。

本试验所用传感器的生产厂家为浙江台州市黄岩双立工程传感器厂。电阻应变片参数如表 8-6 所示。

应变片参数　　表8-6

型　　号	精度等级	电阻(Ω)	栅长×栅宽(mm×mm)	灵敏系数(%)
BX120-80AA	A	120	80×3	2.06

粘贴应变片要点如下：用锉刀和粗砂纸等工具将试件打磨平整，之后用沾有无水乙醇的棉球将贴片处擦洗干净，用红笔标记距裂缝1cm、3cm、5cm处位置，在试件黏贴处先涂上一层黏结剂(A、B胶，质量比5:1)，将应变片的粘贴面(反面)粘在涂有黏结剂的试件上，将应变片的定位线与试件的标注线对齐，将绝缘胶布垫在应变片的引线底部，再在应变片表面涂上胶水，注意在引线处稍微多涂一些，起到固定引线和绝缘作用。应变片贴好后不能有气泡、翘曲、脱胶，以及短路、断路和阻值发生突变等现象。最后将试件放置一定时间，待试件胶水完全干硬后才可以使用。粘贴好应变片的试件如图8-3所示。

图8-3　粘贴好应变片的试件

第二节　正交试验方法设计与材料配比

断裂性能试验分为两个部分，第一部分是纤维增强乳化沥青下封层在不同因数水平下的断裂能参数测定，第二部分是不同类型封层材料(改性乳化沥青下封层、稀浆封层、橡胶沥青下封层、纤维橡胶沥青下封层)断裂能参数测定。

一、相同材料不同因数水平下配比

1. 因素水平

对纤维增强乳化沥青下封层材料用量，国外资料建议值：乳化沥青用量1.4~2.4kg/m^2，纤维长度6cm，纤维用量30~120g/m^2。大连理工大学李坤建议：光滑路面乳化沥青用量的值为1.3~1.6kg/m^2，粗糙路面沥青用量为2.0kg/m^2，纤维用量为110g/m^2，纤维长度6cm时层间剪切强度最大。重庆交通大学李伟建议：纤维用量为120g/m^2，纤维长度为6~8cm，改性乳化沥青用量为1.2kg/m^2。北京埃盟泰机械设备有限公司张宗辉的建议值：下封中间层施工改性乳化沥青1.81~2.26kg/m^2，E-玻璃纤维用量85.1~113.4g/m^2，纤维长度6cm。辽宁试验路段的结论为：纤维长度范围一般为30~120mm，通常取60mm，当纤维碎石封层用于表面磨耗层时，纤维一般用量范围为50~100g/m^2；当用于下封中间层时，一般用量范围为70~120g/m^2。当乳化沥青用量固定在1.4kg/m^{2}时，纤维用量在80g/m^{2}时的下封层与基层的层间垂直拉拔强度出现最大值。

根据参考资料和使用的实际经验，本试验方案纤维用量取值范围40~160g/m^2，纤维长度取值3cm、6cm、9cm、12cm，乳化沥青用量1.2~2.4kg/m^2，因素水平见表8-7。

试验因素水平表　　表 8-7

水平	因素		
	A 纤维用量（g/m^2）	B 纤维长度（cm）	C 改性乳化沥青用量(kg/m^2)
1	40	3	1.2
2	80	6	1.6
3	120	9	2.0
4	160	12	2.4

2. 正交表选取

纤维增强乳化沥青下封层由改性乳化沥青和纤维组成，影响其力学性能的主要因素是改性乳化沥青用量、纤维用量和纤维长度，故本书选择这三个为因素，各因素选择四个水平，在正交试验表中没有现成的可用表格可以选择，选择正交表 $L_{16}(4^5)$ 的前三列来设计正交试验见表 8-8，通过 16 次试验来完成正交设计[147]。本研究暂不考虑误差因素。

正交表 $L_{16}(4^5)$　　表 8-8

试验号	列号				
	1	2	3	4	5
1	1	1	1	1	1
2	1	2	2	2	2
3	1	3	3	3	3
4	1	4	4	4	4
5	2	1	2	3	4
6	2	2	1	4	3
7	2	3	4	1	2
8	2	4	3	2	1
9	3	1	3	4	2
10	3	2	4	3	1
11	3	3	1	2	4
12	3	4	2	1	3
13	4	1	4	2	3
14	4	2	3	1	4
15	4	3	2	4	1
16	4	4	1	3	2

3. 制定正交试验方案表

通过正交试验设计的基本方法进行试验方案，制得正交试验方案表（表 8-9），在试验过程中试验顺序的选择上，不拘泥于表列试验号的先后，以随机选择的方式决定试验顺序。

正交试验方案表　　表 8-9

试验号	因素		
	A 纤维用量(g/m^2)	B 纤维长度（cm）	C 改性乳化沥青用量(kg/m^2)
B1	40	3	1.2
B2	40	6	1.6

续上表

试验号	因素		
	A 纤维用量(g/m^2)	B 纤维长度(cm)	C 改性乳化沥青用量(kg/m^2)
B3	40	9	2.0
B4	40	12	2.4
B5	80	3	1.6
B6	80	6	1.2
B7	80	9	2.4
B8	80	12	2.0
B9	120	3	2.0
B10	120	6	2.4
B11	120	9	1.2
B12	120	12	1.6
B13	160	3	2.4
B14	160	6	2.0
B15	160	9	1.6
B16	160	12	1.2

计算任一列上的水平号 i 所对应的试验结果之和 K_i，计算极差如式(8-1)所示：

$$R = \max\{K_1, K_2, K_3\} - \min\{K_1, K_2, K_3\} \tag{8-1}$$

上式各列的极差是不相等的，这说明各因素水平对试验结果的影响是不相同的，极差越大，表示该列因素的数值在试验范围内的变化，会导致试验指标在数值上有更大的变化，极差最大的那一列，就是因素水平对试验结果影响最大的因素，也就是主要因素。若指标越大越好，优选方案为 K_i 最大值所在的因素水平，如果是多指标正交试验，采用综合平衡法，先对每个指标分别进行单指标的直观分析，得到每个指标的影响主要次序和最佳水平组合，然后根据理论知识和实践经验，对各个指标的分析结果进行综合比较分析。

二、不同材料下封层配比

1. 改性乳化沥青下封层

在水泥稳定碎石基层上撒布改性乳化沥青，相当于沥青路面的正常的透层油施工，乳化沥青的用量 1.8kg/m^2。

2. 稀浆封层

稀浆封层工艺原理是将乳化沥青、符合级配的集料、水、填料及添加剂按一定的设计配比搅拌成稀浆混合料，均匀地摊铺在待处理的路面上，乳化沥青破乳以后裹覆在集料表面上，同时乳化沥青中的水和水泥水化，使该封层能牢固的黏结待处理路面，增强路面使用性能。稀浆封层可以作为路面预防性养护的封层，也可以作为基层或旧路面与面层之间的下封层。稀浆封层按乳化沥青性能和其中集料的粒径有不同的分类，本试验采用与纤维增强乳化沥青下封层中相同的 SBR 改性乳化沥青。采用表 8-4 稀浆封层 ES-3 型级配范围中值，配合比集料：乳化沥青：水泥：水 = 1350g：168.75g：27g：135g。

3. 橡胶沥青下封层

橡胶沥青下封层是采用橡胶沥青作为胶结料的一种下封层结构。施工工序一般是在路面上撒布 2 ~3 kg/m^{2}的橡胶沥青，同时在橡胶沥青上撒布一定量的粒径为4.75 ~9.5mm的预拌沥青碎石，形成1cm 左右厚度的下封层。橡胶沥青下封层的优点是能有效防止水分浸入基层和路基，并且具有优良的黏结作用、抗老化和耐久性能。橡胶沥青下封层中用橡胶沥青做胶结料，表面撒布单级配碎石，整个结构是一种柔性体系，因此对半刚性基层以及水泥混凝土旧路面的集中应力有显著的缓冲和吸收作用，能有效缓解应力向加铺层反射；同时，由于下封和缓冲作用，能将加铺层承受的荷载均化，降低加铺层层底拉应力，故采用该结构能减少加铺层厚度，延长使用寿命。

本试验的橡胶沥青下封层中，橡胶沥青用量取值为建议用量中值 2.5kg/m^2，橡胶沥青的要求如表 7-4 所示。

4. 纤维橡胶沥青下封层

纤维橡胶沥青下封层是在橡胶沥青中均匀的撒布一层纤维，同时发挥橡胶沥青和纤维的抗裂阻裂性能，试件的成型方法与纤维增强乳化沥青下封层相同，橡胶沥青的质量与橡胶沥青下封层使用的相同，用量为 2.5kg/m^2，纤维长度取值 6cm，用量为 120 g/m^2。

第三节 断裂能试验

断裂能试验是评价下封层的抗裂性能的主要参数之一，通过测试材料的断裂能、最大弯曲力以及最大挠度，同时监控裂缝动态发展规律来评价纤维下封层材料在不同因素水平下，以及不同类型的下封层材料的抗裂性能，得出影响断裂能的主要因素和最佳材料用量比例。

一、断裂的能量分析原理

1. 断裂分析的能量方法

在 20 世纪 20 年代，英国的物理学家 Griffith 提出在裂缝的扩散过程中，由于物体内部能量释放所产生的裂纹驱动力导致了裂纹的增长，同时也存在阻止形成新的裂纹面积的阻力，即在裂纹增长过程中，物体中驱动裂缝增长的动力与阻止裂纹增长的动力是平衡的[148-149]。材料在单项应力作用下应变比能表示为式(8-2)：

$$v_{\varepsilon} = \frac{1}{V}\int F\mathrm{d}x = \int \frac{F}{A}\frac{\mathrm{d}x}{l} = \int \sigma\mathrm{d}x \tag{8-2}$$

式中，V 为体积；F 为力；A 为截面面积；l 为长度。

对于线弹性材料，应变比能表示为式(8-3)：

$$v_{\varepsilon} = \frac{E\varepsilon^2}{2} = \frac{\sigma^2}{2E} \tag{8-3}$$

当裂纹在材料中增长到 a 时，在裂缝的两侧形成了自由表面，应变能是由裂纹扩展释放出来的，而在裂纹形成过程中，材料内部的结合键将发生断裂，所引起的能量被材料吸收，产生了与裂纹扩展长度 a 相关联的表面能见式(8-4)：

$$E_{\mathrm{S}} = 2ra \tag{8-4}$$

式中，r 为单位面积表面能，单位为 J/m^2。

单位厚度板的总的应变释放能为式(8-5)：

$$V_{\varepsilon} = -\frac{\sigma^2}{2E}\pi a^2 \tag{8-5}$$

令总能量的导数为零，得到式(8-6)：

$$\frac{\partial(E_{\mathrm{S}} + V_{\varepsilon})}{\partial a} = 2\gamma - \frac{\sigma_{\mathrm{f}}}{E}\pi a \tag{8-6}$$

裂纹扩展的必要条件是裂纹尖端区释放的应变能等于形成裂纹面积所需要的表面能，得到式(8-7)：

$$\sigma_{\mathrm{f}} = \sqrt{\frac{2E\gamma}{\pi a}} \tag{8-7}$$

对于延性材料，在断裂过程中所释放的能量主要耗散在裂纹尖端附近的塑性流动中，则有式(8-8)：

$$\sigma_{\mathrm{f}} = \sqrt{\frac{2EG_{\mathrm{C}}}{\pi a}} \tag{8-8}$$

式中，G_{C} 为临界应变能释放率。

故影响断裂过程的3个主要因素包括：材料的性能、应力水平和裂纹尺寸。在应力水平和预裂缝尺寸相同的情况下，可以从能量角度评价不同材料以及相同材料不同配比下抗裂性能的好坏。

2. 断裂能试验原理

断裂能GF最早是国际材料与结构实验室联合会(RILEM)混凝土断裂力学委员会推荐的一个最为重要的混凝土非线性断裂力学参数。断裂能表示断裂单位面积上所吸收的外力功，外力在试件上所做的功全部被扩展的裂缝所消耗，它是描述材料对裂缝扩展阻力大小的参数，它的大小标志着材料裂纹扩展的难易程度。随着国内外研究者对混凝土断裂能研究的加强[150-151]，断裂能GF也逐渐成为混凝土断裂性能常用的表征参数。

按照断裂力学的思路，断裂能的测定一般需要在试件上预制一个初始裂缝，保证试件从初始预裂缝尖端处开始扩张。试验试件可以分为直接拉伸试件和三点弯曲试件，但是由于拉伸试件对试验机和试件的制作要求非常高，上下夹具需要高度对中，试件也要非常的精确，否则会直接导致试件结果的准确性和可靠度受到影响(图8-4)。

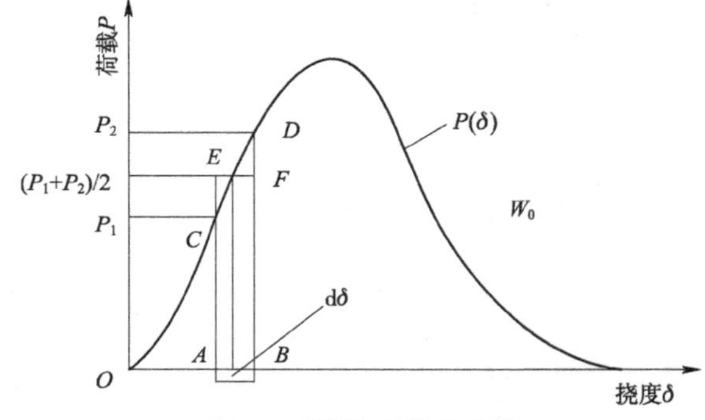

图8-4　断裂能计算示意图

本节借鉴混凝土断裂能的测试方法，采用三点弯曲试验方法测定预切口梁在外荷载作用下荷载—位移(挠度)曲线图；计算曲线下的面积，得到铺设不同下封层后复合路面结构的断裂能 W_0。

二、断裂能试验过程

1. 试验设备

(1)万能试验机

有文献表明[152]断裂能的大小与加载的速率有很大的关系，当加载速率在 5.5×10^{-4} ~ 1.7×10mm/min 时断裂能的测定值比较稳定，当加载速度在 10^2 ~ 10^3mm/min 时，断裂能的测定值离散系数比较大。根据本试验的实际情况试验加载速度选择为 2mm/min。在试验过程中，荷载—挠度曲线的尾部随试验的进行逐渐平缓，因此本试验定义断裂为最大荷载的 5%，加载跨距为 250mm，试验过程可记录时间，应力与挠度值，并自动绘制曲线。

(2)东华数据显示仪

采用东华 DH3815N-3 静态读数仪，该系统是全智能化巡回数据采集；通过计算机完成自动平衡、采样控制、自动修正、数据存储、数据处理分析，生成和打印试验报告。系统抗干扰能力强，每 0.5s 可自动采集该通道所在应变片的应变值。

2. 测试过程

将试件的裂缝处对准加载点的中部，最好是用垂球对中，保证裂缝处位于弯矩最大处，将支点对准预画线部分，保证试验的跨中距离。将应变片的接线头用数据线与应变仪采集器相连，同时将一个备用试件也与采集器连接作为温度补偿，试验前打开测试软件，控制各应变对应的数据通道漂移值在 $\pm5\mu\varepsilon$。整个试验过程由电脑自动记录荷载与位移关系曲线，时间与应变值。

整个测试装置见图 8-5，复合路面结构加载细部图如图 8-6 所示，试件破坏全过程见图 8-7。

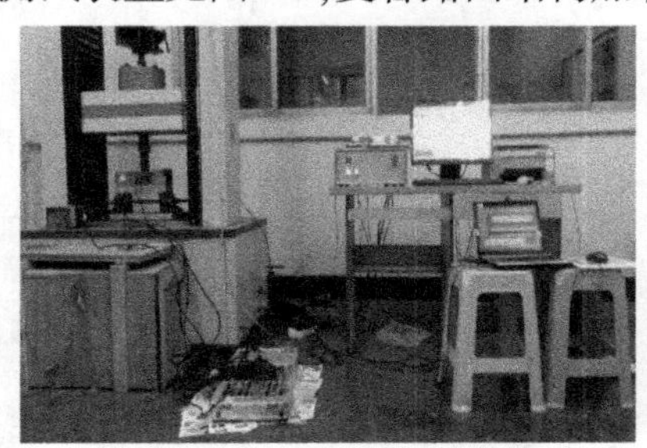

图 8-5　试验装置全局图

图 8-6　试件加载细部图

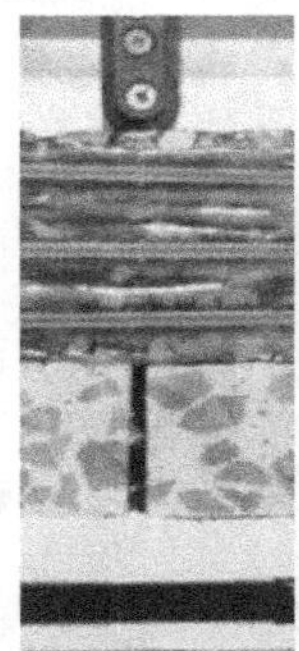

a)加载初期

b)裂缝发展到1cm

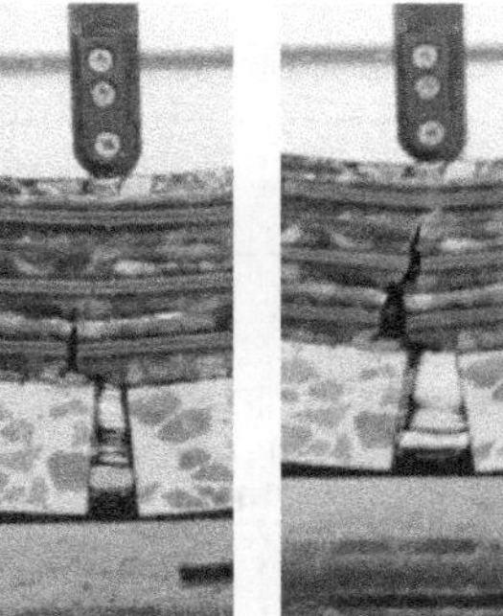

c)裂缝发展到3cm　d)裂缝发展到5cm

图 8-7　裂缝发展全过程

三、断裂能试验结果与分析

1. 相同材料不同因数水平下的试验结果与分析

(1)三点弯曲试验结果

三点弯曲试验测试不同因素水平 16 组试件挠度与荷载关系曲线如图 8-8 ~ 图 8-23 所示。

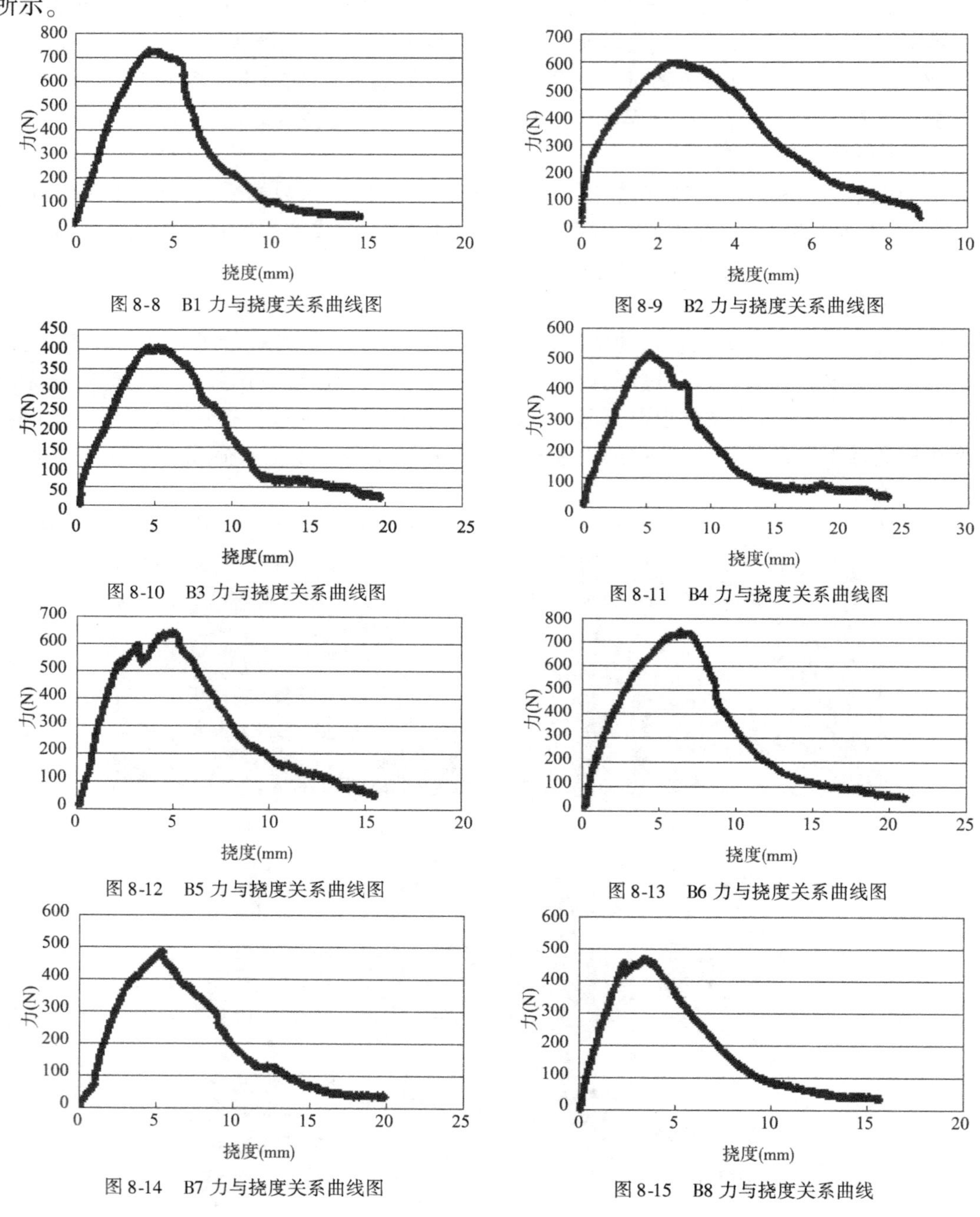

图 8-8　B1 力与挠度关系曲线图

图 8-9　B2 力与挠度关系曲线图

图 8-10　B3 力与挠度关系曲线图

图 8-11　B4 力与挠度关系曲线图

图 8-12　B5 力与挠度关系曲线图

图 8-13　B6 力与挠度关系曲线图

图 8-14　B7 力与挠度关系曲线图

图 8-15　B8 力与挠度关系曲线

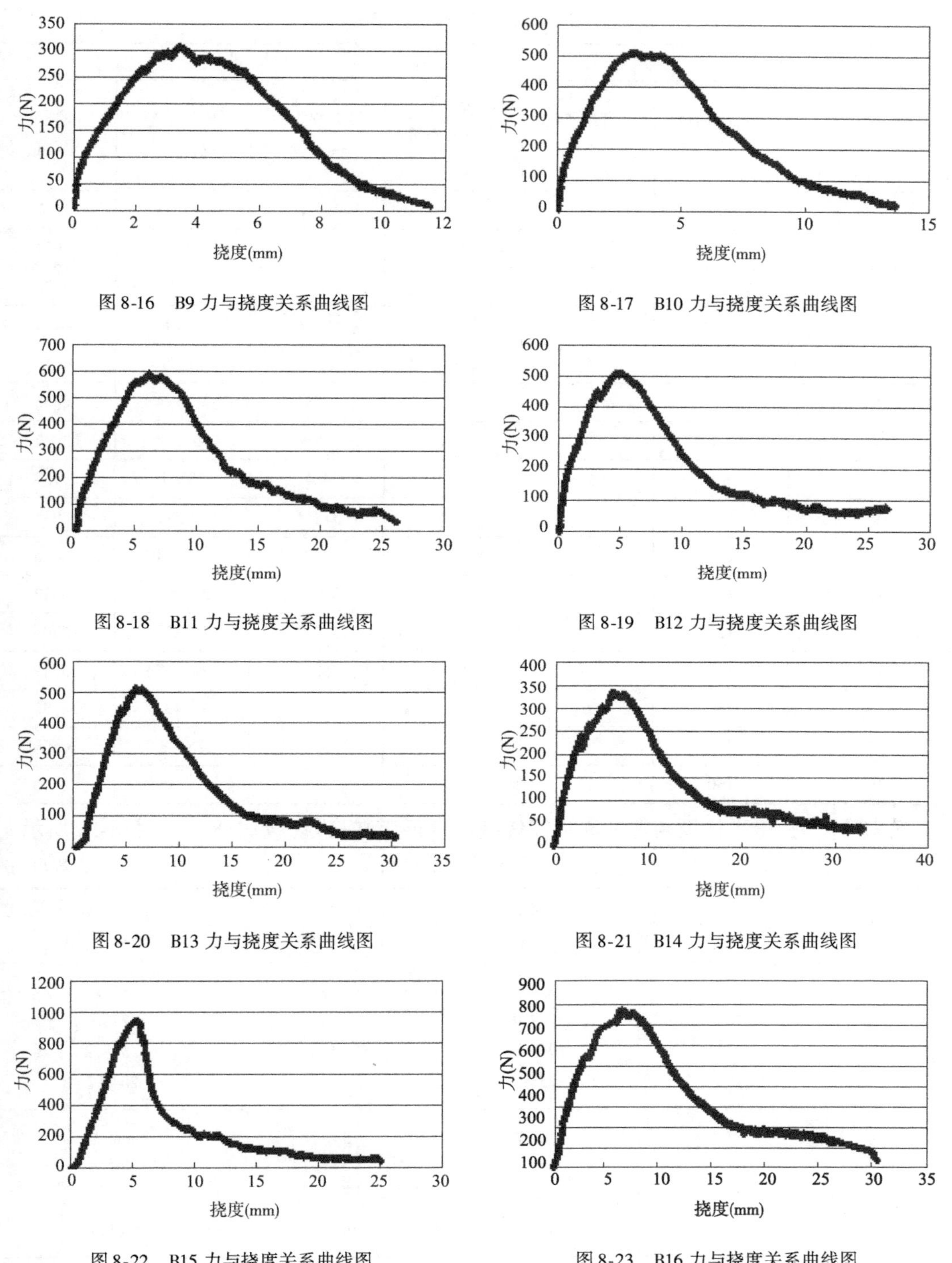

图 8-16 B9 力与挠度关系曲线图

图 8-17 B10 力与挠度关系曲线图

图 8-18 B11 力与挠度关系曲线图

图 8-19 B12 力与挠度关系曲线图

图 8-20 B13 力与挠度关系曲线图

图 8-21 B14 力与挠度关系曲线图

图 8-22 B15 力与挠度关系曲线图

图 8-23 B16 力与挠度关系曲线图

(2)断裂能正交分析

经试验分析得出不同试验方案下的最大弯曲力,最大挠度与弯曲断裂能如表 8-10 所示。

三点弯曲试验结果分析　　表 8-10

试验号	指标					
	A 纤维用量（g/m²）	B 纤维长度（cm）	C 改性乳化沥青的用量（kg/m²）	最大弯曲力（N）	最大挠度（mm）	断裂能（N·mm）
1	40	3	1.2	726.8	14.797	4317
2	40	6	1.6	597	8.757	2924
3	40	9	2.0	394.6	19.674	3426
4	40	12	2.4	509.6	24.194	4414
5	80	3	1.6	635.8	15.59	4618
6	80	6	1.2	744	21.134	6433
7	80	9	2.4	485.6	19.657	3877
8	80	12	2.0	484	15.67	3157
9	120	3	2.0	314.6	10.317	1936
10	120	6	2.4	523	13.484	3486
11	120	9	1.2	602	25.994	6853
12	120	12	1.6	525.6	26.827	5704
13	160	3	2.4	525	30.467	5589
14	160	6	2.0	335	33.430	4582
15	160	9	1.6	964	25.78	6660
16	160	12	1.2	765	30.608	8416

最大弯曲力、最大挠度与弯曲断裂能影响因素正交试验分析如表 8-11 ~ 表 8-13 所示。

最大弯曲力正交分析　　表 8-11

指标	项目	A 因素（纤维用量）	B 因素（纤维长度）	C 因素（沥青用量）
最大弯曲力	K_1	2228	2202.2	2837.8
	K_2	2349.4	2199	2722.4
	K_3	1964.6	2446.2	1528.2
	K_4	2589	2284.2	2043.2
	k_1	742.7	734.1	945.9
	k_2	783.1	733	907.5
	k_3	654.9	815.4	509.4
	k_4	863	761.4	681.1
	极差	624.6	247.2	1309.6
	因素：主→次	CAB		
	优方案	C1A4B3		

最大挠度正交分析　　表 8-12

指　标	项　目	A 因素（纤维用量）	B 因素（纤维长度）	C 因素（沥青用量）
最大挠度	K_1	67.422	71.171	92.715
	K_2	72.051	76.805	76.954
	K_3	76.622	91.105	76.269
	K_4	120.28	97.229	87.802
	k_1	16.856	17.793	23.179
	k_2	18.013	19.201	19.065
	k_3	19.156	22.776	19.067
	k_4	30.07	24.307	21.950
	极差	52.858	26.058	16.446
	因素:主→次	ABC		
	优方案	A4B4C1		

断裂能正交分析　　表 8-13

指　标	项　目	A 因素（纤维用量）	B 因素（纤维长度）	C 因素（沥青用量）
断裂能	K_1	15081	16460	26019
	K_2	18085	17425	19906
	K_3	17979	20816	13101
	K_4	25247	21691	17366
	k_1	3770	4115	6505
	k_2	4521	4356	4976
	k_3	4494	5204	3275
	k_4	6311	5423	4341
	极差	10166	5231	12918
	因素:主→次	CAB		
	优方案	C1A4B4		

不同因素水平下复合路面结构最大弯曲力、最大挠度、断裂能极差与标准偏差见统计参数表 8-14。

力学指标统计参数　　表 8-14

力学指标	统计参数			
	$\bar{x}$(平均值)	R(极差)	σ(标准偏差)	C_V(变异系数)
最大弯曲力(N)	570.73	649.4	169.27	29.7%
最大挠度(mm)	21.02	24.673	7.52	35.8%
断裂能(N/m)	4774.5	6480	1716.5	36.0%

从以上试验结果分析中可以得到如下结论：

①在整个试验中测定的断裂能，最大弯曲力、最大挠度均为下封层和沥青混合料面层复合结构总的断裂能，最大弯曲力和最大挠度。测定复合路面结构的力学指标更能反映实际

使用过程中结构的力学性能，与单独试验下封层力学性能相比，更能真实反映结构层间不同黏结状态下的抗裂性能。

②材料不同的因素水平对复合结构层的力学性能影响很大，其中最大弯曲力的极差是649.4N，标准偏差是169.27N；最大挠度的极差是24.673mm，标准偏差是7.52mm；总断裂能的极差是6480N/m，标准偏差是1716.5N/m。因此，传统的按照推荐范围或经验值来选择材料用量使得下封层性能的不确定增大，只有采用合适的设计指标进行材料的配合比设计才能保证纤维增强乳化沥青下封层达到最佳抗裂效果。

③从正交分析的试验结果来看，在最大弯曲力中，极差最大的是C因素为1309.6，其次是A因素为624.6，最后是B因素为247.2，故影响最大弯曲力的主要因素是沥青含量，其次是纤维用量，最后是纤维的长度，其中获得最大弯曲力的组合方案是C1A4B3即沥青含量为1.2 kg/m^2、纤维用量为160g/m^2、纤维长度为9cm。在最大挠度中，极差最大的是A因素为52.858，其次是B因素为26.058，最后是C因素为16.446，影响最大挠度的主要因素是纤维含量，其次是纤维长度，最后是沥青用量，其中A4B4C1组合方案破坏时的挠度值最大，此时纤维用量为160g/m^2，沥青含量为1.2kg/m^2，纤维长度为12cm。在断裂能中，极差最大的是C因素为12918，其次是A因素为10166，最后是B因素为5231，影响断裂能的因素由大到小依次是沥青含量、纤维用量、纤维长度，并且纤维长度对断裂能的影响远远小于纤维用量和乳化沥青用量，其中C1A4B4组合方案即沥青含量为1.2kg/m^2，纤维用量为160g/m^2，纤维长度为12cm时，可获得最大的断裂能。

故从以上的分析可知，沥青含量是影响最大弯曲力和断裂能的最主要因素，其次是纤维的用量，影响最小的是纤维的长度，在方案制定的用量范围内，沥青用量越少，纤维用量越多，纤维长度越长，复合路面结构具有的抗裂断裂能越大。但是如果沥青用量太少，纤维用量越多层间黏结力就会下降，下封层与上下结构层形成不连续的黏结，这样也会降低路面结构的整体强度，增加层间弯拉应力。同时纤维长度越大，分散的均匀性就越差，因此研究还需要从下封层的抗反射裂缝性能和层间黏结方面进行，进一步确定材料的最佳用量。在配合比设计中，沥青用量是下封层质量控制的关键。

2. 不同下封层试验结果与分析

(1)三点弯曲试验结果与分析

测定其他四种下封层A(改性乳化沥青下封层)、B(纤维增强乳化沥青下封层)，C(稀浆封层)、D(橡胶沥青下封层)、E(纤维橡胶沥青下封层)，三点弯曲试验测试结果如图8-24～图8-27所示。

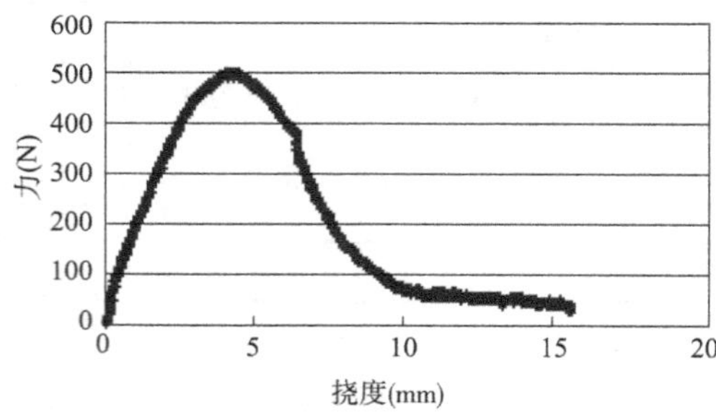

图8-24　乳化沥青下封层力与挠度曲线图

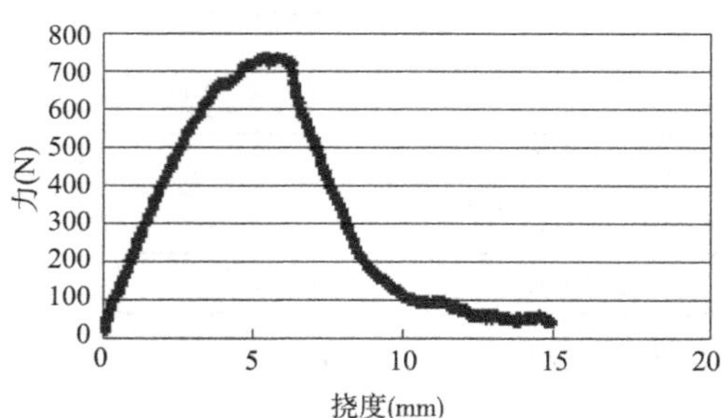

图8-25　稀浆封层力与挠度曲线图

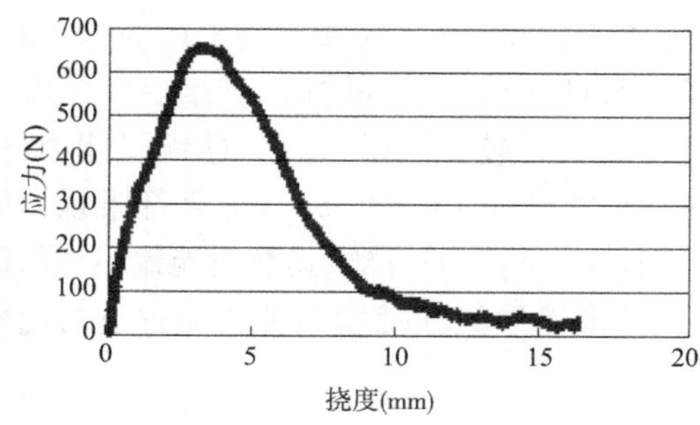

图 8-26 橡胶沥青下封层与挠度曲线图

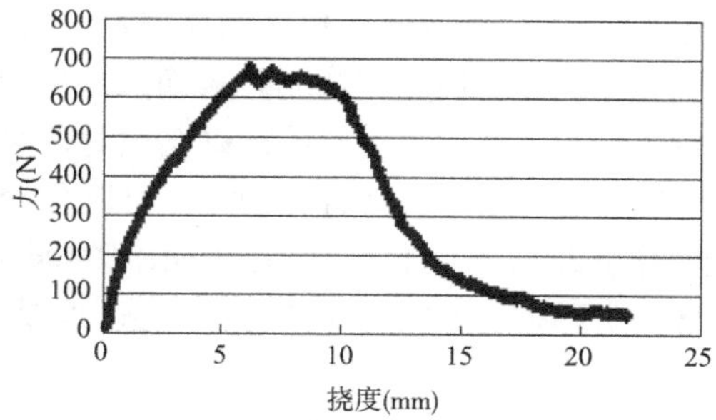

图 8-27 纤维橡胶沥青下封层力与挠度曲线图

从图 8-24 ~ 图 8-27 中可以得出，铺设各种下封层后复合路面结构的最大弯曲力，最大挠度以及断裂能如表 8-15 所示。

各下封层三点弯曲试验结果 表 8-15

编 号	最大弯曲力(N)	最大挠度(mm)	断裂能(N·mm)
A(改性乳化沥青下封层)	500	15.400	3248
B(纤维增强乳化沥青下封层)	525	30.467	5589
C(稀浆封层)	747	14.774	4715
D(橡胶沥青下封层)	650	16.10	3721
E(纤维橡胶沥青下封层)	674	22.134	7175

注：在比较分析中纤维增强乳化沥青下封层以 16 组数据中的第 11 位数据作为分析对象，即在正交试验中结果属于中偏高者。

从以上试验结构可得到如下结论：

①在几种下封层中，弯曲力最大的是铺设稀浆封层以后的复合路面结构，其次为铺设纤维橡胶沥青的复合路面结构，再次为铺设橡胶沥青复合路面结构，最小的为铺设改性乳化沥青的复合路面结构。究其原因是由于稀浆封层中加入了水泥，水泥水化以后使封层材料的强度大大增强，具有了半刚性材料的一些特性，故强度有所提高。和改性乳化沥青相比，橡胶沥青的黏度比破乳以后的改性乳化沥青大很多，因此对外力的抵抗力有所增加，而在橡胶沥青和改性乳化沥青中加入适量的纤维，由于纤维的增强和增韧作用，也一定程度上提高了下封层弯曲抵抗力。

②复合路面结构最大挠度值从大到小依次是铺设纤维增强乳化沥青下封层、纤维橡胶沥青下封层、橡胶沥青下封层、稀浆封层、改性乳化沥青下封层。需要说明的是，挠度的大小与试验参数设定的状态有很大关系，本试验设定的断裂状态为最大荷载的 5%，而实际上测试中接近材料破坏时荷载基本不发生变化而挠度持续增加，力与挠度曲线为平行线，个别试件持续的时间会很长，这样就表现为挠度过大。但是挠度值的大小客观上也反映了下封层抗变形能力，材料黏性越大，破坏时发生断裂变形挠度越大，同种材料加入纤维以后抗变形能力有所增加。

③从断裂能试验结果来看，在下封层中加入纤维以后比不加入纤维断裂能要大些，橡胶沥青中加入纤维比不加复合路面结构断裂能增加了 92.8%，一般的改性乳化沥青中加入纤维以后复合路面结构断裂能增加了 72%。这是因为下封层受到外荷载作用时，力由沥青基

体传递给纤维，纤维因变形而消耗能量，一旦沥青受拉断裂时，纤维跨接在裂缝的表面，由于纤维自身具有较强的抗拉能力从而阻止或延缓了裂缝的扩张扩展，故加入纤维后断裂能有很大程度的提高。由于橡胶沥青与改性乳化沥青相比具有较大的弹性和弹性恢复能力，因此下封层中使用橡胶沥青比使用改性乳化沥青的断裂能增加 14.6%，分别加入纤维以后断裂能增加 28.4%。稀浆封层由于水泥的加入，使其具有半刚性的特征，其断裂能比不加纤维的橡胶沥青和改性的乳化沥青都要大，但是比加入纤维以后的纤维增强乳化沥青下封层和纤维橡胶沥青下封层要小。

（2）断裂动态发展试验结果与分析

三点弯曲试验测定的铺设不同下封层以后，裂缝在复合路面结构中扩展到不同位置处的时间与应变值如表 8-16。

裂缝发展动态监控试验结果 表 8-16

试件编号	位置	断裂时间(s)	断裂时应变(με)
A（改性乳化沥青下封层）	1cm	107	8186
	3cm	125	3273
	5cm	205	-876
B（纤维增强乳化沥青下封层）	1cm	125	4638
	3cm	170.5	4770
	5cm	330.5	2188
C（稀浆封层）	1cm	159	9066
	3cm	185	2873
	5cm	237	1196
D（橡胶沥青下封层）	1cm	130	8590
	3cm	187.5	5398
	5cm	260	1453
E（纤维橡胶沥青下封层）	1cm	181	9532
	3cm	196.5	5551
	5cm	350	1765

注：纤维增强乳化沥青碎石封层试验数据选用 16 组数据中的中位数，为 B13 试件的试验结果，见表 10-1。

在铺设不同下封层后，裂缝在复合路面结构中发展到 1cm、3cm、5cm 的时间不同，裂缝发展到 1cm 时，在铺设 A（改性乳化沥青下封层）、B（纤维增强乳化沥青下封层）、C（稀浆封层）、D（橡胶沥青下封层）、E（纤维橡胶沥青下封层）的复合路面结构中所用时间分别是 107s、125s、159s、130s、181s。其中，经历时间最短的是铺设改性乳化沥青下封层，最长的是铺设纤维橡胶沥青下封层，后者为前者的 1.8 倍，在乳化沥青中加入纤维所用的时间比不加纤维增加了 16.8%，在橡胶沥青中加入纤维比不加纤维所用时间增加了 39.2%，故在下封层中加入纤维对裂缝发展的时间延缓效果影响明显。铺设稀浆封层后裂缝在混合料中发展 1cm 时所需的时间比铺设纤维橡胶沥青的小但比其他几种情况都要大，证明在裂缝发展的初期，铺设稀浆封层的阻裂效果较好，这主要是由于其刚度较其他几种下封层大。

裂缝发展到 3cm 时的规律与发展到 1cm 时的基本相似，仍然是铺设纤维橡胶沥青下封层时所用时间最长，证明其抗裂性能最好。但是，铺设橡胶沥青的情况比铺设稀浆封层的情况所用时间稍有延长，证明在裂缝发展的中期加入橡胶沥青的复合路面结构抵抗裂缝的能力比其他材料要强一些，这和橡胶沥青自身较高的弹性和弹性恢复能力有很大的关系，因此在下封层中加入橡胶沥青对应力的吸收和应力的分散作用效果明显。

裂缝发展到 5cm，接近沥青混合料面层顶部的时候，规律发生了一些变化，其中经历时间最长的仍然是铺设纤维橡胶沥青下封层的复合路面结构（为 350s），其次是铺设纤维增强乳化沥青下封层（为 330.5s），再次是铺设橡胶沥青下封层（为 260s），最后依次是稀浆封层（为 237s），改性乳化沥青下封层（为 205s），最大值与最小值之差为 145s。同时，在裂缝发展的后期，在铺设纤维增强乳化沥青下封层复合路面结构中的发展比在一般的橡胶沥青中缓慢一些，时间长了 70.5s。故纤维在阻止裂缝的发展上有很大的贡献。

图 8-28 为铺设各种下封层后裂缝在沥青混合料路面结构中从 1cm 发展到 5cm 时所经历的时间。

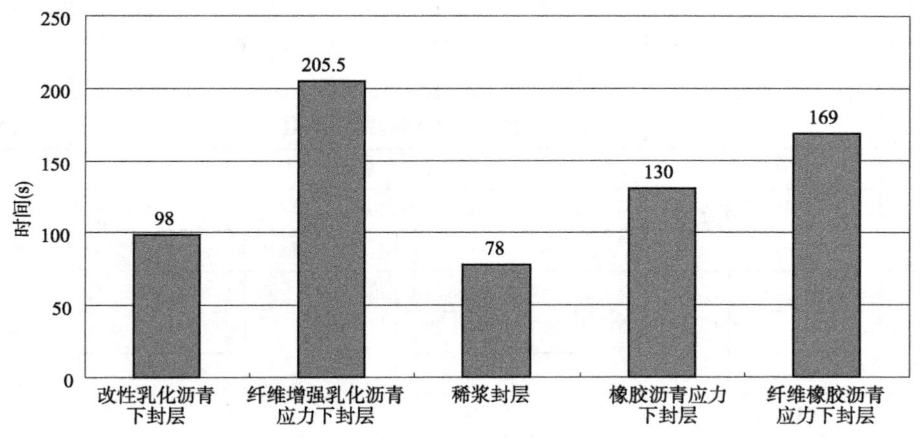

图 8-28　裂缝从 1cm 发展到 5cm 的时间

从图中可以看出，改性乳化沥青下封层中加入纤维以后，在沥青混合料复合路面结构中裂缝从 1cm 处发展到 5cm 处时经历时间增加了 109.7%；在橡胶沥青下封层中加入纤维以后，裂缝从 1cm 处发展到 5cm 处时经历时间增加了 30%，总体来说在沥青中加入纤维以后的裂缝发展速度比不加纤维的情况要慢得多，但是由于改性乳化沥青的黏度与弹性较橡胶沥青要小一些，所以这种时间的延迟在改性乳化沥青里面体现得尤为明显。也就是说，纤维对乳化沥青的增强效果更明显一些。在铺设稀浆封层后，裂缝从 1cm 处发展到 5cm 处时经历时间最短，可见裂缝一旦出现在稀浆封层混合料中，其扩散速度就会很快，表现出一定的脆性破坏特征。

从以上分析可以得出，作为阻止基层裂缝扩展的下封层，无论是断裂能大小，还是裂缝在复合路面结构中的发展速度，铺设纤维橡胶沥青的效果都最好，其次是纤维增强乳化沥青，可见纤维对裂缝尖端应力的扩散效果明显，起到了很好的阻裂作用。稀浆封层对比改性乳化沥青下封层、橡胶沥青下封层，在最大弯曲力和断裂能上有优势，但是在阻止裂缝的发展方面不及改性乳化沥青下封层和橡胶沥青下封层，而橡胶沥青下封层与改性乳化沥青下封层相比，具有的断裂能更大，抗裂性能也更好。

第四节　断裂参数的温度敏感性分析

铺设不同下封层后的沥青混合料复合路面结构力学性能受温度影响很大,高温下呈现黏弹性,低温下呈现准脆性。故研究不同温度下复合路面结构试件断裂参数,有助于拓展对下封层温度适应性的认识,评价其低温抗裂性能。在《公路工程沥青及沥青混合料试验规程》中,评价沥青混合料低温拉伸及抗裂性性能时,采用的试验温度为 -10℃ ±0.5℃。本试验主要研究 25℃、15℃、0℃、-10℃、-20℃时复合路面结构的断裂参数,建立温度与各断裂参数(弯曲力、挠度、断裂能)的关系曲线。

一、不同温度下三点弯曲断裂参数

试件制作方法与常温下试件相同,纤维增强乳化沥青下封层组成材料用量比例为:沥青用量 1.8kg/m^2、纤维用量 100g/m^2、纤维长度取 6cm(本研究范围中值),将成型好的试件放入低温恒温恒湿箱,在规定的温度下至少保温 6h 以上,取出按第八章第三节的试验方法进行试验,每个温度至少做 3 次平行试验,取平均值作为试验结果。试验结果见表 8-17。

不同温度下复合路面结构断裂参数　　表 8-17

温　度	指　标					
	最大弯曲力(N)		最大挠度(mm)		断裂能(N·mm)	
	指标	平均值	指标	平均值	指标	平均值
25℃	615	525	22.45	26.30	5849	5704
	496		27.66		5636	
	464		28.87		5627	
15℃	1025	946	19.76	21.15	10380	9456
	954		22.43		9765	
	859		21.26		8223	
0℃	3042	3246	11.42	12.36	14329	16259
	3350		12.58		16320	
	3346		13.08		18128	
-10℃	4832	5036	6.49	7.55	8609	13025
	4970		7.73		14146	
	5306		8.43		16320	
-20℃	5786	6042	2.24	2.16	2743	2847
	6120		2.18		2873	
	6220		2.06		2925	

二、最大弯曲力与温度关联性

以温度为横坐标,三点弯曲试验得到的复合路面最大弯曲力为纵坐标,建立最大弯曲力与温度的关系曲线,如图 8-29 所示。

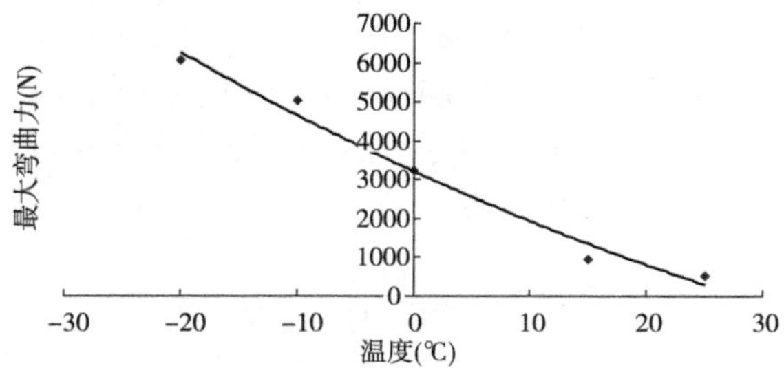

图 8-29 复合路面最大弯曲力与温度关系曲线

由上述曲线可知，随着温度逐渐降低，复合路面结构的最大弯曲力逐渐增加，从 25℃降温到 15℃时，弯曲力增加了 80%；从 15℃降温到 0℃时，弯曲力增加了 243%，从 0℃降温到 -10℃时，弯曲力增加了 55%，从 -10℃降温到 -20℃时，弯曲力增加了 20%。故 0 ~ 15℃是复合路面结构弯曲力变化的敏感区。

三、最大挠度与温度的关联性

以温度为横坐标，三点弯曲试验得到的复合路面最大挠度为纵坐标，建立最大挠度与温度的关系曲线，如图 8-30 所示。

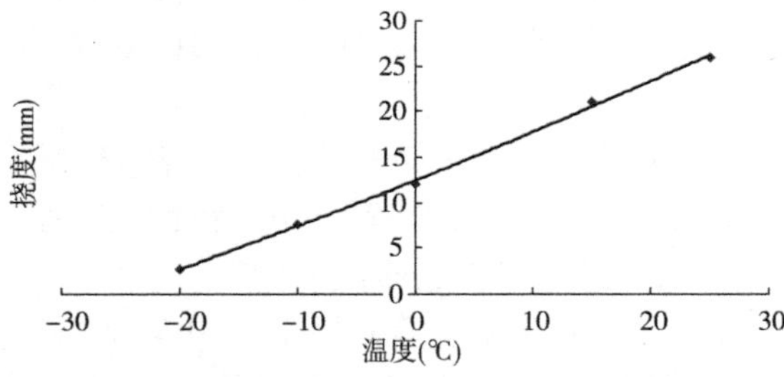

图 8-30 不同温度下复合路面结构断挠度

随着温度降低，复合路面结构跨中最大挠度值逐渐减小，所有测定值基本在一条回归线上，温度与最大挠度表现出很好的相关性。在 -20℃时，破坏时挠度值仅为 2.16mm，几乎呈现脆性断裂。

四、断裂能与温度关联性

以温度为横坐标，三点弯曲试验得到的复合路面断裂能为纵坐标，建立断裂能与温度的关系曲线，如图 8-31 所示。

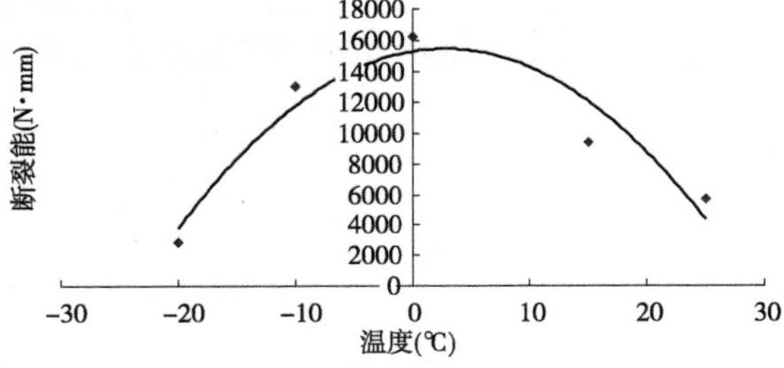

图 8-31 不同温度下复合路面结构断裂能

随着温度的降低，复合路面结构的断裂能先增加后减小，其原因是在降温过程中沥青混合料复合路面结构由黏弹性逐渐过渡到准脆性，力与挠度曲线包围的面积形状出现复杂化，弯曲力的突变点增加，使得断裂能的变化规律性降低，因此建立不同温度下的断裂能参数关系曲线需要缩短温度间隔步长增加测试点。

本 章 小 结

本章通过弯曲断裂能试验分析了纤维增强乳化沥青下封层在三个因素（纤维用量、纤维长度、沥青用量）四水平下的断裂参数，采用正交试验分析法得出影响断裂参数大小的关键因素以及材料的优化组合，同时还对比了不同下封层材料（改性乳化沥青下封层、稀浆封层、橡胶沥青下封层、纤维橡胶沥青下封层）的断裂性能指标，建立温度与断裂参数的关系曲线，得到了如下的结论：

（1）影响复合路面结构最大弯曲力的主要因素是沥青含量，其次是纤维用量，最后是纤维的长度，其中获得最大弯曲力的组合方案是 C1A4B3，即沥青含量为 1.2kg/m^2、纤维用量为 160g/m^2、纤维长度为 9cm。

（2）影响最大挠度的主要因素是纤维含量，其次是纤维长度，最后是沥青用量，其中 A4B4C1 组合方案破坏时的挠度值最大，此时纤维用量为 160g/m^2、沥青含量为 1.2kg/m^2、纤维长度为 12cm。

（3）影响断裂能的因素由大到小依次是沥青含量、纤维用量、纤维长度，并且纤维长度对断裂能的影响远远小于纤维用量和乳化沥青用量，沥青含量为 1.2kg/m^2、纤维用量为 160g/m^2、纤维长度为 12cm 时，可获得最大断裂能。

（4）沥青含量是影响最大弯曲力和断裂能的最主要因素，其次是纤维的用量，影响最小的是纤维的长度，从方案制定的情况来看，沥青用量越少、纤维用量越多、纤维长度越长，复合路面结构具有的抗断裂性能越强。

（5）无论从断裂能大小还是从裂缝在复合路面中的发展速度来看，铺设纤维橡胶沥青抗裂效果最好，其次是纤维增强乳化沥青，故基体中加入短纤维对裂缝尖端应力有明显的扩散效果。

（6）稀浆封层和一般的改性乳化沥青下封层和橡胶沥青下封层相比，在最大弯曲力和断裂能上有优势，但是裂缝一旦出现在稀浆封层复合路面结构中，其扩散速度会很快。

（7）随着温度降低，复合路面结构的最大弯曲力增加，最大挠度值减小，复合路面结构的断裂能先增加后减小，降温过程中复合路面结构由黏弹性逐渐过渡到准脆性，力与挠度曲线包围的面积形状出现复杂化，力的突变点增加，使得断裂能变化的规律性降低。

第九章　FR-SAMI 路用性能试验研究

铺设下封层后的复合路面结构性能除了和断裂能有关以外，还受到其他力学指标的影响，理论分析表明下封层的厚度、模量、与路面结构的层间黏结状态，以及加铺层的厚度等对整个复合路面结构的强度和使用寿命都有明显影响。本章就纤维增强乳化沥青下封层在不同因素水平下的层间剪切力、层间拉拔黏结力，竖向周期荷载下抗反射裂缝作用次数进行正交试验分析，得出影响这些路用性能指标的主次因素和最佳用量组合，并就几种常用的下封层进行上述路用性质指标对比。

第一节　层间剪切性能试验

一、剪切试件材料组成及成型方式

1. 层间剪切试件材料组成

层间剪切试件的材料要求及正交试验方法设计与配比和断裂能试验相同见第八章第一、二节。

2. 层间剪切试件成型

层间剪切试验试件的尺寸与制作方法与断裂能试验试件的成型方法一致，只是浇筑垫层底板混凝土时不需要设置预裂缝，将成型好的试件放在切割机上，切割方向迎着碾压成型的方向，将试件加工成 50 mm × 100 mm × 100mm，剪切试件的成型过程见图 9-1、图 9-2。

图 9-1　剪切试件的切割

图 9-2　成型的剪切试件

二、层间剪切试验原理

路面结构在受到汽车荷载反复作用时，特别是车辆行驶过程中的加减速及制动会在路面结构层之间会产生较大的剪应力，如果下封层与面层和基层的黏结力不足会导致层间分离,以及引起面层底部的拉应力集中,从而加速路面材料的疲劳开裂,最终导致整个路面结构失稳[153]。目前,评价下封层与路面结构层之间黏结性能好坏的指标主要为层间剪切力和拉拔黏结力。

三、35°斜剪切测试过程

剪切试验中采用35°斜剪[154],自制夹具,外形见图9-3。试验在数显路面强度材料仪上进行,试验前将加工好的试件放入要求温度(25℃ ±1 ℃)中保温6h,然后取出安放在夹具中,放入试验机,剪切速率控制在50mm/min[155-157],考虑到温度对层间剪切力的影响,要求开动试验机开始试验与取出试件的时间间隔不超过5s,记录试验过程中的最大压力。剪切试验过程见图9-3。

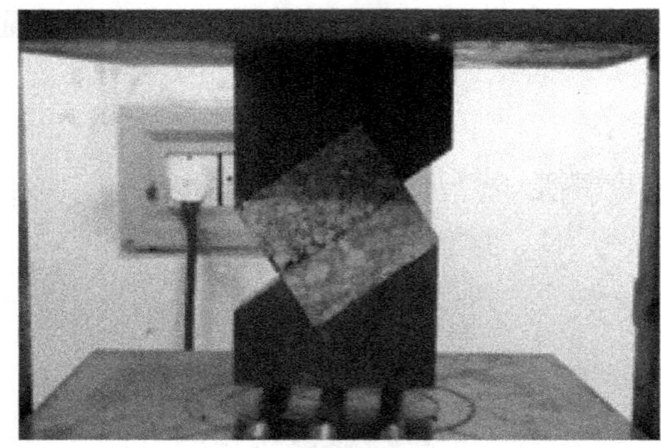
a)剪切前

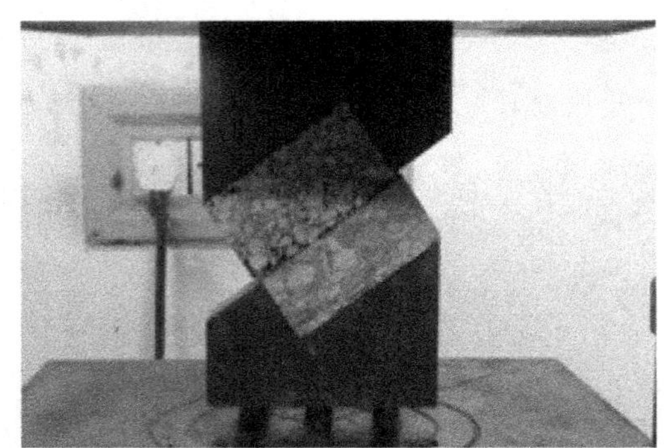
b)剪切破坏后

图9-3　试件剪切过程

四、层间剪切试验结果与分析

1. 相同材料不同因素水平试验结果与分析

每组取3个平行试件进行试验,结果取平均值。当试件破坏时荷载为F,层间抗剪强度τ时,可用式(9-1)进行计算。

$$\tau = \frac{F}{A}\sin\alpha \tag{9-1}$$

式中,τ为抗剪强度(MPa);F为竖向加载力(N);A为剪切面的接触面积(m^2);α为斜剪角度(°),取35°。

层间剪切试验计算结果如表9-1所示。

不同因素水平下的剪切强度值　　表9-1

试验号	因素			评价指标
	A 纤维用量(g/m^2)	B 纤维长度(cm)	C 改性乳化沥青的用量(kg/m^2)	25℃剪切强度(MPa)
B1	40	3	1.2	1.053
B2	40	6	1.6	1.067
B3	40	9	2.0	0.836
B4	40	12	2.4	1.116

续上表

试验号	因素			评价指标
	A 纤维用量(g/m^2)	B 纤维长度(cm)	C 改性乳化沥青的用量(kg/m^2)	25℃剪切强度(MPa)
B5	80	3	1.6	1.185
B6	80	6	1.2	1.058
B7	80	9	2.4	1.173
B8	80	12	2.0	1.256
B9	120	3	2.0	1.205
B10	120	6	2.4	0.789
B11	120	9	1.2	0.812
B12	120	12	1.6	1.040
B13	160	3	2.4	1.002
B14	160	6	2.0	1.149
B15	160	9	1.6	0.945
B16	160	12	1.2	0.795

对上述试验数据进行正交分析,分析结果见表 9-2。

剪切强度正交分析 表 9-2

指标	项目	A 因素(纤维用量)	B 因素(纤维长度)	C 因素(沥青用量)
剪切强度	K_1	4.072	4.445	3.717
	K_2	4.672	4.063	4.237
	K_3	3.846	3.766	4.446
	K_4	3.891	4.207	4.080
	k_1	1.018	1.111	0.929
	k_2	1.168	1.016	1.059
	k_3	0.962	0.941	1.111
	k_4	0.973	1.052	1.020
	极差	0.826	0.679	0.729
	因素:主→次	ACB		
	优选方案	A2C3B1		

从以上试验结果可以得出如下结论:

(1)正交试验极差分析结果表明,影响纤维增强乳化沥青下封层层间抗剪强度的主要因素是 A 因素(纤维用量),其次是 C 因素(沥青用量),最后是 B 因素(纤维长度)。纤维用量与沥青用量有相对关系,最终可以表示为纤维单位比较面积下的沥青用量,这个指标是影响抗剪强度的关键因素,因此配合比设计中应该作为关键指标。

(2)纤维增强乳化沥青下封层与路面结构之间获得最大剪切力的方案为 A2C3B1,即纤维用量为 $80g/m^2$、纤维长度为 3cm、改性乳化沥青用量为 $2.0kg/m^2$。纤维用量与沥青用量均处于因素水平的中等值,纤维与沥青用量太多或太少都会使层间剪切强度降低。获得最大层间剪切强度时纤维长度则是处于因素水平下限，即纤维长度越短，层间剪切强度越大，这和不同长度纤维分散性有很大的关系，一般纤维越短在乳化沥青中分散性均匀性越好。因此，施工中纤维分散的均匀性是获得最佳阻力效果的保证之一。

2. 不同下封层抗剪性能对比分析

试验中对比几种不同下封层A（改性乳化沥青下封层）、B（纤维增强乳化沥青下封层）、C（稀浆封层）、D（橡胶沥青下封层）、E（纤维橡胶沥青下封层）与路面结构的层间剪切力。在影响层间剪应力的因素中，本节主要考虑不同温度（常温25℃、高温60℃）。为了避免试验中误差可能对试验结果的准确性产生影响，每种下封层在各个温度下做3组平行试验，最后求取平均值，试验中温度条件控制在(25±1)℃和(60±1)℃，剪切速率为50mm/min。试验测定得到各下封层与路面结构层间剪切强度见表9-3，直观对比图见图9-4。

不同下封层抗剪强度比较 表9-3

材料类型	25℃抗剪强度(MPa)	60℃抗剪强度(MPa)
A（改性乳化沥青下封层）	1.115	0.513
B（纤维增强乳化沥青下封层）	1.149	0.525
C（稀浆封层）	0.993	0.516
D（橡胶沥青下封层）	1.155	0.594
E（纤维橡胶沥青下封层）	1.161	0.596

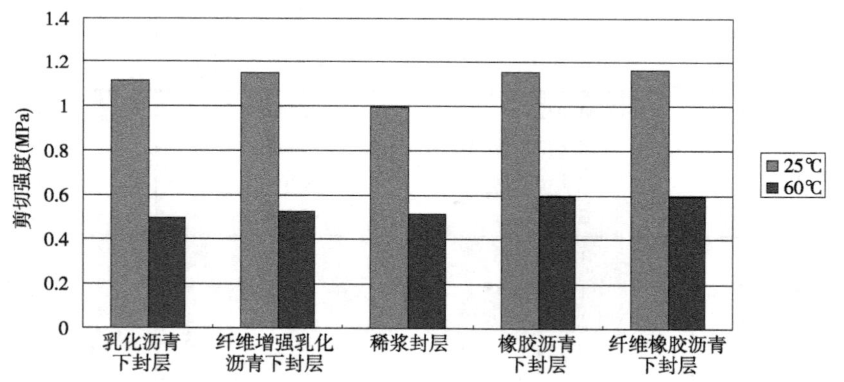

图9-4 不同下封层抗剪强度直观对比图

注：纤维增强乳化沥青碎石封层25℃抗剪强度采用16组数据中的11位数据值，相应的配比做60℃抗剪强度试验。

分析不同下封层剪切试验结果可知：

（1）在25℃常温下，抗剪强度最好的是纤维橡胶沥青下封层，其次是橡胶沥青下封层，再次是纤维增强乳化沥青下封层，最差的是稀浆封层。抗剪强度最大的纤维橡胶沥青比抗剪强度最小的稀浆封层高出16.9%。在乳化沥青中加入纤维以后层间抗剪强度提高3.0%，在橡胶沥青中加入纤维以后层间抗剪强度提高0.5%，因此下封层中加入纤维对提高层间剪切力帮助不大。

（2）试验温度为60℃时，抗剪强度的大小规律发生了一定的变化，最大的仍然是纤维橡胶沥青下封层，其次是橡胶沥青下封层，纤维增强乳化沥青下封层再次之，最差的是改性乳化沥青下封层。抗剪强度最大的纤维橡胶沥青比抗剪强度最小的改性乳化沥青高出

20.8%。加入纤维前后，高温下乳化沥青下封层层间抗剪强度提高 2.3%，橡胶沥青下封层层间抗剪强度提高 0.3%。因此在高温条件下加入纤维对提高层间抗剪强度比常温条件下稍微小一些，但这些影响几乎可以忽略。

(3)不同温度对下封层层间抗剪强度的影响很大，温度越高抗剪强度越低。温度从25℃升高到60℃，改性乳化沥青下封层降低 0.602MPa，纤维增强乳化沥青下封层降低了 0.624MPa，稀浆封层降低了 0.477MPa，橡胶沥青下封层降低了 0.561MPa，纤维橡胶沥青下封层降低了 0.565MPa。基体材料稳定的下封层，受到温度影响相对小些，同种基体材料加入纤维以后，对温度稳定性改善的影响几乎可以忽略。

在以往的研究中，不同研究者得出不同下封层层间剪切性能试验结果有较大的差异，有研究得出纤维对提高层间斜剪强度无益，无纤维时层间斜剪强度最大，高温下改性乳化沥青下封层的层间抗剪强度比橡胶沥青下封层的抗剪切强度大[158]，相同材料的层间剪切强度值差异也很大。出现这种试验差异的原因除了采用的剪切设备和剪切角度不一样以外，还有就是材料用量选取不一致，特别是针对纤维加入基体材料以后对抗剪切性能的影响，选用单一水平，很难有确切的结论，更合理的指标是采用纤维单位比较面积下的沥青用量来评价。

综上看来，不同下封层层间抗剪强度有很大的不同，材料使用过程中除了考虑材料常温下的层间抗剪强度以外，还必须考虑使用过程中温度变化对层间抗剪切性能的影响，因此下封层的配合比设计中温度气候分区需纳入设计体系中。同时，配合比设计中除了对材料的绝对用量进行设计以外，纤维单位比表面积下的沥青用量也应该作为考虑的因素。

第二节　层间拉拔黏结性能试验

一、层间拉拔试件材料组成及成型方式

1. 层间拉拔试验试件材料组成

层间剪切试件的材料要求及正交试验方法设计与配比和断裂能试验相同，见第八章第一、二节。

2. 层间拉拔试验试件成型

制作拉拔试验试件，第一步成型含下封层的复合路面结构，尺寸与成型方式如断裂能试验，唯一区别在于垫层混凝土底板没有预裂缝。将制作好的试件在室温下养护 48h，然后用取芯机钻取芯样，取芯机的钻孔内径为 10cm（拉头直径为 10cm），钻取芯样时要钻至垫层混凝土板顶面深度以下部分但不钻穿。

在剪切试验和拉拔试验中，纤维增强乳化沥青下封层与路面结构的层间黏结性能除了与下封层材料有关以外，路面结构的光滑程度和孔隙率对黏结性能也有影响，为避免混凝土板过于光滑，须在终凝前在其表面拉毛，但必须保证在每组试件中采用相同的表面结构，以消除结构表面性能不同而导致试验结果的差异性。

二、层间黏结力试验原理

层间拉拔试验主要是通过对拉拔强度的测定来评价下封层与路面结构层间黏结性。

理论计算表明沥青面层和纤维增强乳化沥青下封层之间处于完全滑动状态，虽然沥青混合料面层底部应力强度因子减小，但是层间的不连续接触使基层底弯拉应力增加3倍左右，将同时加速路面的损伤断裂，因此从路面结构的整体性考虑，应该保持层间良好的黏结性能。

三、层间拉拔试验测试过程

拉拔试验采用自制拉拔夹头，试验中保持沥青混合料上面层洁净和平整，采用环氧树脂黏胶将夹头黏贴在试件表面上，然后放置于温度为(30±1)℃标准试验条件下，时间不少于6h，使用智能黏结强度仪对试件进行拉拔试验，拉力方向垂直于试件，拉拔速率控制为2mm/min，试验机开始测试时与取出试件的时间间隔不超过5s(防止温度变化)，开动试验机直到黏结面破坏，试验中破坏断面必须是下封层处，若从夹头黏结处破坏或是从基层材料内部破坏，试验需重做。记录黏结破坏时的最大荷载，试验过程见图9-5。

a)拉拔前

b)拉拔破坏后

图9-5　拉拔试验过程

四、层间拉拔试验结果与分析

1. 相同材料不同因素水平试验结果与分析

每组取3个平行试件进行试验，结果取平均值。黏结强度按式(9-2)计算：

$$\sigma = \frac{F}{A} \tag{9-2}$$

式中：σ 为黏结强度(MPa)；F 为破坏荷载(N)；A 为试件黏结面积(mm^2)。

计算得到的不同因素水平下的黏结强度如表9-4所示。拉拔黏结强度正交分析见表9-5。

不同因素水平下黏结强度　　表9-4

试验号	因素			指标
	A 纤维用量(g/m^2)	B 纤维长度(cm)	C 改性乳化沥青的用量(kg/m^2)	30℃黏结强度(MPa)
B1	40	3	1.2	0.245
B2	40	6	1.6	0.250

续上表

试验号	因素			指标
	A 纤维用量(g/m^2)	B 纤维长度(cm)	C 改性乳化沥青的用量(kg/m^2)	30℃黏结强度(MPa)
B3	40	9	2.0	0.283
B4	40	12	2.4	0.254
B5	80	3	1.6	0.412
B6	80	6	1.2	0.351
B7	80	9	2.4	0.291
B8	80	12	2.0	0.362
B9	120	3	2.0	0.450
B10	120	6	2.4	0.237
B11	120	9	1.2	0.280
B12	120	12	1.6	0.368
B13	160	3	2.4	0.190
B14	160	6	2.0	0.220
B15	160	9	1.6	0.204
B16	160	12	1.2	0.182

拉拔黏结强度正交分析 表 9-5

指标	项目	A 因素(纤维用量)	B 因素(纤维长度)	C 因素(沥青用量)
最大挠度	K_1	1.012	1.297	1.058
	K_2	1.416	1.058	1.234
	K_3	1.335	1.058	1.315
	K_4	0.796	1.166	0.972
	k_1	0.253	0.324	0.265
	k_2	0.354	0.265	0.309
	k_3	0.334	0.265	0.329
	k_4	0.199	0.292	0.243
	极差	0.155	0.059	0.086
	因素:主→次	ACB		
	优选方案	A2C3B1		

从以上拉拔试验正交分析试验结果可以得出:

(1)影响纤维增强乳化沥青下封层拉拔黏结力大小的最主要因素是纤维用量,其次是沥青用量,最后是纤维长度,确定纤维用量和沥青用量的最佳指标是单位纤维比表面积下的沥青用量,试验结果与剪切试验类似。

(2)获得最大黏结强度的组合是 A2C3B1,即纤维用量为 $80g/m^2$,纤维长度为 3cm,改性乳化沥青用量为 $2.0kg/m^2$,此时纤维用量与沥青用量均处于因素水平的中等值。纤维用量越多层间拉拔黏结越差,因为纤维越多比较面积越大,吸附的沥青越多,而起黏结基层和面层的沥青越少,这与断裂能试验得到的结论:沥青用量越少,纤维用量越多,纤维长度越长,复合路面结构具有的断裂能越大,有相矛盾的地方,因此配合比设计中应该综合权衡。

(3)拉拔试验受到温度影响比较大,试验中选择 30℃ 主要是考虑这个温度与试验期间空气温度比较的一致,这样测试的结果值比较的稳定,而试验中主要对材料的相对值进行比较分析。

2. 不同下封层拉拔黏结性能对比分析

通过拉拔试验对不同下封层拉拔黏结强度进行对比分析,拉拔试验的方法同上,黏结强度结果见表 9-6、图 9-6。

不同下封层黏结强度比较 表 9-6

材料类型	30℃黏结强度(MPa)
A(改性乳化沥青下封层)	0.290
B(纤维增强乳化沥青下封层)	0.291
C(稀浆封层)	0.265
D(橡胶沥青下封层)	0.395
E(纤维橡胶沥青下封层)	0.380

注:纤维增强乳化沥青下封层黏结强度试验结果采用 16 组数据中的 11 位数据值。

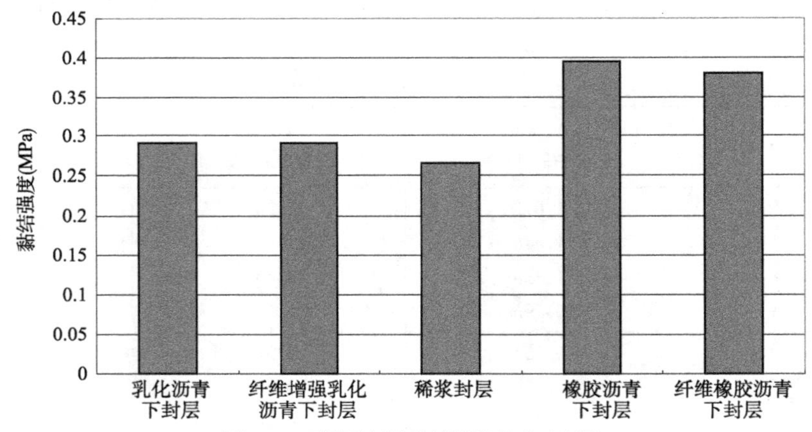

图 9-6 不同下封层黏结强度直观对比图

由以上的拉拔试验结果可以得出:

(1)在五种下封层中与路面结构黏结性能最好的是橡胶沥青,其次是纤维橡胶沥青,以后依次是纤维增强乳化沥青和乳化沥青,最差的稀浆封层。最好的橡胶沥青层间黏结强度是稀浆封层黏结强度的 1.49 倍。

(2)在改性乳化沥青中加入纤维以后黏结力提高了 0.3%,在橡胶沥青中加入纤维以后强度反而下降了 3.9%,因此在同一种下封层中加入纤维对黏结性能的提高帮助不大,如果纤维用量偏多,还可能会降低。

第三节 竖向周期荷载下抗反射裂缝性能试验

路面在车轮竖向周期变动荷载作用下,一直处在应力和应变周期交替变化状态,这样会导致路面结构强度逐渐衰减，当荷载强度超过衰减后的路面结构抗力，疲劳开裂破坏便随之而产生。据调查，疲劳开裂是目前沥青路面破坏的主要模式之一，也成为沥青路面结构设计中应该主要考虑的因素[159]。本节采用改进的车辙试验评价铺设不同用量的纤维乳化沥青下封层，以及不同类型下封层在竖向周期变动荷载作用下复合路面结构的抗反射裂缝能力，同时考虑下封层厚度和加铺层厚度对抗反射裂缝能力的影响。

一、抗反射裂缝性能复合试件材料组成及成型方式

1. 抗反射裂缝性能试验材料组成

抗反射裂缝性能试验试件的材料要求及正交试验方法设计与配比和断裂能试验相同，见第八章第一、二节。

2. 抗反射裂缝性能试验试件成型

抗反射裂缝性能试验复合路面结构试件成型的方法与断裂能试验完全相同，试件尺寸30cm×30cm×10cm，底部预留3mm宽的裂缝，模拟半刚性基层的预裂缝。

二、抗反射裂缝性能评价方法

考虑到反射裂缝一般为横向裂缝，试验主要分析半刚性基层横向裂缝在车轮荷载重复作用下，经下封层后在沥青混合料面层中产生、扩展及最后贯穿的情况。横向裂缝在车轮荷载作用过程中，面层和下封层的受力分为三个状态，即车辆荷载位于裂缝一侧时的偏荷载，产生剪切力；位于裂缝正上方的对称荷载，产生弯拉应力，当车辆驶过裂缝时与第一种情况相同，只是方向相反[160]。在剪应力和弯拉应力交替作用下，会促使基层裂缝向上扩展而使路面结构发生破坏。

为了评价下封层抗弯拉型和剪切型反射裂缝能力，可以对沥青混合料车辙试验系统进行改造[161-164]，实现裂缝扩展过程模拟，比较纤维增强乳化沥青下封层不同因素水平下，以及铺设不同下封层后，复合路面结构抗反射裂缝性能。验证不同下封层厚度和沥青混合料加铺层厚度对抗反射裂缝能力的影响。试验装置如图9-7所示。

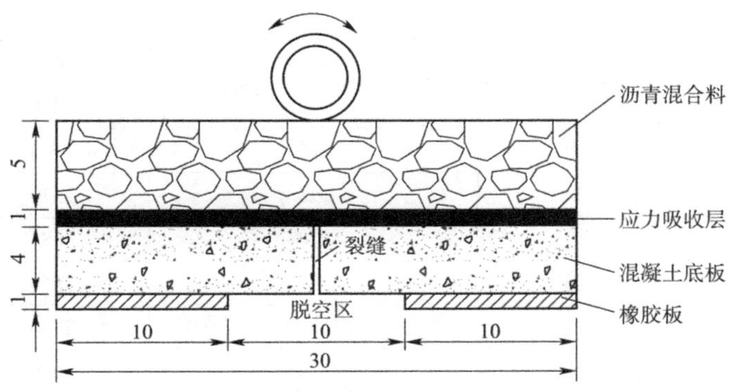

图9-7　反射裂缝的试验模型(尺寸单位：cm)

三、改进车辙仪加载测试过程

首先在底部加铺一层1cm厚的橡胶板(模拟实际路面下的柔性土基)，将铺设有不同下

封层的复合路面结构(制作方法与断裂能试验相同)放置于橡胶板上,一起置于已达到试验温度15℃的恒温箱内,保温6h。将车辙试验机内温度调整为15℃,然后把保温后的试件连同试模与橡胶板一起放置于车辙试验机内,将测试轮放置在沥青混合料表面的中部位置,试验中试验轮行走的方向垂直于预裂缝的方向(主要考虑实际中半刚性基层以横向裂缝为主)。启动试验机,此时关闭车辙变形记录仪,试验轮在复合路面结构试件表面往返行走,车辙记录仪自动记录试验轮往返作用次数和环境温度。

图9-8　车辙仪加载

观察铺设不同下封层后,沥青混合料表面开始出现裂缝以及裂缝明显贯穿于试件表面时,试验轮往返行走的次数。相同试验方案,一组平行试验至少有2个试件,取平均值作为最后试验结果,若两次试验值偏差较大,可补做一组试件,取三组数据中结果较为接近的两组取平均值。试验测试过程如图9-8所示。

四、出现初期裂缝与贯穿裂缝作用次数分析

1. 相同材料不同因素水平试验结果与分析

试验测试出纤维增强乳化沥青下封层在不同因素水平下的抗反射裂缝作用次数结果,如表9-7所示。

抗反射裂缝试验结果　　表9-7

试验号	因素			评价指标	
	A 纤维用量 (g/m²)	B 纤维长度 (cm)	C 改性乳化沥青的用量 (kg/m²)	有效试验结果(次)	
				初裂	贯穿裂缝
B1	40	3	1.2	2985	9832
B2	40	6	1.6	3250	11838
B3	40	9	2.0	2543	9230
B4	40	12	2.4	2856	10258
B5	80	3	1.6	3620	13647
B6	80	6	1.2	3020	10530
B7	80	9	2.4	2745	9760
B8	80	12	2.0	2530	8635
B9	120	3	2.0	3286	12949
B10	120	6	2.4	3656	13350
B11	120	9	1.2	2910	10870
B12	120	12	1.6	3576	13230
B13	160	3	2.4	3270	12680
B14	160	6	2.0	4080	14243
B15	160	9	1.6	3130	11985
B16	160	12	1.2	2760	8960

抗反射裂缝作用次数正交分析结果如表 9-8 所示。

抗反射裂缝作用次数正交分析结果　　表 9-8

指标	项　目	A 因素（纤维用量）	B 因素（纤维长度）	C 因素（沥青用量）
贯穿裂缝	K_1	41158	49108	40192
	K_2	42572	49961	50700
	K_3	50399	41845	45057
	K_4	47868	41083	46048
	k_1	10289	12277	10048
	k_2	10643	12490	12675
	k_3	12599	10461	11264
	k_4	11967	10270	11512
	极差	2310	2220	2627
	因素:主→次	CAB		
	优选方案	C2A3B2		

从以上试验结果分析，可以得出如下结论：

(1)在既定的用量范围内，纤维增强乳化沥青下封层在不同配比用量下，抗反射裂缝作用次数差异比较大，表面开始初裂时的有效试验结果中最大值与最小值相差 1.60 倍，出现贯穿裂缝时的有效试验结果中最大值与最小值相差 1.65 倍。可见，下封层用量的选择对复合路面结构抗反射裂缝性能影响很大。

(2)影响纤维增强乳化沥青下封层复合路面结构贯穿裂缝发展快慢的主要因素为沥青用量，其次是纤维用量，最后是纤维长度。竖向周期荷载作用下抗反射裂缝性能试验模拟的是复合路面结构在剪切力和弯拉力共同作用下抗反射裂缝能力，沥青用量的多少关系材料层间黏结和抗剪切能力，而纤维用量的多少关系到对沥青基体材料的增强效果从而影响抗弯拉能力，因此沥青与纤维的相对用量关系决定了反射裂缝发展的快慢。

(3)从正交分析试验结果可以看出获得最佳的抗反射裂缝性能的材料用量组合是 C2A3B2，即纤维用量为 $120g/m^2$，纤维长度为 6cm，改性乳化沥青用量为 $1.6kg/m^2$。这个试验结果符合大多数研究者建议使用值，实际中单单采用这个指标来对材料用量进行选择还不够全面，应该建立裂缝动态发展规律与各个力学指标的关联度，综合确定配合比设计的参数。

2. 不同下封层抗裂性能对比分析

试验测试得出不同下封层在竖向周期荷载作用下抗反射裂缝试验结果，如表 9-9 所示。不同封层材料抗反射裂缝试验结果直观对比如图 9-9 所示。

不同下封层抗反射裂缝试验结果　　表 9-9

材料类型	有效试验次数(次)	
	初裂	贯穿裂缝
A(改性乳化沥青下封层)	2385	5320
B(纤维增强乳化沥青下封层)	3270	12680

续上表

材料类型	有效试验次数(次)	
	初裂	贯穿裂缝
C(稀浆封层)	3650	7250
D(橡胶沥青下封层)	3120	10010
E(纤维橡胶沥青下封层)	4070	13520

注:纤维增强乳化沥青下封层试验结果采用 16 组数据中的 11 位数据值。

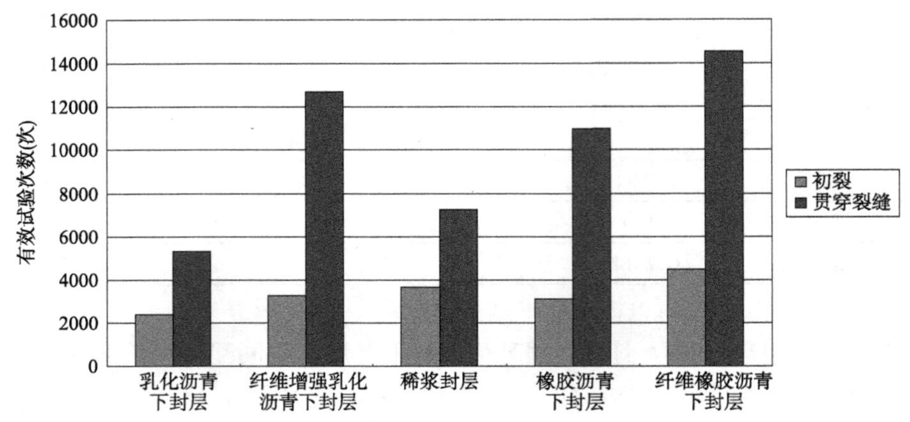

图 9-9 不同封层材料抗反射裂缝试验结果直观对比图

从以上试验结果分析可以得出如下结论:

(1)在铺设五种不同下封层后,复合路面结构中出现初裂时荷载作用次数由大到小依次是纤维橡胶沥青下封层、稀浆封层、纤维增强乳化沥青下封层、橡胶沥青下封层、乳化沥青下封层、最大值是最小值的 1.71 倍。出现贯穿裂缝时,荷载作用次数由大到小依次是纤维橡胶沥青下封层、纤维增强乳化沥青下封层、橡胶沥青下封层、稀浆封层、乳化沥青下封层,最大值是最小值的 2.54 倍。

(2)铺设稀浆封层的复合路面结构出现初期裂缝的作用次数较大,而出现贯穿裂缝的作用次数值最小,说明稀浆封层作为具有半刚性性质下封层在阻止初期裂缝方面有优势,一旦裂缝出现在路面结构中,其发展会很快,这与断裂能试验中裂缝动态监控发展规律一致。

(3)下封层基体材料黏度对复合路面结构抗反射裂缝性能有一定影响,铺设橡胶沥青的复合路面结构出现初期裂缝作用次数是铺设乳化沥青复合路面结构的 1.31 倍,出现贯穿裂缝时为 1.88 倍。铺设纤维橡胶沥青的复合路面结构出现初期裂缝作用次数是铺设纤维增强乳化沥青复合路面结构的 1.24 倍,出现贯穿裂缝时为 1.07 倍。

(4)在改性乳化沥青中加入纤维后,复合路面出现初期裂缝作用次数增加了 37.1%,出现贯穿裂缝作用次数增加了 138.2%;在橡胶沥青中加入纤维以后复合路面出现初期裂缝作用次数增加了 30.4%,出现贯穿裂缝作用次数增加了 35.1%。因此在同一种材料中加入纤维后抗反射开裂能力有所提高,基体材料黏度偏低,提高的程度更大。

3. 下封层厚度对抗反射裂缝作用次数影响

第五章有限元计算表明,纤维增强乳化沥青下封层厚度不同,沥青面层底部的应力强度因子大小也有差异,厚度越大,应力强度因子越小。以下采用试验验证纤维增强乳化沥青下封层厚度对抗反射裂缝性能的影响。

纤维增强乳化沥青下封层厚度的关键因素为封层碎石的粒径,一般情况下纤维与乳化沥青薄膜的厚度为 1 ~ 1.5mm,碎石粒径 2.36 ~ 4.75mm 或 4.75 ~ 9.5mm 两类碎石,因此形成的下封层厚度在 4 ~ 10mm。试验中分别撒布两类碎石形成两组不同厚度下封层复合路面结构,采用的材料用量选择正交试验中获得最佳抗反射裂缝性能的组合,由于正交试验中选用封层碎石粒径为 4.75 ~ 9.5mm,考虑到粒径减小会增加集料比较面积从而加大对乳化沥青的吸附,因此选择 2.36 ~ 4.75mm 碎石时,适当增加乳化沥青用量。材料配合比,见表 9-10。

不同厚度下封层抗裂性能试验配比 表 9-10

试件编号	材料组成				
	纤维用量 (g/m^2)	乳化沥青用量 (g/m^2)	纤维长度 (mm)	碎石粒径 (mm)	封层厚度 (mm)
S1	120	1.8	6	2.36 ~ 4.75	约 5
S2	120	1.6	6	4.75 ~ 9.5	约 10

采用本章第三节:"一、抗反射裂缝性能复合试件材料组成及成型方式"相同的方法进行试件的成型,按照本章第三节"三、改进车辙仪加载测试过程"的试验过程进行不同下封层厚度下抗反射裂缝性能试验,每组试件做 3 组平行试验取平均值作为试验结果,试验数据见表 9-11。

不同厚度下封层抗裂性能试验结果 表 9-11

试件编号	试验号	初裂(次)	初裂平均值	终裂(次)	终裂平均值
S1	S1-1	3240	3220	11350	11333
	S1-2	3276		10980	
	S1-3	3145		11670	
S2	S2-1	3550	3664	12460	12430
	S2-2	3684		12870	
	S2-3	3760		11960	

从以上的试验结果,可以得出如下结论:

(1)不同下封层厚度对复合路面结构的阻裂效果不一样,复合路面结构中出现初期裂缝时,下封层厚度为 1cm 时的作用次数是厚度为 0.5cm 时的 1.14 倍;出现终裂时下封层厚度为 1cm 时的作用次数是厚度为 0.5cm 时的 1.10 倍。故下封层厚度越厚其抗反射裂缝效果越好,规律性与理论计算结果一致。

(2)理论计算与试验均验证了不同下封层厚度抗反射裂缝效果不一样,而其中碎石的质量和碾压是关键因素之一,因此施工中应该严格控制集料粒径和形状,达到合理的碾压遍数以保证下封层施工厚度。

(3)对于下封层厚度选择可以根据具体工程情况进行,对于有可能导致半刚性基层出现比较严重开裂的地区可以选择下封层厚度大一些,反之可以选择厚度偏小一些。

4. 加铺层厚度对抗反射裂缝作用次数影响

纤维增强乳化沥青作为沥青面层和半刚性基层之间的下封层,可以使用在新建道路中,也可以使用在改建道路的原路面和加铺层之间。加铺层厚度的选择除了考虑工程使用特点以外,还需要考虑加铺层的力学性能,例如防止原路面裂缝向上反射的能力,本试验主要验证不同沥青混合料加铺层厚度在竖向周期荷载作用下抗反射裂缝性能。

试件的材料组成如表9-12所示。试件成型方式与断裂能试验相同,唯一区别在于面层沥青混合料的成型厚度,试验采取4组厚度值分别为2cm、4cm、5cm、6cm。试验测试过程同本章第三节"三、改进车辙仪加载测试过程"。

不同加铺层厚度抗反射裂缝性能试验配比 表9-12

试件编号	材料组成				
	纤维用量 (g/m^2)	乳化沥青用量 (g/m^2)	纤维长度 (mm)	碎石粒径 (mm)	加铺层厚度 (cm)
H1	120	1.6	6	4.75~9.5	2
H2	120	1.6	6	4.75~9.5	4
H3	120	1.6	6	4.75~9.5	5
H4	120	1.6	6	4.75~9.5	6

试验测定得到的不同加铺层厚度试件在竖向周期荷载作用下抗反射裂缝性能作用次数见表9-13。

不同加铺层厚度抗反射裂缝性能试验结果 表9-13

试件编号	试验号	初裂(次)	初裂平均值	终裂(次)	终裂平均值
H1	H1-1	2680	2590	8350	8583
	H1-2	2470		8970	
	H1-3	2620		8430	
H2	H2-1	3420	3430	11340	11086
	H2-2	3530		10670	
	H2-3	3340		11250	
H3	S2-1	3550	3664	12460	12430
	S2-2	3684		12870	
	S2-3	3760		11960	
H4	H3-1	3840	3873	14530	13560
	H3-2	3920		13450	
	H3-3	3860		12700	

从以上试验结果,可以得出如下结论:

加铺层厚度从2cm提高到4cm时,出现初期裂缝的作用次数增加了32.4%,出现贯穿裂缝的作用次数增加了29.2%;厚度从4cm提高到6cm时其值分别增加12.9%和22.3%;厚度从5cm提高到6cm时出现初期裂缝和出现贯穿裂缝作用次数分别增加6%和5.7%。故加铺层厚度越厚在竖向荷载作用下抗反射裂缝作用次数越多,抗裂效果越好,这与工程实践中常采用增加面层厚度来减小开裂概率的做法相吻合,但会受到结构设计总厚度和工程造价的制约。

第四节 纤维长度与质量差异化对分布均匀性影响试验

在实际工程中，除了考虑纤维长度对下封层材料力学性能的影响以外，还需要考虑施工分布的均匀性。因为只有当纤维完全与荷载同方向时，对基体的增强效果最好，当纤维与荷载垂直的时候，就几乎丧失了增强作用[165]。而在半刚性基层中裂缝出现的位置和方向是随机不可预测的，所以理想状态下，纤维在沥青中最好是呈均匀的二维乱向分布，这样才能对半刚性基层随机出现的裂缝处的集中应力起到很好的钝化作用。

一、差异化分析试验基本原理

验证纤维长度与分布均匀性关联度，最准确的方式是在施工现场进行定量测定，但是试验难度比较大，可以采用室内模拟试验其原理如下，将相同质量不同长度的纤维，以及相同长度不同质量的纤维撒布在一定的面积上，将面积网格化为若干个单位，称取每个单元的质量，计算极差、标准偏差与变异系数等统计参数，以此评价不同长度纤维在不同质量下分布的均匀性。

二、单元网格法试验过程

试验中使用长度为3cm、6cm、9cm、12cm 的纤维各 3.6g、9g、14.4g，单位面积摊铺量等效于正交试验中纤维用量 $40g/m^2$，在面积为 30cm × 30cm 的纸板上均匀涂抹固化剂以固定撒布的纤维，撒布过程尽量随机，模拟施工喷洒情况，然后将纸板分为 9 等份，称取每个等份质量，扣除每份纸板和固化剂的质量，得到每个单元上纤维净重。

三、基于统计参数的差异化分析

单元网格法测定的试验结果见表 9-14，根据试验结果计算得到的统计参数见表 9-15。

单元网格法试验结果 表 9-14

纤维长度	单元网格上纤维质量(g)								
	3.6			9			14.4		
3cm	0.40	0.38	0.39	1.00	1.05	1.00	1.50	1.72	1.60
	0.41	0.42	0.40	0.96	0.97	1.02	1.57	1.70	1.54
	0.40	0.37	0.43	1.03	0.95	1.02	1.65	1.49	1.63
6cm	0.36	0.44	0.40	1.12	1.08	0.93	1.70	1.66	1.45
	0.37	0.40	0.43	0.90	1.06	0.91	1.40	1.70	1.58
	0.35	0.45	0.40	1.05	1.06	0.89	1.58	1.88	1.45
9cm	0.33	0.45	0.46	0.86	0.90	1.07	1.35	1.41	1.68
	0.35	0.37	0.36	1.22	1.13	0.80	1.90	1.75	1.45
	0.47	0.44	0.37	0.88	1.10	1.11	1.97	1.49	1.40
12cm	0.30	0.48	0.51	1.25	1.20	0.75	1.00	1.29	1.90
	0.49	0.31	0.45	0.90	1.14	0.77	1.45	1.37	1.88
	0.35	0.37	0.34	1.20	1.12	0.67	1.96	2.15	1.40

统计参数　　表9-15

长度	质量											
	3.6g				9g				14.4g			
	R	$\bar{x}$	σ	C_V	R	$\bar{x}$	σ	C_V	R	$\bar{x}$	σ	C_V
3cm	0.06	0.40	0.019	4.75	0.1	1.00	0.034	3.4	0.23	1.60	0.082	5.2
6cm	0.09	0.40	0.035	8.75	0.23	1.00	0.091	9.1	0.48	1.60	0.153	9.6
9cm	0.14	0.40	0.054	13.5	0.32	1.00	0.148	14.8	0.62	1.60	0.231	14.4
12cm	0.20	0.40	0.082	20.6	0.58	1.00	0.227	22.7	1.15	1.60	0.382	23.9

从以上试验结果,可得出如下结论:

(1)相同质量纤维,纤维越短在各个面积单元内质量差异越小,极差与变异系数都较小,因此纤维越短在下封层内分布越均匀。相同长度的纤维,单位面积上用量越大,极差与变异系数越大,材料分布越不均匀。试验中纤维长度为12cm,纤维用量为14.4g时,单元极差达到1.15g,能明显观察到纸板上有些部位没有纤维覆盖,有些部位纤维堆积明显,纤维向一个方向排列,分布极不均匀。

(2)实际施工中纤维撒布面积比室内试验大,机械撒布方式与室内也有差别,因此试验结果有一定的尺寸效应,其绝对值与现场有差异,但是规律有相似性,一定程度上能说明问题。

根据力学分析结论,在断裂能试验中纤维长度越长即因素水平的上限12cm,用量越多时,断裂能越大,在剪切性能试验和拉拔试验中获得最大剪切力和黏结强度的纤维长度为3cm,在抗反射裂缝性能试验中阻裂效果最好的纤维长度为6cm,均匀性试验表面纤维长度越长分散均匀性越差。因此综上所述,在纤维增强乳化沥青下封层配合比设计中建议的纤维长度为6cm。在局部地区半刚性基层开裂比较严重的情况下,能保证层间黏结性和施工均匀性时,纤维长度可以采用9cm以增强下封层的断裂能。

本章小结

本章通过对纤维增强乳化沥青下封层路用性能的正交试验分析得出影响相应指标大小的关键因素以及材料的优化组合,研究不同复合路面结构设计参数(下封层厚度和加铺层厚度)对抗反射裂缝性能的影响,对比不同下封层材料(乳化沥青下封层、稀浆封层、橡胶沥青下封层,纤维橡胶沥青下封层)的路用性能指标,得到如下的结论:

(1)影响纤维增强乳化沥青下封层层间抗剪强度的主要因素是纤维用量,其次沥青用量,最后是纤维长度。获得最大剪切力的方案为纤维用量80g/m^2、纤维长度为3cm、改性乳化沥青用量为2.0kg/m^2。

(2)25℃常温下,层间抗剪强度最好的是纤维橡胶沥青下封层,其次是橡胶沥青下封层,再次是纤维增强乳化沥青下封层,最差的是稀浆封层。在60℃时,抗剪强度最大的仍然是纤维橡胶沥青下封层、其次分别是橡胶沥青下封层、纤维增强乳化沥青下封层,最差的是改性乳化沥青下封层。纤维的加入对提高下封层层间抗剪强度几乎没有帮助。

(3)影响纤维增强乳化沥青下封层拉拔黏结力最主要的因素是纤维用量,其次是沥青用量，最后是纤维长度，获得最大黏结强度时纤维用量为 80g/m^2、纤维长度为 3cm、改性乳化沥青用量为 2.0kg/m^2。

（4）与路面结构黏结力最大的是橡胶沥青下封层，其次是纤维橡胶沥青下封层，以后依次是纤维增强乳化沥青下封层和改性乳化沥青下封层，最差的是稀浆封层。在改性乳化沥青中加入纤维黏结力提高了 0.3%，在橡胶沥青中加入纤维强度反而下降了 3.9%，在同一种材料中加入纤维对黏结性能的提高不明显。

（5）影响铺设纤维增强乳化沥青下封层复合路面结构贯穿裂缝发展快慢的主要因素为沥青用量，其次是纤维用量，最后是纤维长度。获得最佳的抗反射裂缝性能的材料用量组合是纤维用量为 120g/m^2、纤维长度为 6cm、改性乳化沥青用量为 1.6kg/m^2。

（6）在铺设五种不同下封层后，复合路面结构中出现初期裂缝时荷载作用次数由大到小依次是纤维橡胶沥青下封层、稀浆封层、纤维增强乳化沥青下封层、橡胶沥青下封层、改性乳化沥青下封层；出现贯穿裂缝时荷载作用次数由大到小依次是纤维橡胶沥青下封层、纤维增强乳化沥青下封层、橡胶沥青下封层、稀浆封层、乳化沥青下封层。

（7）下封层基体材料黏度越大，复合路面结构抗开裂能力越强，在同一种下封层中加入纤维后复合路面结构抗反射裂缝能力有所提高，基体材料黏度偏低提高的程度越大。

（8）不同下封层厚度对阻止裂缝在复合路面结构中发展效果不一样，厚度越大抗反射裂缝效果越好，碎石的质量和充分的碾压是保证下封层施工厚度的关键；在工程设计总厚度和造价允许的情况下增加沥青混合料加铺层厚度对抗反射裂缝性能有一定的效果。

（9）相同质量纤维，纤维越短在各个面积单元内质量差异越小，极差与变异系数都较小，在下封层内分布越均匀。相同长度的纤维，单位面积上用量越大，极差与变异系数越大，分布越不均匀。

（10）在纤维增强乳化沥青下封层中，达到综合最优性能时建议的纤维长度为 6cm。在局部半刚性基层开裂比较严重的地区，在保证层间黏结和施工均匀性时，纤维长度可以采用 9cm 以增强下封层的断裂能。

（11）在五种下封层中，纤维橡胶沥青下封层所表现出的路用力学性能最好，其次是纤维增强乳化沥青下封层，但要实现纤维在高黏度的橡胶沥青中均匀分散，以目前的施工工艺水平还比较困难，因此纤维增强乳化沥青下封层是目前的主流工艺。

第十章　FR-SAMI 复合路面裂缝发展与力学指标灰色关联度分析

在半刚性基层与沥青面层之间铺设下封层后，会钝化半刚性基层裂缝尖端处的应力，从而起到延缓反射裂缝扩展速度的效果。下封层抗裂性能和力学指标受到组成材料因素水平的影响很大，因此需要进行配合比优化设计，而选择合适的设计参数成为关键。本章通过建立纤维增强乳化沥青下封层不同因素水平下裂缝在复合路面结构中发展的动态规律与各个力学指标(断裂能、最大弯曲力、最大挠度、层间剪切力、层间黏结力与抗反射裂缝性能)的灰色关联度，得出裂缝在发展的各个时期(初期、中期、后期)与之最为相关的力学指标，以此作为配合比设计的关键性指标，其他指标为参考性指标，使优化设计以后的材料达到最佳的阻力效果。

第一节　复合路面结构裂缝动态发展规律

复合路面结构裂缝动态发展规律研究是指监控铺设下封层以后，复合路面结构在荷载作用下裂缝发展到不同位置处所用时间的长短。室内模拟试验是在复合路面结构不同位置(下、中、上)处粘贴应变片，表征裂缝发展的初期、中期和后期。由于应变片对应变很敏感，如果裂缝发展到该位置应变片会立刻断裂，表现为应变值突变，记录从加载到不同位置处应变突变处所经历的时间，下封层材料在不同用量下裂缝在复合路面结构中发展到相同位置经历的时间越长，代表其阻裂效果越好。

一、裂缝动态监控模型

试验测试的过程与第八章断裂能测试同时进行，在距预裂缝 1cm、3cm、5cm 处分别粘贴应变片，采用三点弯曲试验方法，将应变片数据线与东华 DH3815N-3 静态读数仪连接，通过计算机完成自动平衡、采样控制、自动修正、数据存储、数据处理和分析，生成和打印试验报告，每 0.5s 自动采集通道所在应变片的应变值。

二、裂缝发展中应变瞬时突变值与时间周期

裂缝在各组试件中发展到不同位置处的试件的瞬时突变值如图 10-1 ~ 图 10-16 所示。与之对应的断裂时间周期如表 10-1 所示。

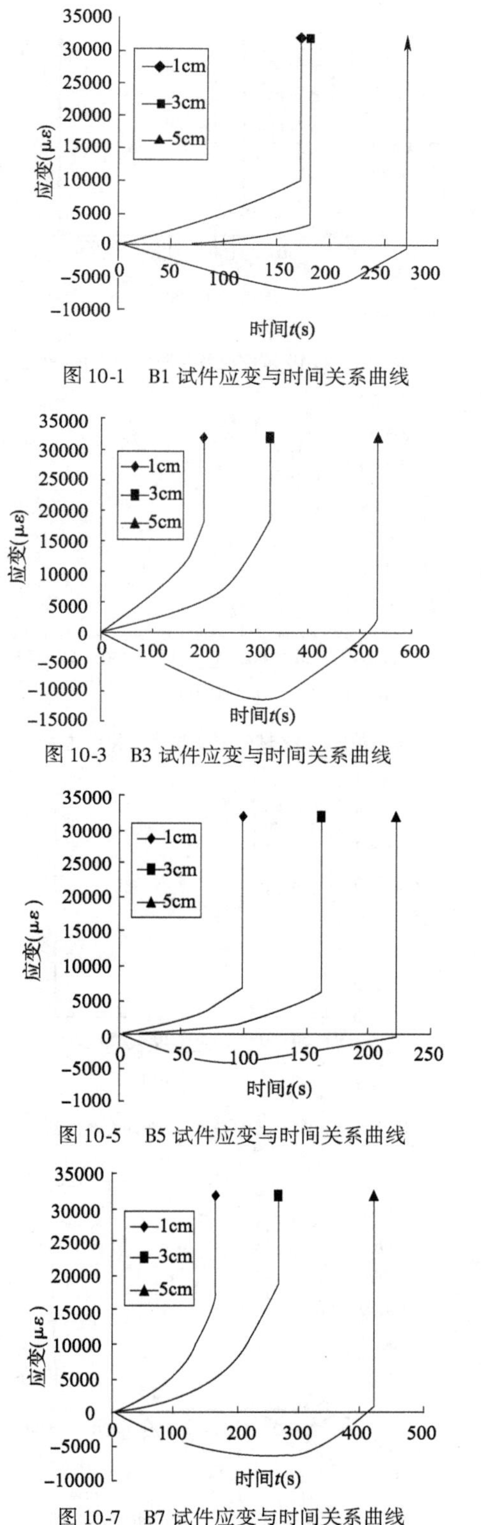

图 10-1 B1 试件应变与时间关系曲线

图 10-3 B3 试件应变与时间关系曲线

图 10-5 B5 试件应变与时间关系曲线

图 10-7 B7 试件应变与时间关系曲线

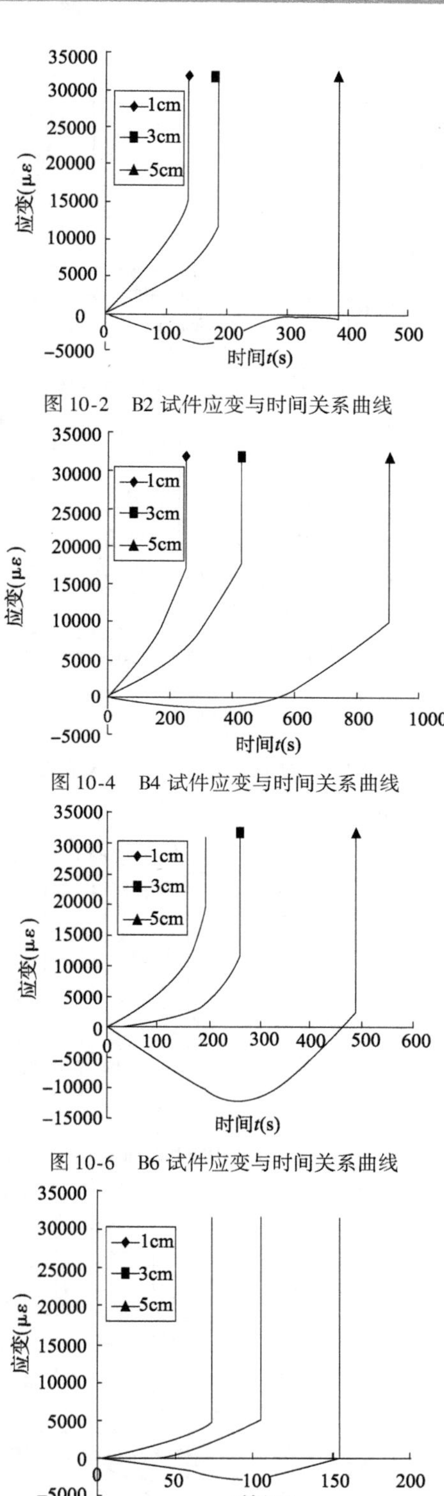

图 10-2 B2 试件应变与时间关系曲线

图 10-4 B4 试件应变与时间关系曲线

图 10-6 B6 试件应变与时间关系曲线

图 10-8 B8 试件应变与时间关系曲线

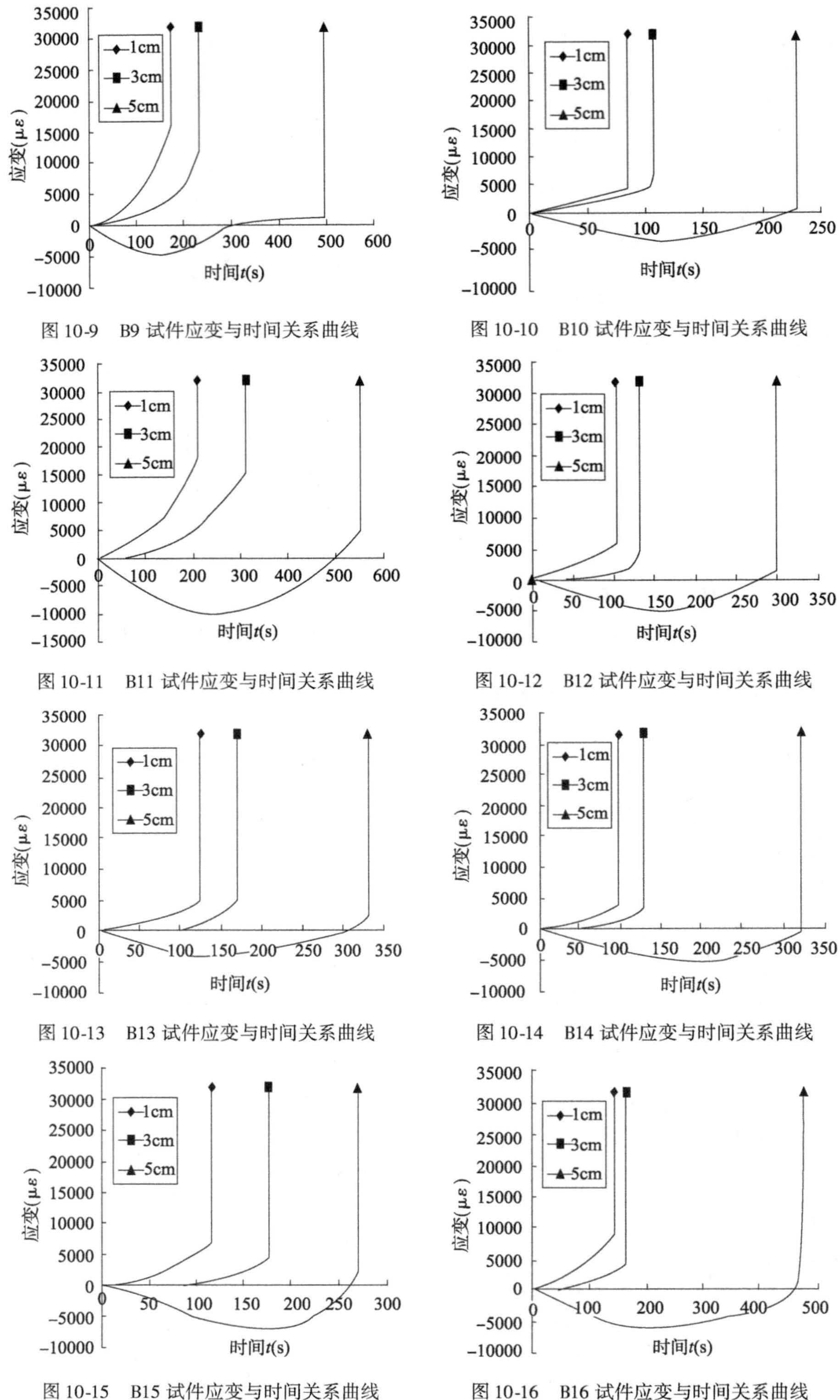

图 10-9　B9 试件应变与时间关系曲线

图 10-10　B10 试件应变与时间关系曲线

图 10-11　B11 试件应变与时间关系曲线

图 10-12　B12 试件应变与时间关系曲线

图 10-13　B13 试件应变与时间关系曲线

图 10-14　B14 试件应变与时间关系曲线

图 10-15　B15 试件应变与时间关系曲线

图 10-16　B16 试件应变与时间关系曲线

各试件中裂缝发展到不同的位置处经历的时间与应变值　　表 10-1

试件编号	位　置	断裂时间(s)	断裂时应变(με)
B1	1cm	172	9923
	3cm	178	3150
	5cm	273	-695
B2	1cm	132	15425
	3cm	181	11807
	5cm	385	-613
B3	1cm	198.5	18201
	3cm	326	18504
	5cm	535.5	2138
B4	1cm	250	17211
	3cm	428	17845
	5cm	903.5	10233
B5	1cm	99.5	6651
	3cm	163	6046
	5cm	222.5	-308
B6	1cm	193.5	1933
	3cm	260.5	11529
	5cm	487.5	2442
B7	1cm	168	17559
	3cm	266.5	18656
	5cm	421	1057
B8	1cm	73.5	4692
	3cm	104.5	4973
	5cm	154	183.5
B9	1cm	173	16107
	3cm	231	11849
	5cm	494	1194
B10	1cm	86	4432
	3cm	106	6733
	5cm	229.5	326
B11	1cm	210	18279
	3cm	312.5	15455
	5cm	551	4963

续上表

试件编号	位置	断裂时间(s)	断裂时应变(με)
B12	1cm	102.5	5653
	3cm	131.5	4766
	5cm	299.5	1137
B13	1cm	125	4638
	3cm	170.5	4770
	5cm	330.5	2188
B14	1cm	91.5	3670
	3cm	128.5	3067
	5cm	320	-466
B15	1cm	116.5	6724
	3cm	175.5	4269
	5cm	268	2035
B16	1cm	144.5	9066
	3cm	164.5	3908
	5cm	474	7913

第二节　裂缝发展与力学指标灰色关联度

在不确定性系统的研究方法中,最常用的有三种类型:概率统计、模糊数学和灰色系统理论。其中,概率论是针对“随机不确定”现象,着重于考察“随机不确定性”现象的历史统计规律,考察具有多种可能发生结果中每一种结果发生的可能性的大小,出发点是大样本,数据少就很难找到统计的规律,且要求各个因素数据与系统特征数据之间呈线性相关且各因素之间彼此无关,这可能出现量化结果与定性分析结果不相符合,导致系统关系和规律遭到歪曲和颠倒。模糊数学,主要是凭经验借助于隶属函数进行处理,它不能解决“小样本,贫信息不确定”的问题。灰色系统理论着重研究“外延明确、内涵不明确”的现象,依据信息覆盖,通过序列生成寻求现实规律,其特点是“少数据建模”[166]。本节的研究系统正好符合灰色系统理论研究的范畴,通过少量的试验数据找出特征数据与相关因素的关联度,即找出影响复合路面结构裂缝动态发展规律的各力学指标参数的主次顺序,择优选取配合比设计指标。

一、灰色关联度分析模型

灰色系统理论研究对象是“部分信息已知,部分信息未知”的“贫信息”不确定系统,它通过对“部分”已知信息的生成、开发提取有价值信息,实现对系统运行行为、演化规律的正确描述和有效监控,达到对客观现实世界的认知。其主要内容包括以“灰色朦胧集”为基础的理论体系、以灰色关联空间为依托的分析体系、以灰色序列生成为基础的方法体系、以灰色模型(GM)为核心的模型体系[167]。

灰色系统通过对原始数据的整理来寻求其变化规律,是一种就数据寻找数据的方法,即灰色序列。尽管客观系统很复杂且数量离散,可以通过灰色生成或序列算子的作用弱化随机性,显示规律性,经过灰色差分方程与灰色微分方程之间的互换实现利用离散的数据序列建立连续的动态微分方程。基本的思想是根据序列曲线几何形状的相似程度来判断其联系是否紧密,曲线越接近,相应序列之间的关联度就越大,反之就越小。基本原理可以表征在图 10-17 中。

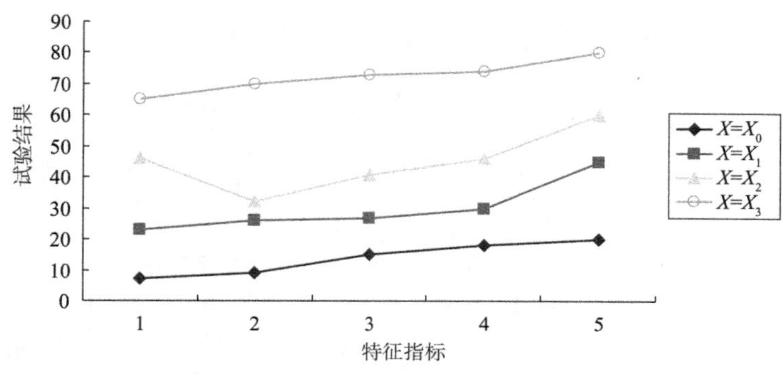

图 10-17　灰色关联度序列示意图

图 10-17 列举出了四个序列 $X_i=(i=0,1,2,3)$,进行灰色关联度分析首先选取反映特征的数据系列作为映射量表征系统行为,例如选择 X_0 作为特征系列的映射量,确定影响系统主行为的有效因素 X_1、X_2、X_3,通过算子作用,对系统的特征映射量和有效因素进行适当的处理,使之化为数量级大体相近的无量纲数据,并将负相关因素转化为正相关因素,计算出相应的关联系数。关联系数表征各因素 X_1、X_2、X_3 序列曲线与特征曲线 X_0 几何线性相似性的大小,关联系数越大表征该因素对特征系列的影响越大。系统序列具有规范性、整体性、偶对对称性和接近性。广义的灰色关联度分为绝对关联度、相对关联度和综合关联度。由于样本的广泛性,灰色关联度对样本的大小和规律性没有特殊的要求,实践中还相继发展了斜率关联度、点关联度以及改性的灰色关联度的分析方法。

二、灰色关联度参数表征计算

按照前面所述的灰色关联度的基本分析原理,关联度参数表征分析的具体实施步骤如下:

(1)收集试验数据,根据系统评价目标确定需要的评价指标体系。分析系统中假设有 n 个指标,每个指标实测 m 个数据,则 $n\times m$ 个数据单元就形成如下矩阵,见式(10.1)。

(2)确定特征参考数据列。特征参考数据列是一个理想的比较标准,作为系统的映射量,一定要能间接地表征系统行为,该指标可以在系统中选择各个指标的最优值(或者最劣值)构成参考数据列,也可以按照实际需要评价目标选择其他的参照值,记作:$X_0'=(x_0'(1),x_0'(2),\cdots,x_0'(m))^{\mathrm{T}}$,系统中其他数据序列作为影响因素比较序列。

$$(X_1',X_2',\cdots,X_n')=\begin{pmatrix} x_1'(1) & x_2'(1) & \cdots & x_n'(1)\\ x_1'(2) & x_2'(2) & \cdots & x_n'(2)\\ \vdots & \vdots & & \vdots\\ x_1'(m) & x_2'(m) & \cdots & x_n'(m)\end{pmatrix} \tag{10-1}$$

记作：$X_{\rm i}'=(x_{\rm i}'(1),x_{\rm i}'(2),\cdots,x_{\rm i}'(m))^{\rm T},i=1,2,\cdots,n$。

(3)系统中由于各个因数的物理意义不同，导致数据的量纲也不同，不便于比较，或在比较时难以得到正确的结论。因此，在进行灰色关联度分析时，一般都要进行无量纲化的数据处理。无量纲化后的数据列记作：$X_{\rm i}=(x_{\rm i}(1),x_{\rm i}(2),\cdots,x_{\rm i}(m))^{\rm T},i=1,2,\cdots,n$。

无量纲化的方法也被称为初值法，其计算公式见式(10-2)。

$$x_i(k)=\frac{x_i'(k)}{x_i'(1)}\qquad i=1,2,\cdots;k=1,2,\cdots,m \tag{10-2}$$

(4)依次计算各个被评价对象因数指标序列(比较序列)与参考序列(特征序列)对应元素的绝对差值 Δ_i，计算公式见式(10-3)

$$\Delta_i=|x_0(k)-x_i(k)|\qquad i=1,2,\cdots,n;k=1,2,\cdots,m \tag{10-3}$$

$$\Delta_i=(\Delta_i(1),\Delta_i(2),\cdots,\Delta_i(m))^{\rm T}\qquad i=1,2,\cdots,n$$

(5)确定 $\min\limits_i \min\limits_k|x_0(k)-x_i(k)|$ 和 $\max\limits_i \max\limits_k|x_0(k)-x_i(k)|$，其中 $\min\limits_i \min\limits_k|x_0(k)-x_i(k)|$ 定义为两极最小差，$\min\limits_i \min\limits_k|x_0(k)-x_i(k)|$ 定义为两极最大差。

(6)计算关联系数 ζ。由式(10-4)分别计算每个比较序列与参考序列对应元素的关联系数。

$$\zeta_i(k)=\frac{\min\limits_i \min\limits_k|x_0(k)-x_{\rm i}(k)|+\rho\cdot\max\limits_i \max\limits_k|x_0(k)-x_i(k)|}{|x_0(k)-x_i(k)|+\rho\cdot\max\limits_i \max\limits_k|x_0(k)-x_i(k)|} \tag{10-4}$$

式中：ρ 为分辨率系数，一般在 0～1 选取，若 ρ 越小，关联系数间差异越大，区分能力越强，如果对绝对量之间的关系较为关心，ρ 可以取得大一些；如果对变化速率看得较重，ρ 可取得小一些。通常情况下，ρ 取 0.5。

(7)计算关联度。为了将每个关联系数中的信息集中起来便于比较，采用一种求平均值的方法求取因数曲线 X_i' 对参考曲线 X_0' 的关联系数 r_{0i}，以反映各评价对象与参考序列的关联关系，并称其为关联度，见式(10-5)：

$$r_{0i}=\frac{1}{m}\sum_{k=1}^{m}\zeta_i(k) \tag{10-5}$$

(8)关联度由大到小构成关联序列，关联度的顺序决定了因素比较序列和特征参考序列之间的关联程度。依据各观察对象的关联序，得出综合评价结果。在进行系统分析时，研究系统特征行为与相关因素行为关系时，主要关心系统特征行为序列与各相关因素行为序列关联度的大小次序，而不完全是关联度在数值上的大小。

三、关联系数结果分析

分别选择裂缝在铺设纤维增强乳化沥青下封层复合路面结构中扩展初期(距裂缝 1cm 处应变片断裂时间)、扩展中期(距裂缝 3cm 处应变片断裂时间)、扩展后期(距裂缝 5cm 处应变片断裂时间)作为表征抗裂性能的参考序列建立三个灰色关联度分析模型,以复合路面结构的最大弯曲力、最大挠度、断裂能、竖向周期荷载作用下的表面出现贯穿裂缝时的抗开裂作用次数、纤维增强乳化沥青下封层层间剪切力、层间拉拔黏结力作为影响因素比较序列。

表 10-2 给出了纤维增强乳化沥青下封层在三因素四水平(纤维用量:40g/m^2、80g/m^2、120g/m^2、160g/m^2;纤维长度:3cm、6cm、9cm、12cm,沥青用量:1.2kg/m^2、1.6kg/m^2、2.0kg/m^2、2.4kg/m^2)下的 16 组正交试件在裂缝发展到不同位置处(距预裂缝 1cm、3cm、5cm)的时间以及第八、九章测定的相应的力学性能试验结果。

不同因素水平下力学试验结果　　表 10-2

序号	指标								
	裂缝发展初期(1cm)	裂缝发展中期(3cm)	裂缝发展后期(5cm)	最大弯曲力(N)	最大挠度(mm)	断裂能(N·mm)	剪切力(MPa)	黏结强度(MPa)	疲劳次数(次)
1	172	178	273	726.8	14.797	4317	1.053	0.245	9832
2	132	181	385	597	8.757	2924	1.067	0.250	11838
3	198.5	326	535.5	394.6	19.674	3426	0.836	0.283	9230
4	250	428	903.5	509.6	24.194	4414	1.116	0.254	10258
5	99.5	163	222.5	635.8	15.59	4618	1.185	0.412	13647
6	193.5	260.5	487.5	744	21.134	6433	1.058	0.351	10530
7	168	266.5	421	485.6	19.657	3877	1.173	0.291	9760
8	73.5	104.5	154	484	15.67	3157	1.256	0.362	8635
9	173	231	494	314.6	10.317	1936	1.205	0.450	12949
10	86	106	229.5	523	13.484	3486	0.789	0.237	13350
11	210	312.5	551	602	25.994	6853	0.812	0.280	10870
12	102.5	131.5	299.5	525.6	26.827	5704	1.040	0.368	13230
13	125	170.5	330.5	525	30.467	5589	1.002	0.190	12680
14	91.5	128.5	320	335	33.430	4582	1.149	0.220	14243
15	116.5	175.5	268	964	25.78	6660	0.945	0.204	11985
16	144.5	164.5	474	765	30.608	8416	0.795	0.182	8960

1. 裂缝发展初期与各力学指标的灰色关联度

对表 10-2 的各个序列进行初值化以后,取 $\rho=0.5$。

按式(10-2)~式(10-5)求得裂缝发展初期与各力学指标的关联系数序列如表 10-3 所示,经计算得:

$$\min_i\min_k\Delta_i(k)=0;\min_i\min_k\Delta_i(k)=1.7273$$

裂缝发展初期与各力学指标关联系数表　　表 10-3

ξ_1	ξ_2	ξ_3	ξ_4	ξ_5	ξ_6
1.0000	1.0000	1.0000	1.0000	1.0000	1.0000
0.9412	0.8313	0.9057	0.7786	0.7737	0.6646

续上表

ξ_1	ξ_2	ξ_3	ξ_4	ξ_5	ξ_6
0.5860	0.8313	0.7058	0.7061	0.9988	0.8007
0.5348	0.8265	0.6674	0.6872	0.6748	0.6783
0.7449	0.6455	0.6378	0.6126	0.4395	0.5166
0.8952	0.7404	0.7031	0.8779	0.7376	0.9412
0.7370	0.7109	0.9166	0.8631	0.8039	0.9820
0.7838	0.5779	0.7399	0.5305	0.4516	0.6573
0.6015	0.7370	0.6081	0.8620	0.5101	0.7354
0.7975	0.6777	0.7377	0.7763	0.6493	0.5021
0.6878	0.6175	0.7024	0.6579	0.9172	0.8823
0.8718	0.4154	0.5439	0.6883	0.4884	0.5357
0.9949	0.3937	0.6037	0.7937	0.9466	0.6058
0.9240	0.3337	0.6203	0.6074	0.7027	0.4855
0.5713	0.4482	0.4999	0.7972	0.8478	0.6149
0.8029	0.4132	0.4381	0.9104	0.8989	0.9239

由以上关联系数代入式(10-5)得到以下关联度：

$\gamma_1=0.7797$(裂缝发展初期与最大弯曲力的关联度)；

$\gamma_2=0.6375$(裂缝发展初期与最大挠度的关联度)；

$\gamma_3=0.6894$(裂缝发展初期与断裂能的关联度)；

$\gamma_4=0.7593$(裂缝发展初期与层间剪切力的关联度)；

$\gamma_5=0.7401$(裂缝发展初期与层间黏结强度的关联度)；

$\gamma_6=0.7018$(裂缝发展初期与抗反射裂缝作用次数的关联度)。

从裂缝发展初期与各力学指标的关联度计算结果可以得到如下结论：

(1)影响裂缝在复合路面结构发展初期的关联序列为：$\gamma_1>\gamma_4>\gamma_5>\gamma_6>\gamma_3>\gamma_2$。即裂缝发展初期的快慢程度与复合路面结构的最大弯曲力关联性最大，其次是层间剪切力，再次是层间黏结力，最后依次是抗反射裂缝作用次数、断裂能和最大挠度。

(2)复合路面结构在受到弯曲力的作用以后，基层预裂缝处的裂缝逐渐向上扩展，决定初期扩展速度快慢的因素主要是复合路面结构的最大弯曲力，即下封层和沥青面层结构承受弯曲力的大小，由于在试验中各组试件面层沥青混合料的配比、厚度和成型方式完全一样，故主要的因素就是考虑下封层材料的用量比例。由第八章的断裂能试验可知，影响复合路面结构的最大弯曲力的主要因素是纤维用量，其次是纤维长度，最后是沥青用量。

(3)纤维增强乳化沥青下封层中纤维的加入对阻止裂缝在复合路面结构中初期的扩展是有利的，纤维长度越长，用量越多，沥青用量越少时获得的最大弯曲力最大。这和结构的受力特点和纤维材料特点有关，在弯曲试验中试件底部首先是受到拉应力的作用，而纤维本生的抗拉强度就很大，因此能很好阻止初期裂缝的发展。因此，要提高复合路面结构初期抗裂性能可以适当提高纤维的用量和纤维的长度。

(4)影响裂缝在复合路面结构中初期扩张速度的次要因素是纤维增强乳化沥青碎石下

封层层间剪切力和黏结力，断裂能和最大挠度的影响最小。绝对数值的大小只能代表排列的相关性，不能代表相关程度。

（5）三点弯曲试验中，裂缝扩展过程的监控与复合路面结构在实际荷载作用下应力应变水平有一定的差异，实际的情况更为复杂。为了便于研究，简化为三点弯曲试验，这样的简化也能一定程度上说明问题。

2. 裂缝发展中期与各力学指标的灰色关联度

对表的各个序列进行初值化以后，取$\rho=0.5$。

按式（10-2）～式（10-5）求得裂缝发展中期与各力学指标的关联系数序列如表10-4所示，经计算得：

$\min\limits_{i}\min\limits_{k}\Delta_i(k)=0$；$\min\limits_{i}\min\limits_{k}\Delta_i(k)=1.7033$

裂缝发展中期与各力学指标关联系数表　　表10-4

ξ_1	ξ_2	ξ_3	ξ_4	ξ_5	ξ_6
1.0000	1.0000	1.0000	1.0000	1.0000	1.0000
0.8131	0.6667	0.7146	0.9958	0.9958	0.8195
0.3975	0.6287	0.4502	0.4503	0.5569	0.4877
0.3329	0.5249	0.3808	0.3873	0.3833	0.3844
0.9541	0.8604	0.8466	0.8022	0.5260	0.6428
0.6590	0.9602	0.9695	0.6495	0.9650	0.6841
0.5062	0.8344	0.5866	0.6893	0.7331	0.6275
0.9151	0.6430	0.8550	0.5839	0.4884	0.7448
0.4957	0.5860	0.5002	0.8471	0.6120	0.9778
0.8726	0.7291	0.8004	0.8468	0.6957	0.5272
0.4783	0.9987	0.8348	0.4633	0.5811	0.5667
0.9820	0.4417	0.5934	0.7735	0.5269	0.5835
0.7830	0.4357	0.7162	0.9926	0.8233	0.7192
0.7651	0.3561	0.7146	0.6971	0.8285	0.5391
0.7140	0.5292	0.6042	0.9057	0.8472	0.7849
0.8688	0.4262	0.4533	0.8340	0.8242	0.9852

由以上关联系数代入式（10-5）得到以下关联度：

$\gamma_1=0.7211$（裂缝发展中期与最大弯曲力的关联度）；

$\gamma_2=0.6638$（裂缝发展中期与最大挠度的关联度）；

$\gamma_3=0.6888$（裂缝发展中期与断裂能的关联度）；

$\gamma_4=0.7449$（裂缝发展中期与层间剪切力的关联度）；

$\gamma_5=0.7117$（裂缝发展中期与层间黏结强度的关联度）；

$\gamma_6=0.6822$（裂缝发展中期与抗反射裂缝作用次数的关联度）。

从裂缝发展中期与各力学指标的关联度计算结果可以得到如下结论：

（1）影响裂缝在复合路面结构发展中期的关联序列为：$\gamma_4>\gamma_1>\gamma_5>\gamma_3>\gamma_6>\gamma_2$。

即纤维增强乳化沥青下封层与面层和基层的层间剪切力关联性最大，其次是最大弯曲力，再次是层间黏结力，其后依次是断裂能和抗反射裂缝作用次数，最后是挠度。

(2)在复合路面结构中出现裂缝以后，在竖向荷载应力和温度水平应力等的作用下，在裂缝的尖端会产生应力集中现象，在半刚性基层和沥青面层之间的纤维增强乳化沥青下封层层间剪切力和黏结力的大小决定了这个集中应力向上继续扩展的难易程度，层间剪切力和黏结力越大，集中的应力越难以向上扩展，表现为中期裂缝发展时间比较长。

(3)复合路面结构的断裂能和弯曲力对裂缝中期扩展的影响比较小，要提高中期下封层的抗开裂能力，保证路面结构的整体强度也就是裂缝产生后不继续向上扩张，可以从提高纤维增强乳化沥青下封层与半刚性基层和沥青面层的层间黏结力和层间剪切力入手。

(4)纤维增强乳化沥青下封层与半刚性基层和沥青面层的层间黏结力和层间剪切力与下封层纤维用量的大小关系最为密切，其次是沥青用量，最后是纤维长度。纤维用量与沥青用量有相对关系，最终可以表示为纤维单位比表面积下的沥青用量。获得最佳黏结效果的用量组合是：纤维用量为 $80/m^2$、纤维长度为 3cm、改性乳化沥青用量为 $2.0kg/m^2$。在这样的组合下最能保持裂缝扩展的稳定性，纤维与沥青用量太多或太少都会加速裂缝的发展。

(5)纤维增强乳化沥青下封层中影响初期扩展的因数和影响中期扩展的因素不尽相同，而且有相违背的地方，为了延缓初期开裂时间，纤维越长、用量越多，沥青用量越少越好，而裂缝一旦出现后，要阻止其扩展的速度，则要求层间剪切力和层间黏结力要大，这需要合适的沥青用量和纤维用量、同时从施工角度来讲，纤维越短、分布越均匀越好，所以需要在配合比设计中权衡决定。

3. 裂缝发展后期与各力学指标的灰色关联度

对表的各个序列进行初值化以后，取 $\rho = 0.5$。

按式(10-2) ~ 式(10-5)求得裂缝发展后期与各力学指标的关联系数序列如表 10-5 所示，经计算得：

$$\min_i \min_k \Delta_i(k) = 0; \min_i \min_k \Delta_i(k) = 1.7033$$

裂缝发展后期与各力学指标关联系数表　　表 10-5

ξ_1	ξ_2	ξ_3	ξ_4	ξ_5	ξ_6
1.0000	1.0000	1.0000	1.0000	1.0000	1.0000
0.6883	0.6137	0.6395	0.7661	0.7693	0.8631
0.4782	0.6729	0.5268	0.5268	0.6172	0.5597
0.3326	0.4370	0.3624	0.3662	0.3639	0.3645
0.9560	0.8449	0.8362	0.8073	0.6000	0.6941
0.6305	0.7843	0.8147	0.6247	0.7864	0.6453
0.5980	0.8588	0.6687	0.7522	0.7858	0.7029
0.9274	0.7243	0.8860	0.6740	0.5873	0.8054
0.4857	0.5389	0.4885	0.6615	0.9795	0.7252

续上表

ξ_1	ξ_2	ξ_3	ξ_4	ξ_5	ξ_6
0.9148	0.9485	0.9751	0.9343	0.9112	0.7154
0.5221	0.8325	0.7511	0.5104	0.5976	0.5875
0.7766	0.6449	0.8529	0.9224	0.7625	0.8395
0.7269	0.6051	0.9393	0.8338	0.7492	0.9427
0.6464	0.5446	0.9215	0.9413	0.8258	0.8246
0.7904	0.6309	0.6985	0.9392	0.8972	0.8456
0.6553	0.7964	0.8591	0.5699	0.5668	0.6118
0.6956	0.7174	0.7638	0.7394	0.7375	0.7330

由以上关联系数代入式(10-5)得到以下关联度：

$\gamma_1=0.6956$(裂缝发展后期与最大弯曲力的关联度)；

$\gamma_2=0.7174$(裂缝发展后期与最大挠度的关联度)；

$\gamma_3=0.7638$(裂缝发展后期与断裂能的关联度)；

$\gamma_4=0.7394$(裂缝发展后期与层间剪切力的关联度)；

$\gamma_5=0.7375$(裂缝发展后期与层间黏结强度的关联度)；

$\gamma_6=0.7330$(裂缝发展后期与抗反射裂缝作用次数的关联度)。

从裂缝发展后期与各力学指标的关联度计算结果可以得到如下结论：

(1)影响裂缝在复合路面结构发展后期的关联序列为：$\gamma_3>\gamma_4>\gamma_5>\gamma_6>\gamma_2>\gamma_1$。即与复合路面结构的断裂能关联性最大，其次是层间剪切力，再次是层间黏结力，最后依次是抗反射裂缝作用次数、最大挠度、最大弯曲力。

(2)裂缝在复合路面结构中发展的后期，即裂缝扩展到沥青混合料面层表面成为明显的反射裂缝的时间长短与复合路面结构的断裂能有很大的关系，排除相同的沥青面层的部分，关键就在于纤维增强乳化沥青下封层的材料用量配合比。

(3)在第八章的断裂性能试验分析中得到影响断裂能的因素由大到小依次是沥青含量，其次是纤维用量，最后是纤维的长度，并且纤维长度对断裂能的影响远远小于纤维用量和乳化沥青用量，纤维用量越多、纤维越长，可获得最大的断裂能越大。试验结果与影响初期裂缝发展的主要因素一致。

(4)由于纤维高抗拉强度和在乳化沥青中的桥连作用，因此对下封层的抗断裂性能影响明显，采用在基体材料中加入短纤维来阻止复合路面结构中裂缝在初期和后期的发展有积极意义。

第三节　基于关联度的FR-SAMI设计指标选择

由前面的灰色关联度分析可以得出，影响复合路面结构中裂缝发展的初期、中期和后期主要因素分别是复合路面结构的最大弯曲力、层间剪切力和断裂能，因此需将这三个指标纳入纤维增强乳化沥青下封层配合比设计中作为主要设计参数。

影响最大弯曲力的主要因素是沥青含量，其次是纤维用量，最后是纤维的长度，其中获得最大弯曲力的组合方案是沥青含量为 1.2 kg/m²、纤维用量为 160 g/m²、纤维长度为 9cm。

影响断裂能的因素由大到小依次是沥青含量,其次是纤维用量,最后是纤维的长度,沥青含量为 1.2 kg/m²、纤维用量为 160 g/m²、纤维长度为 12cm 时,可获得最大的断裂能。

影响层间抗剪强度的主要因素是纤维用量,其次沥青用量,最后是纤维长度。纤维用量与沥青用量有相对关系,最终可以表示为纤维单位比较面积下的沥青用量。纤维用量为 80g/m²,纤维长度为 3cm、改性乳化沥青用量为 2.0kg/m² 时,可以获得最大层间黏结力。

综上,纤维增强乳化沥青下封层材料配合比设计中确定纤维用量和沥青用量是设计的关键,最好采用纤维单位比表面积下的沥青用量,在能保证层间黏结力的前提下尽量选用长纤维,不同指标达到最佳值时材料用量不一致,配合比设计中应该权衡取综合性能最好者。

本 章 小 结

(1)裂缝在复合路面结构发展初期与复合路面结构的最大弯曲力关联性最大,其次是层间剪切力,再次是层间黏结力,最后依次是抗反射裂缝作用次数、断裂能和最大挠度。影响复合路面结构的最大弯曲力的主要因素是下封层纤维用量,其次是纤维长度,最后是沥青用量。纤维增强乳化沥青下封层中纤维的加入对阻止裂缝在复合路面结构中初期的扩展是有利的,纤维长度越长、用量越多,沥青用量越少时获得的弯曲力越大。要提高复合路面结构初期抗裂性能,可适当提高纤维用量和纤维长度。

(2)裂缝在复合路面结构发展中期与纤维增强乳化沥青下封层与面层和基层的层间剪切力关联度最大,其次是最大弯曲力,再次是层间黏结力,最后依次是断裂能、抗反射裂缝作用次数和最大挠度。要提高中期下封层的抗开裂能力也就是裂缝产生后不继续向上扩张,可以从提高层间黏结力和层间剪切力入手,层间黏结力和层间剪切力与下封层中纤维用量的大小关系最为密切,其次是沥青用量,最后是纤维长度。纤维用量与沥青用量均处于因素水平的中等值时获得的层间黏结力和层间剪切力最大,纤维与沥青用量太多或太少都会使层间剪切强度和层间黏结强度降低。

(3)裂缝在复合路面结构发展后期与复合路面结构的断裂能关联性最大,其次是层间剪切力,再次是层间黏结力,最后依次是抗反射裂缝作用次数、最大挠度、最大弯曲力。影响断裂能的因素由大到小依次是沥青含量,其次是纤维用量,最后是纤维的长度,并且纤维长度对断裂能的影响远远小于纤维用量和乳化沥青用量,纤维用量越多、纤维越长,可获得的断裂能越大。试验结果与影响初期裂缝发展的主要因素一致。

(4)纤维增强乳化沥青下封层中影响初期扩展的因素和影响中期扩展的因素不尽相同,延缓初期开裂时纤维越长、用量越多,沥青用量越少越好,而裂缝一旦出现后,要阻止其扩展的速度,则要求层间剪切力和层间黏结力要大,这需要合适的沥青用量和纤维用量,要求纤维越短,分布越均匀越好,这需要在配合比设计中权衡决定。

(5)影响裂缝在复合路面结构中发展的初期、中期和后期的主要因素分别是最大弯曲力、层间剪切力和断裂能,因此须将这三个指标作为配合比设计的主要设计参数。而确定纤维用量和沥青用量是设计的关键,最好采用纤维单位比表面积下的沥青用量,在能保证层间黏结力的前提下尽量选用长纤维。

(6)由于纤维高抗拉强度和在乳化沥青中的桥连作用,因此对下封层的抗断裂性能影响明显,采用在基体材料中加入短纤维来阻止裂缝在复合路面结构中初期和后期的发展有积极的意义。

第十一章　FR-SAMI 配合比设计与工程应用实例

本章根据细观表面能研究成果提出纤维增强乳化沥青下封层(FR-SAMI)合适材料类型;根据功能和原理并考虑碎石和基层吸收率,提出纤维增强乳化沥青下封层配合比设计的半理论半经验方法;根据力学试验结果和关联度分析,提出纤维增强乳化沥青下封层配合比设计的试验方法。详细介绍配合比设计步骤和检测指标,并给出纤维增强乳化沥青下封层设计与工程应用实例。

第一节　FR-SAMI 配合比设计

纤维增强乳化沥青下封层的配合比设计方法分为半理论半经验方法和试验方法。半理论半经验方法设计的依据是纤维与沥青复合材料功能原理,并考虑碎石与半刚性基层对乳化沥青的吸附率。试验方法的依据是裂缝发展的动态规律与力学指标关联度。实际应用中必须将理论方法与试验方法相结合,才能有效进行配合比设计。配合比设计的主要任务是确定纤维增强乳化沥青下封层中最佳纤维与乳化沥青用量比、纤维用量、纤维长度、乳化沥青用量,再根据工程的性质与目的、道路交通量、原有路面情况、施工季节等因素,综合确定各种材料的用量,最后应根据试验检测结果或现场实际施工情况进行必要的、合理的调整。

一、基于功能和原理半经验半理论方法

纤维增强乳化沥青下封层配合比设计的半理论半经验方法是按照能量守恒原则确定出纤维与乳化沥青的最佳用量比、碎石对乳化沥青的吸附率、半刚性基层对乳化沥青的吸附率,得到最佳的沥青用量和纤维用量,根据力学试验结果综合确定纤维长度。

1. 纤维乳化沥青最佳用量比

任何物体系统,外力对其做的总功 + 系统内非保守力做的总功 = 系统的机械能(动能与势能之和)的增量。故在外荷载的作用下,一定存在这样一个曲面,使得沥青与纤维界面上黏附功的作用效果等于沥青自身的黏聚力的作用效果,最大程度发挥纤维的增强作用,此时纤维即从沥青中拔出。

假设该破裂面为圆柱体,可以表示为式(11-1):

$$W_aA = 10\pi W_1BD \tag{11-1}$$

式中,W_a 为纤维与乳化沥青的黏附功(mJ/m^2),计算方法见第三章第二节“一、界面表面能”;W_1 为乳化沥青的黏聚力(mJ/m^2),计算方法见第三章第二节“一、界面表面能”;B 为纤维的支数(mm/g);D 为破裂面直径(mm);A 为纤维的比表面积(mm^2/g),纤维比表面积

采用染料吸附试验[168]，其计算方法可由式(11-2)计算得到：

$$S=\left(\frac{x}{m}\right)_{\mathrm{m}}N_{\mathrm{A}}\sigma \tag{11-2}$$

式中，S 为吸附面积，纤维比表面积 A 为纤维的吸附面积与质量之比；$\left(\frac{x}{m}\right)_{\mathrm{m}}$ 为单层分子饱和吸附量；N_{A} 为阿伏伽德罗常数；σ 为分子截面积，对于染料其值为 $175\times10^{-20}\mathrm{m}^2$。

故可以推导出破裂面直径，见式(11-3)：

$$D=\frac{W_aA}{10\pi W_1B} \tag{11-3}$$

假设乳化沥青的相对密度为1，则根据破裂直径 D 可以推导得到1g纤维所需的沥青用量，即纤维沥青用量比。则1g纤维所需沥青用量，见式(11-4)：

$$Q=\pi\left(\frac{D}{2}\right)^2B\times10^{-2}-\frac{1}{\gamma} \tag{11-4}$$

式中，γ 为纤维的相对密度。

以本书研究的A-玄武岩纤维、B-无碱玻璃纤维、C-高强玻璃纤维、D-表面处理玻璃纤维为例，纤维与乳化沥青的黏附功以及乳化沥青的黏聚力选择常温25℃破乳以后的值，计算得到纤维破裂面直径如表11-1所示，计算得到的1g纤维所需的沥青用量，以及换算以后得到的乳化沥青用量如表11-2所示。

纤维破裂面直径 D 计算结果　　表11-1

纤维名称	纤维黏附功 W_{a}(mJ/m²)	沥青黏聚力 W_1(mJ/m²)	纤维比表面积 A(mm²/g)	纤维支数 B(mm/g)	破裂面直径 D(mm)
A	128.05	151.12	48044.44	15333.31	0.845543
B	135.90	151.12	19531.09	3516.83	1.590548
C	127.09	151.12	42954.50	13650.82	0.842772
D	136.69	151.12	41183.10	14366.24	0.825776

纤维单位质量下理论沥青用量　　表11-2

纤维名称	A	B	C	D
沥青用量(g)	8.20	6.55	7.18	7.27
乳化沥青用量(g)	13.45	10.73	11.76	11.92

理论计算表明，纤维与乳化沥青的最佳用量比例关系在1∶11～1∶13，理论计算用量值与大量文献得出的实际用量值相比偏小，文献表明，乳化沥青∶纤维＝20∶1[169]，主要是由于实际情况中下封层表面会撒布了一层碎石，以及不同的半刚性基层表面会吸收部分乳化沥青，包括沥青面层也会吸附少量的乳化沥青，因此在用量中必须考虑。

2. 纤维用量的确定

根据第八章纤维增强乳化沥青下封层复合路面结构断裂性能试验结果可知：复合路面结构获得最大弯曲力、最大挠度、最大断裂能时纤维用量为160g/m²，位于试验界定范围的上限。第九章的路用性能试验结果表明，获得最大层间抗剪强度与黏结强度时纤维用量为

80g/m²,最能有效阻止贯穿裂缝在复合路面结构中发展时的纤维用量为 120g/m²。国内外实践经验和研究成果,作为半刚性基层和沥青面层之间的下封层,建议的纤维用量为 80 ~ 160g/m²。因此在确定纤维用量时,考虑在可能使半刚性基层产生比较严重的温缩和干缩地区,即可能出现较大范围半刚性开裂的地区可以选择用量范围上限值,在出现开裂概率比较小的地区可以选择用量范围的下限值,其余地区可以选择中值。

3. 乳化沥青用量确定

纤维增强乳化沥青下封层中乳化沥青的用量与实际的路面情况有很大的关系,乳化沥青用量可以由三部分沥青用量组成:第一部分为按最佳纤维乳化沥青质量比计算得到的乳化沥青用量(M_{L1}),第二部分为下封层表面撒布的碎石对乳化沥青的吸附量(M_{L2}),第三部分为半刚性基层表面吸附的沥青(M_{L3})。乳化沥青的理论用量 $M_L = M_{L1} + M_{L2} + M_{L3}$,各部分沥青的估算可按如下方法进行:

(1)最佳纤维乳化沥青质量比下的乳化沥青用量(M_{L1})

$$\text{乳化沥青用量}(M_{L1}) = \frac{\text{纤维用量}}{\text{最佳纤维乳化沥青质量比}} \tag{11-5}$$

式中,最佳纤维乳化沥青比可按照本章式(11-4)的方法确定。

(2)封层碎石对乳化沥青的吸附量(M_{L2})

在计算封层碎石对乳化沥青的吸附率时,参照《公路工程沥青及沥青混合料试验规程》(JTG E20—2011)[170]中集料对沥青的吸附率的计算方法,假定碎石的覆盖率为70%,则吸附乳化沥青用量可用式(11-6)计算。

$$M_{L2} = \frac{M_S \times P_a \times \rho_b}{1000 \times 100} \tag{11-6}$$

$$P_a = \frac{\gamma_{se} - \gamma_{sb}}{\gamma_{se} \times \gamma_{sb}} \times \gamma_b \times 100\% \tag{11-7}$$

式中,M_S 为单位面积碎石用量($m^3/1000m^2$);ρ_b 为矿料合成毛体积密度(kg/m^3),按 T 0705-5 计算;P_a 为下封层中被矿料吸收的沥青质量占矿料总质量的百分比(%);γ_{se}为下封层中矿料有效相对密度,无量纲,按 T 0705-8 计算;γ_{sb}为矿料的合成毛体积相对密度,无量纲,按 T 0705-8 计算;γ_b 为 25℃时乳化沥青的相对密度,无量纲。

在缺乏试验数据的情况下,McLeod 建议,碎石吸收率在 1% 左右时,需要增加0.09 L/m²沥青用量。常见碎石对沥青的体积吸收率[171]见表 11-3,建议的纤维增强乳化沥青下封层中碎石的用量范围见表 11-4,碎石对乳化沥青的吸附量可以由式(11-8)求得。

$$M_{L2} = M_S \cdot C \cdot \rho_L \tag{11-8}$$

式中,C 为碎石吸收率(%);参考表 11-3;ρ_L 为乳化沥青的密度(kg/m^2)。

常见碎石对沥青的吸收率 表 11-3

碎石类型		类型 A			类型 B	类型 C
		花岗岩	石英岩	火成岩	石灰石	卵石
吸收率(%)	最小值	0.40	0.61	0.31	1.75	1.14
	最大值	0.92	0.72	0.59	5.44	2.32
	平均值	0.59	0.67	0.43	2.80	1.69

碎石集料的用量范围　　表 11-4

级配类型（碎石规格）	碎石粒径（mm）	封层最大厚度（mm）	碎石撒布量（$m^3/1000m^2$）
F1（S14）	2.36～4.75	6	7～9（4～6）
F2（S12）	4.75～9.5	10	9～11（7～9）

（3）基层对乳化沥青的吸附量（M_{L3}）

半刚性基层状况也是影响纤维增强乳化沥青下封层中乳化沥青用量的重要因素。一般新建道路的半刚性基层平滑、孔隙小，吸收乳化沥青少，相反，如果是改造路面的半刚性基层会出现干燥、多孔有麻点甚至裂缝，此时会吸收大量沥青。部分道路状况修正因子见表 11-5[63]。

基层状况修正因子　　表 11-5

路面状况	光滑无裂缝	轻微裂缝	轻微麻面裂缝	严重麻面严重裂缝
乳化沥青修正量 M_3（L/m^2）	0.00	+0.14	+0.27	+0.40

4. 纤维长度的确定

纤维长度可以由下封层承受的拉应力 σ、室内试验室中单位纤维长度与乳化沥青摩擦阻力强度 σ' 来确定。考虑到纤维增强乳化沥青下封层复合材料中，拉应力最大值出现在纤维中部，即纤维在长度范围内的中部被拔出，根据力平衡的原则有：

$$lA\sigma' = 2\sigma S \tag{11-9}$$

式中，$S=\pi\left(\dfrac{D}{2}\right)^2$，即纤维的横断面面积；$A=\pi D$，即纤维单位长度圆周表面积。

故可以推导出纤维长度：

$$l=\frac{\sigma D}{2\sigma'} \tag{11-10}$$

纤维直径 D 可按前面的方法在放大镜下测定。室内试验室中单位纤维长度的抗拉强度 σ' 可由抗拉试验测得，纤维增强乳化沥青下封层承受的拉应力 σ 可以通过室内试验测定也可以通过理论计算获得。

根据第五章有限元计算结果和参考文献[172]，反射裂缝尖端最大应力为 2MPa 左右，在纤维与乳化沥青质量掺量为 1∶20 时，单位长度纤维与乳化沥青的摩擦阻力强度为 0.0115MPa/mm，估算得到的纤维长度为 $l=72$cm。

在第八章力学性能试验中得到纤维越长对断裂能的增加是有利的，但对于施工分布的均匀性以及抗剪强度和黏结强度是不利的。关于纤维长度到底是越长越好，还是越短越好，本文研究认为随纤维长度的增加，纤维越具有连续纤维的性质，在下封层中被拔出的概率就会下降，对于纤维增强乳化沥青下封层来说，抗拉强度和断裂能会增加，但是随着强度的增加，下封层的能量将转变为由应变能来提供，对于乱向纤维与沥青基体黏附功这部分能量将有所损失。因此，对于纤维增强乳化沥青下封层，除了考虑强度因素外，还应该考虑能量因素和层间黏结强度因素。特别应该结合工程实际的情况，当基层发生小变形时，下封层的强度优势会得以展现,此时应该适当增加纤维长度。当基层发生较大变形时,纤维一般情况下不会被拔出,仅仅是在下封层中随路面结构一起发生变形,裂缝尖端的能量不能得到有效释放,因此强度可以不作为重点考虑因素,此时可以适当减小纤维长度。

综上,根据理论和试验结果,纤维增强乳化沥青下封层中建议的纤维长度为6cm。在局部地区开裂比较严重的情况下,在保证层间黏结性能良好以及施工均匀性的情况下,可以采用9cm以增强下封层的断裂能。

二、基于抗裂性能与力学指标关联度试验方法

根据第十章的分析结果,选择与裂缝动态扩张规律联系最为紧密的力学参数作为设计指标,参考沥青混合料马歇尔配合比设计最佳沥青用量的方法,对纤维增强乳化沥青下封层进行配合比设计。

1. 设计参数的选择

由裂缝动态发展与力学指标的灰色关联度分析得出:裂缝发展初期与复合路面结构的最大弯曲力关联性最大,其次是层间剪切力,再次是层间黏结力,最后依次是断裂能和最大挠度;裂缝发展中期与层间剪切力关联性最大,其次是最大弯曲力,再次是层间黏结力,最后依次是断裂能、抗反射裂缝作用次数和挠度;裂缝发展后期与复合路面结构的断裂能关联度最大,其次是层间剪切力,再其次是层间黏结力,最后依次是抗反射裂缝作用次数、最大挠度和最大弯曲力。故在纤维增强乳化沥青下封层的试验配合比设计中选择最大弯曲力、层间剪切力和断裂能作为配合比设计的三个主要力学参数指标,影响这三大力学参数的关键是纤维用量和沥青用量,同时将层间黏结力、抗反射裂缝作用次数作为验证参数。

2. 配合比设计步骤

纤维增强乳化沥青下封层的配合比设计试验法可按图11-1步骤进行。

具体实施过程如下:

(1)原材料的选择与性能试验

纤维增强乳化沥青下封层的组成材料主要是乳化沥青、纤维、碎石。乳化沥青的质量要求见表3-2、表3-3,集料的技术要求见表8-2,对于纤维的选择可以按照第二章表面能试验研究和功能和原理确定,尽量选择经过表面处理的纤维,保证纤维与沥青的界面黏附力。

(2)按照功能和最大原理推导乳化沥青与纤维的理论用量值

按照本章第一节"一、基于功能和原理半经验半理论方法"的方法,确定最佳纤维乳化沥青质量比、纤维用量、乳化沥青用量修正用量和纤维长度值。

(3)确定材料用量大致范围

按照第八章、第九章力学试验结果和国内外实践资料提出推荐的沥青用量范围、纤维用量范围、纤维长度,建议的纤维用量为80 ~160g/m^2,建议的纤维长度为6cm,在局部地区开裂情况比较严重的情况下,在保证层间黏结性能良好的情况下,可以采用9cm,乳化沥青用量范围1.2~2.0kg/m^2。

(4)根据(3)确定的纤维用量范围80~160g/m^2,在推荐范围内按照一定用量间隔做3~5组复合路面结构试件,沥青用量的确定按照本章第一节"一、基于功能和原理半经验半理论方

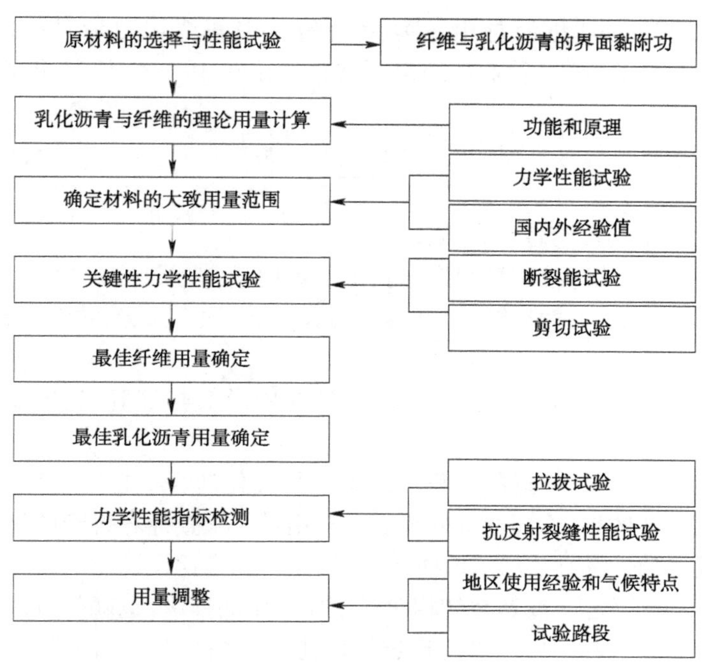

图 11-1　配合比设计步骤

法”的方法进行，试件的制作方法见第八章第一节“二、试件成型方式”，对于底层混凝土板材料，可采用实际工程中半刚性基层材料的用量比例制作，同时保证面层沥青混合料碾压成型时半刚性基层不发生破坏，面层沥青混料的压实度与实际的路面设计压实度一致，最大可能地模仿实际的工程情况。分别测定每组试件的最大弯曲力、断裂能、层间抗剪强度。

(5)最佳纤维用量的确定

根据步骤(4)试验结果，绘制纤维用量范围与各力学指标之间的关系曲线，最大弯曲力(保证率为 95%)所对应的纤维用量为 X_{S1}，最大层间剪切力对应的纤维用量 X_{S2}，断裂能(保证率为 95%)所对应的纤维用量 X_{S3}，最佳纤维用量按式(11-11)确定：

$$X_S = \frac{X_{S1} + X_{S2} + X_{S3}}{3} \tag{11-11}$$

将计算值与理论值比较，如果差异很小取计算值和理论值的平均值作为最佳纤维用量；如果差值范围比较大，根据施工气候条件，对于温差比较大，基层开裂比较严重的情况，可以选择计算值与理论值的上限范围，纤维用量偏多一些，反之可以取计算值与理论值下限值作为最佳的纤维用量值。

(6)最佳沥青用量的确定

按照步骤(5)确定的纤维试验用量与纤维理论用量值比较，差值小于或等于 10%，则乳化沥青的用量按照步骤(4)中所确定的沥青用量值；差值大于 10% 时，应该对乳化沥青用量值进行修订，修订的方法如下：

选择乳化沥青用量推荐的范围 1.2 ~ 2.0kg/m^2，按照一定用量间隔做 3 ~ 5 组复合路面结构试件，按照步骤(4)的试验方法测定每组试件的最大弯曲力、最大断裂能、层间抗剪强度。根据试验结果，绘制乳化沥青用量与各力学指标之间的关系曲线，最大弯曲力

(95%保证率)所对应的乳化沥青用量为 M_{S1}，最大层间剪切力最对应的乳化沥青用量 M_{S2}，断裂能(95%保证率)所对应的乳化沥青用量 M_{S3}，最佳乳化沥青用量 M_S 按式(11-12)确定：

$$M_S = \frac{M_{S1} + M_{S2} + M_{S3}}{3} \tag{11-12}$$

(7)层间黏结性能与疲劳性能检测

按照试验得到的最佳纤维用量和最佳乳化沥青用量，按照步骤(4)的方法成型试件，测定试件的层间黏结力和抗反射裂缝作用次数，要求不低于正交试验的中位数，否则应对用量进行调整。

(8)综合地区使用和气候特点，参照理论最佳用量值与试验最佳用量值调整材料配合比。

①调查当地各项条件相接近的工程的纤维增强乳化沥青下封层中纤维用量、沥青用量和纤维长度，以及阻裂效果，论证适宜的最佳材料用量。检查计算得到的最佳材料用量是否相近，如相差甚远，应查明原因，必要时重新调整，进行配合比设计。

②对于昼夜温差比较大，或是空气相对湿度比较小的地区，也就是可能引发半刚性基层比较严重的干缩和温缩裂缝时，可以适当选择乳化沥青用量范围的下限以及纤维用量的上限，选择9cm长的纤维，但必须保证纤维下封层与上下结构的黏结强度和纤维施工的均匀性。

③纤维用量和乳化沥青用量是决定影响纤维增强乳化沥青下封层的抗反射裂缝性能最主要的参数，除按照最佳纤维乳化沥青比计算沥青用量以外，还需根据封层碎石的物理参数和半刚性基层的表面特性对用量进行调整。

(9)铺筑试验路段观测与性能检测

根据室内试验得到材料用量配合比铺筑试验段，对施工工作性进行检测，包括乳化沥青在纤维表面分布的均匀性、是否出现纤维的裸露、是否出现乳化沥青流淌、纤维是否在乳化沥青中呈现乱向分布，若出现上述情况，分析产生原因，如果与配合比相关，需及时验算调整。施工工作性与配合比关系分析如表11-6所示。

施工工作性与配合比关系 表11-6

施工工作性	与配合比相关因素
乳化沥青在纤维表面分布的均匀性差	纤维与乳化沥青质量不合格
纤维裸露	纤维用量过多，纤维与乳化沥青黏附性差，纤维或乳化沥青质量不合格
乳化沥青流淌	乳化沥青质量不合格，乳化沥青用量偏大
纤维分布不均匀	纤维长度选择过长

第二节　FR-SAMI应用实例

以下通过具体的工程应用，阐明纤维增强乳化沥青下封层的设计程序和施工实践控制要点。

一、项目区基础资料调查

1. 项目基本情况

施工项目地处南方某山区，项目针对该地区软基多、地质条件较差的现状以及水泥稳定碎石基层施工工期短等特点，为进一步避免和减少水泥稳定碎石基层裂缝反射到沥青路面，其中部分路段采用纤维增强乳化沥青下封层，并与采用改性乳化沥青下封层进行对比。

该项目设计标准为：一级公路（兼顾城市主干道功能），道路红线宽 40m，设计速度 80 km/h，沥青混凝土路面。路基标准横断面 3.0m（中分带）+2×12.25m（行车道）+2×1.5m（侧分带）+2×4.0m（混行道）+2×0.75m（土路肩）=40m，设计荷载为公路—Ⅰ级。

2. 气候特点

项目所在地属于典型北亚热带湿润区，受季风环流影响，四季分明，气候温和，雨水充沛，日照充足，无霜期长。气温，1 月平均气温在 2.8℃左右；7 月平均气温在 28℃左右。全年无霜期 220 天左右，年平均降水量 1048mm，雨季较长，主要集中在夏季，全年降水量大于蒸发量，属湿润地区。

3. 原材料技术性质

（1）乳化沥青：SBR 改性乳化沥青，技术指标符合表 3-2、表 3-3 要求。

（2）纤维：采用表面处理的复合玻璃纤维，质量符合表 7-5 要求。

（3）碎石：粒径 4.75～9.5mm，毛体积相对密度 2.513，表观相对密度 2.622，技术指标符合表 8-2 要求。

二、配合比设计

纤维增强乳化沥青下封层的配合比设计要点主要是确定乳化沥青与纤维最佳用量比，乳化沥青用量、纤维用量、纤维长度。

1. 材料用量的理论值

（1）确定纤维与乳化沥青的质量比为 1∶12。

（2）纤维用量选择理论计算范围的中值 120g/m^2。

（3）乳化沥青用量：考虑最大纤维与乳化沥青黏附功用量为 1.44 kg/m^2，计算封层碎石对乳化沥青的吸附量为 0.34kg/m^2。经调查半刚性基层施工养护完毕以后表面光滑，几乎没有裂缝的存在，考虑基层对乳化沥青的吸收量为 0.05 kg/m^2，综合考虑得到的乳化沥青用量为 1.83kg/m^2，确定的理论用量值为 1.8 kg/m^2。

（4）考虑工程施工和气候条件，选择纤维长度为 6cm。

2. 材料用量的试验值

（1）按照乳化沥青用量为 1.8kg/m^2，纤维长度为 6cm，在推荐的纤维用量范围 80～160g/m^2（包含理论最佳用量），做 5 组铺设纤维增强乳化沥青下封层的复合路面结构试件，纤维用量分别为 80g/m^2、100g/m^2、120g/m^2、140g/m^2、160g/m^2。按照第八章、第九章的试验方法，分别测定 5 组试件的断裂能、最大弯曲力和层间剪切强度，试验结果见表 11-7。纤维用量与各力学指标之间的关系曲线如图 11-2 所示。

不同纤维用量下力学指标　　表 11-7

纤维用量(g/m^2)	力学指标		
	断裂能(N·mm)	最大弯曲力(N)	层间剪切强度(MPa)
80	4132	420.8	0.826
100	4343	478.2	1.194
120	4625	543.5	1.102
140	5268	665.8	0.886
160	5645	680.3	0.810

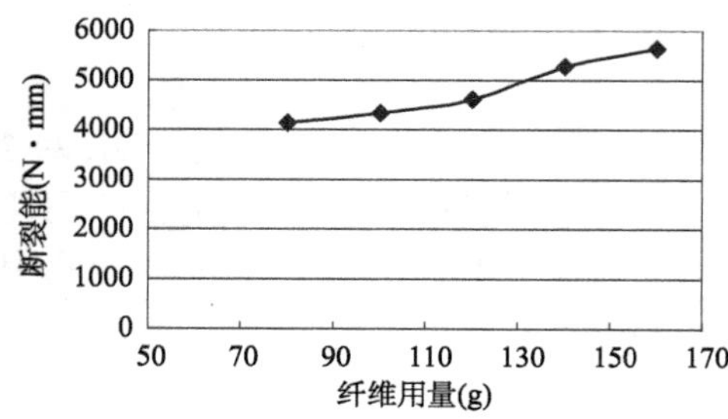

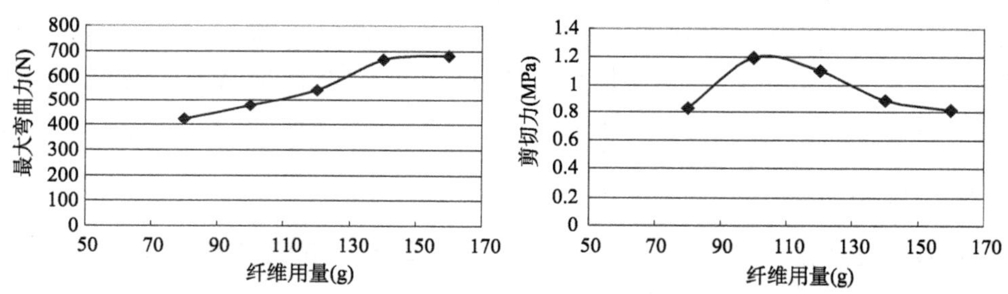

图 11-2　纤维用量与力学指标关系曲线

(2)由图 11-2 求出相应于保证率为 95% 时最大弯曲力,最大剪切力和保证率为 95% 时断裂能对应纤维用量:$X_{S1}=145g$、$X_{S2}=136g$、$X_{S3}=100g$,最佳纤维用量试验值为:$X_S=(145+136+100)/3=127g$。

试验计算得到的纤维用量与理论推荐值 120g 基本吻合,因此不需要对原试验的乳化沥青用量进行修订,采用 1.8kg/m²,纤维用量采用均值偏上限 125g/m²,纤维长度 6cm。

(3)按最佳材料用量,制作复合路面结构试件,对层间黏结力和竖向周期荷载抗反射裂缝作用次数进行试验,得到试验结果值均高于正交试验的中值,符合设计要求。

3. 铺筑试验路段

按照室内试验确定的材料用量进行试验段的铺筑,试验段长度为 50m 或 100m,碎石用量最好不超过一辆运输车的载质量。其目的是检验试验段内材料用量的准确性、均匀性,测量、观察碎石集料的嵌入深度、嵌挤效果。根据试验段的铺筑效果,检查机械设备的性能状态,并依此调整施工设备的设置参数和材料配合比,其中,材料用量准确性是关键因素,其确定方法如下:

(1)纤维与乳化沥青洒布量检验

检测方法采用铺放纸张称量或托盘称量等方法(图 11-3),以检验纤维封层车乳化沥青喷洒量(洒布率)的准确性、均匀性,并确定喷洒的形式(单重、双重或多重),包括喷洒横梁的高度、喷嘴阀门的方向角度等参数。单位面积纤维与沥青用量可按式(11-13)计算。

图 11-3　托盘法检测材料的用量

$$G_L = \frac{G_2 - G_1}{S} \tag{11-13}$$

式中,G_L 为纤维乳化沥青单位面积洒布量(g/m^2);G_1 为洒布前托盘质量(g);G_2 为洒布后托盘质量(g);S 为托盘面积(m^2)。

考虑到托盘回收利用和环保可以用专用纸片代替。

设备空转时(不开动沥青洒布设备),纤维洒布量的计算方法见式(11-14):

$$G_X = \frac{G_{X2} - G_{X1}}{S} \tag{11-14}$$

式中,G_X 为纤维单位面积洒布量(g/m^2);G_{X1} 为洒布前托盘质量(g);G_{X2} 为撒布后托盘质量(g);

乳化沥青的单位面积用量按式(11-15)计算:

$$G_R = G_L - G_X \tag{11-15}$$

(2)碎石撒布量检验

碎石撒布量检测的方法与原理同乳化沥青检测方法,采用托盘法或铺放专用纸称量等方法,以检验碎石集料撒布量(撒布率)的准确性、均匀性,确定碎石撒布车的运行速度、出料口开启大小等参数。

经检测各项指标均符合设计要求,可按该用量进行施工。

三、施工控制要点

纤维增强乳化沥青下封层施工前,应根据工程项目特点、材料特性、配合比设计、原基层技术状况、交通环境及施工设备等资料,进行必要的施工组织方案设计。纤维增强乳化沥青下封层的施工工艺见图 11-4。

1. 施工准备

施工完毕的半刚性基层必须具有足够的整体强度和平整度,对于局部破损如初期开裂、坑槽、松散等应进行处理。对于表面有浮沉的路面应清扫干净,一般采用电动清扫机、真空吸尘器或其他有效清扫设备，保证与纤维增强乳化沥青下封层黏结性能。图11-5为清扫干净的基层表面、图11-6为有浮尘的基层表面。

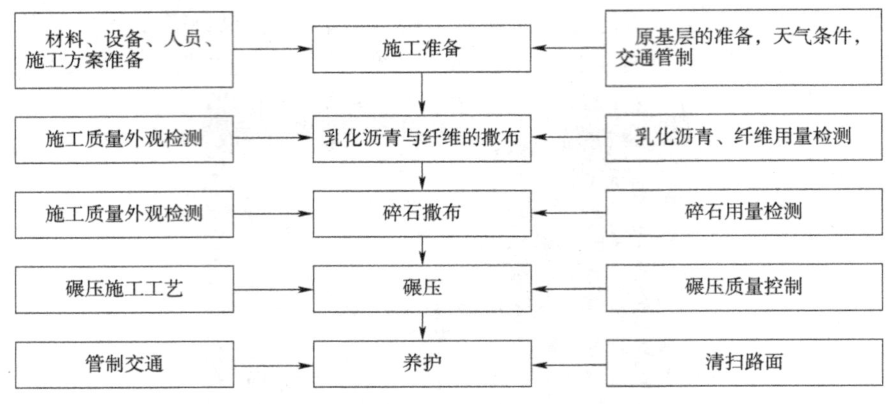

图11-4 施工工艺流程

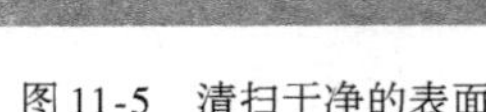

图11-5 清扫干净的表面

图11-6 有浮尘的表面

纤维增强乳化沥青下封层施工必须采用专业的机械化作业，各施工机械设备的性能、数量及作业速度上应能互相匹配；同时，还应配备合适的人工修补设备和专用人员。一般的机械设备如表11-8所示。

纤维乳化沥青下封层施工机械设备 表11-8

序号	机械设备名称	规格型号要求	数量	用途说明
1	路面清扫车或吹风机	自动、电动	若干	施工前路表面垃圾、尘土清除；施工后过量碎石清扫
2	纤维封层车	汇诚 HZJ5160XFC型	1	同步喷洒两层乳化沥青；自动切割纤维并同步撒布
3	改性沥青乳化生产成套设备		1	生产改性乳化沥青
4	沥青罐车	20~40t	2	运输、存储、装卸乳化沥青
5	碎石撒布机(器)		2	碎石集料自动撒布
6	集料运输车	10t	若干	碎石运输
7	装载机		若干	装载碎石集料

续上表

序号	机械设备名称	规格型号要求	数 量	用途说明
8	胶轮压路机	6 - 10t	2 ~ 3	碎石封层的碾压
9	推碾、铁锹、手推车		若干	人工修整
10	指挥车		1	现场交通引导
11	交通设施		若干	交通组织、交通安全

纤维封层车应能同步完成两层沥青结合料的均匀喷洒和纤维的自动切割及乱向、均匀撒布,并具有精确的计量系统和计算机自动控制系统,可记录、显示、调整乳化沥青及纤维的用量。应配备具有加热温控系统、泵送循环系统和速度调控的沥青罐车、牵引车。试验段使用的 HZJ5160XFC 型纤维同步碎石封层车。

材料存储、使用过程中应注意的关键问题是质量和安全。材料包括(改性)乳化沥青、碎石集料、纤维等,其中碎石集料的存储与检验最为主要。集料可存储在工程沿线适合的位置,集料在存储时不能受到黏土、泥浆的污染,避免集料过于潮湿,料场应具有预防暴雨及污染的防护措施,集料堆放时应注意避免形成单个太高的锥体,以减少集料离析。乳化沥青应采用具有加热、温控系统的专用沥青罐车存储,应保证其稳定性。乳化沥青外观呈棕黑色或黑褐色液体,经搅拌以后无凝胶、结块、呈均匀状态。纤维存放应防雨、防潮。

应提前对施工机械设备(包括纤维碎石封层车及配套设备、碎石撒布车、碾压设备、运输车、清扫设备等)进行性能检查、参数调试和校准,检查内容包括主要施工设备的数量、性能状态、参数设置(调试和校准)以及各设备在作业速度等方面的协调性。

铺设纤维增强乳化沥青下封层时,气温应高于5℃,基层的温度必须高于0℃,且下雨和风力大于5级时,不能进行下封层的施工。施工中途下雨时,应做好施工周边的防护工作。

2. 现场施工

纤维增强乳化沥青下封层的施工工序如图11-7所示。

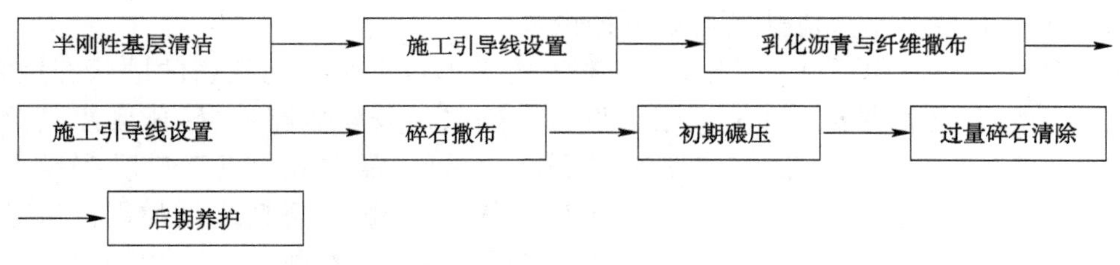

图11-7 现场施工工序图

喷洒乳化沥青前应采用机械与人工相结合的方式进行路面尘土的清扫,应注意清扫的时间、距离、风的影响和清扫人员的劳动安全,以及清扫工程中对周围环境的影响。应注意检查裂缝缝隙内及表面空隙内的尘土是否清扫干净。

考虑碎石撒布机的撒布宽度、纤维封层车的喷洒宽度,在喷洒乳化沥青之前,在纵向施工路段内、沿纵向接缝处设置临时的路面标记或标签,作为施工引导线或参考线;沿施工引导线外侧,设置路锥、指示牌等交通控制设施。

纤维碎石封层车沥青喷洒系统施工前应进行充分的预热，喷嘴应先进行冲洗；匀速行驶适宜的施工速度为 3.6 km/h；乳化沥青应保持适合的喷洒温度，保证具有合适的黏度和流动性，喷洒温度应不低于 60℃ 、不高于 80℃；在施工开始、结束的连接区域保证接缝区域内乳化沥青及纤维撒布的连续性、均匀性和准确性；每次乳化沥青及纤维洒布前后，应检查、记录材料的用量，核对洒布率，根据施工实际效果，调整乳化沥青的洒布率，及时通过外观检查乳化沥青及纤维的洒布效果，若出现条纹，应检查以下可能原因[42]：

(1)洒布车横梁高度不正确。

(2)喷嘴阀门的方向角度未对齐，横向喷洒量不均匀。

(3)喷嘴阀门阻塞，横向喷洒量不均匀。

(4)乳化沥青黏度太大，喷洒量不稳定。

(5)喷洒压强不足，喷洒量不稳定。

(6)纤维洒布不均匀，出现纤维裸露的情况。

乳化沥青喷洒不均匀，见图 11-8。

图 11-8　乳化沥青喷洒不均匀

碎石的撒布应在乳化沥青破乳前进行，碎石集料撒布车应尽量紧跟纤维碎石封层车，但需保持安全距离。碎石的撒布宜控制在封层施工完毕后 1 ~ 2min 内完成，施工中应避免碎石撒布车以及运送车表面带有污垢、尘土，污染施工完毕的下封层，影响层间黏结力，碎石撒布过程中应注意使集料分布平整、均匀，撒布量符合配合比设计用量要求(覆盖率 70%)；随时检查集料分布的均匀性和用量，不符合要求及时调整。

施工过程中宜分配 2 ~ 3 名工人专门负责人工修补。包括清除碎石撒布时可能形成的小堆或隆起部分的多余集料，填补测定乳化沥青含量时铺设纸张留下的空洞，清除碎石集料中的草根、黏土块等杂物；补填因喷嘴出现阻塞或接缝处造成乳化沥青漏洒的区域。

为了保证下封层中纤维、乳化沥青和碎石能够形成一个空间致密的网状缠绕结构，碾压工序是一个至关主要的环节。碾压设备最好采用胶轮压路机，碾压紧跟随碎石撒布车进行，碎石撒布完毕以后 2 ~ 5 min 内需进行碾压，需在乳化沥青破乳凝结之前完成，碾压遍数一般不少于 3 遍，如果施工工程中气温较偏低，可适当增加碾压遍数。压路机的碾压行驶速度不宜超过 2 km/h，操作过程中应保证缓慢、平稳，以减小对碎石影响，保证碎石能稳定地嵌挤到乳化沥青中。当碾压结束后，应进行初期养护，禁止车辆通行，并在养护路段内设置相应的交通标志。待乳化沥青完全凝结、固化后方可进行上层施工。

3. 质量检测

在施工及养护工作全部结束时，应对全部施工路段进行彻底的清扫、清理。根据全面质量管理的要求，选取 1 ~ 3km 路段进行质量检查、评价和验收。现场检查项目及要求如表 11-9所示。

施工交工验收检查要求　　表 11-9

项　　目		质量要求	检验频率	检验方法
表观质量	外观	表面平整、空隙分布均匀 无松散、无泛油、无纵向条纹 无划痕、无集料碎裂	全线连续	目测
	横向接缝	平顺、无堆积或遗漏区域 不平整 ＜ 6mm	每条	目测 3m 直尺测量
	纵向接缝	平顺、无堆积或遗漏区域 覆盖宽度 ＞ 50mm 不平整 ＜ 6mm	全线连续	目测及用尺量 3m 直尺测量
	边线	平顺 30m 范围内波动 ＜ 50mm	全线连续	目测及 用尺量
渗水系数（mL/min）		不渗水	3 个点/km	T 0971—2008
石料剥落度(%)		≤ 10	5 个点/km	现场实测
封层厚度代表值		不小于设计厚度 10%	5 个点/km	

本章小结

基于纤维增强乳化沥青下封层细观力学与宏观力学性能，对配合比设计方法进行了探讨，得出如下结论：

(1)根据功能和原理推导出理论最佳的纤维乳化沥青质量比例关系为 1:11 ~ 1:13。根据有限元计算结果估算得到的纤维长度为 $l = 72$cm，建议的纤维长度为 6cm，在局部地区开裂比较严重的情况下，在保证层间黏结性能良好时可以采用 9cm。建议的纤维用量为 80 ~ 160g/m^2，基于碎石和半刚性基层吸收乳化沥青率，得出乳化沥青用量修正计算方法。

(2)基于裂缝动态发展规律与力学指标的关联度，提出以最大弯曲力、层间剪切力和断裂能作为配合比设计的三个主要参数指标，将层间黏结力、疲劳作用次数作为验证参数，详细介绍了设计步骤。

(3)结合研究成果，给出工程实践示例，介绍纤维增强乳化沥青下封层的配合设计工程应用示例和施工控制要点。

参考文献

[1] 王松根. 养护技术系列讲座——从大数据看我国沥青路面典型病害及其养护对策,公路养护技术国家工程研究中心,中公高科养护科技股份有限公司,2017.4.

[2] 牛立强. 沥青路面 Top-Down 裂缝产生的原因分析[J]. 筑路机械与施工机械化,2017,34(01):69-72.

[3] 杨成忠,陈万祥. 基于半刚性基层的沥青路面反射裂缝分析与防治[J]. 公路,2002(4):85-88.

[4] 武贤慧,张登良,李德超. 沥青路面反射裂缝足尺试验[J]. 长安大学学报,2003,23(6):4-6.

[5] 郑健龙,张起森. 半刚性路面反射裂缝及其应力强度因子的有限元分析[J]. 岩土工程学报,1990,12(3):22-31.

[6] 高嫄嫄,王维玉,赵庆新. 基于解析方法的半刚性基层沥青路面裂缝反射问题研究[J]. 重庆交通大学学报(自然科学版),2018,37(12):49-54.

[7] 李自林,龚能飞,栾小兵. 半刚性基层沥青路面温缩型反射裂缝的扩展机理分析[J]. 公路交通科技,2008(01):43-46.

[8] 赵复笑,余天庆,金生吉. 沥青路面反射裂缝机理及夹层结构应力分析[J]. 沈阳建筑大学学报,2010,26(2):298-300.

[9] 孙雅珍,翟晓星,李宁. 沥青路面反射裂缝扩展机理与防裂效果分析[J]. 沈阳建筑大学学报,2012,28(6):1023-1029.

[10] 王雪莲,黄晓明,卞国剑. 基于数值模拟的半刚性基层沥青路面反射裂缝扩展路径分析[J]. 公路,2018,63(05):1-6.

[11] Malan, G. W. ,Straus, P. J. , and F. Hugo. A Field Study of Premature Surface Cracking in Asphalt[C]. Proceedings of the Association of Asphalt Paving Technologists, 1988(58): 142-162.

[12] Uhlmeyer, J. S. ,Willoughby, K. , Pierce, L. M. , and J. P. Mahoney. Top-Down Cracking in Washington State Asphalt Concrete Wearing Courses[J]. Transportation Research Record, National Research Council, Washington, D. C. , 2000: 110-116.

[13] 潘学政,董海波,张洪亮,等. 沥青混合料 Top-down 开裂影响因素研究[J]. 建设机械技术与管理,2012,25(11):109-112.

[14] Rahman M S, Podolsky J H , Williams R C. A study of top-down cracking in the state of Oregon[J]. Road Materials and Pavement Design,2018,19(8),1171-1795.

[15] 白璐,申爱琴,李涵. 柔性基层沥青路面在动荷载作用下 Top-Down 开裂模拟研究[J]. 公路交通科技,2017,34(09):22-29.

[16] 李峰,孙立军. 沥青路面 Top-Down 开裂成因的有限元分析,公路交通科技,2006,23

(6):1-4.

[17] 张珊珊. 沥青路面 Top-Down 裂缝开裂机理研究[D]. 西安:长安大学,2012.

[18] 刘凤祥,胡小弟. 基于实测轮载的沥青路面 Top-down 裂缝产生机理分析[J]. 中国水运(下半月),2016,16(12):166-168.

[19] Leslie Ann Myers , Reynaldo Roque , Bjorn Birgisson . Propagation Mechanisms for SurfaceInitiated Longitudinal Wheel path Cracks[J]. Transportation Research Record Journal of the Transportation Research Board,2001.

[20] Mohsen Alae, Yanqing Zhao, Guozhi Fu. Investigation of mechanisms of top-down fatigue cracking of asphalt pavement[J]. Road Materials and Pavement Design,2017,19(6):1436-1447.

[21] Roque, R. , and B. E. Ruth. Mechanisms of Modeling of Surface Cracking in Asphalt Pavements[C]. Proceedings of the Association of Asphalt Paving Technologists, 1990(59): 396-421.

[22] 范植昱,徐柏才. 降温过程对沥青路面 Top-Down 开裂的影响[J]. 中外公路,2011,31(02):40-43.

[23] 张翔宇. 行车荷载和温度作用下的沥青路面表面开裂研究[D]. 长沙:湖南大学,2007.

[24] 闫正. 季冻区柔性基层沥青路面 Top-Down 裂缝开裂机理及防治措施研究[D]. 西安:长安大学,2013.

[25] 李花磊. 沥青路面 Top-Down 裂缝开裂机理解析法分析[D]. 西安:长安大学,2014.

[26] Wambura, J. H. G, Maina, J. , and H. R. Smith. , Kenya Bituminous Materials Study[J], Transportation Research Record, National Research Council, Washington, D. C, 1999:129-137.

[27] Gerritsen. A. H, et, all. Prediction and Prevention of Surface Cracking in Asphaltic Pavements[C]. Proceedings of the 6th International Conference on Asphalt Pavements, Ann Arbor, 1987:378-391.

[28] Michale Schorsch. Effects of Segregation on the Initiation and Propagation of Top-Down Cracks[R]. Washington D,C. 82st Transportation Reserch Board Annual Meeting Washington D,C. 2003.

[29] TerhiK. Pellinen, Geoff Rowe, Kalapi Biswas. Evaluation of surface(Top-Down) Longitudinal Wheel Path Cracking[R]. Purdue University,2004.

[30] 郭红兵. 设置开级配大粒径沥青碎石裂缝缓解层的沥青路面抗裂机理研究[D]. 西安:长安大学,2013.

[31] 张鹏. 高等级公路半刚性基层材料的抗裂性能研究[D]. 大连:大连理工大学,2007.

[32] 王亚昀. 玄武岩纤维沥青稳定碎石性能试验研究[D]. 扬州:扬州大学,2018.

[33] 王雪莲,黄晓明,卞国剑. LSPM 对防治半刚性基层沥青路面反射裂缝机理分析[J]. 公路交通科技,2016,33(07):12-18.

[34] 李斌,梁乃兴,冯小军. 路面结构厚度对沥青面层疲劳寿命的影响[J]. 筑路机械与施

工机械化,2018(35):70-74.

[35] 王宇放. 微黏结沥青碎石基层性能研究[D]. 长春:吉林大学,2018.

[36] 朱展. 水稳填充大粒径碎石基层材料应用研究[D]. 南京:东南大学,2017.

[37] 国计凯. 超大粒径嵌挤结构水稳破口砾石路面基层试验研究[D]. 邯郸:河北工程大学,2018.

[38] 李海滨,沙爱民. 设置过渡层的半刚性基层沥青路面的合理结构[J]. 长安大学学报(自然科学版),2012,32(04):25-30.

[39] 马光超. 级配碎石过渡层沥青路面结构组合研究[D]. 沈阳:沈阳建筑大学,2011.

[40] 谭忆秋,石昆磊,李丽敏,陈国明,纪伦. 高黏性沥青下封层防治反射裂缝研究[J]. 哈尔滨工业大学学报,2008(02):241-245.

[41] 周磊生. 橡胶沥青透水下封层力学特性与路面结构组合优化研究[D]. 济南:山东大学,2009。

[42] 付伟等. 半刚性基层沥青路面抗裂土工布下封层设计与施工[M]. 北京:中国建筑工业出版社,2017.

[43] 蒋应军,薛航,薛辉,等. 半刚性基层预锯缝及铺土工布的路面防裂措施[J]. 长安大学学报(自然科学版),2006(02):6-9.

[44] 张宗辉. 纤维封层技术及在公路养护中的应用[J]. 工程机械与维修,2008(1):3-4.

[45] 闫修海,于金成,王建国,等. 纤维封层技术的引进与应用[J]. 北方交通,2008,(8):76-77.

[46] Gillespie RI. "The Evaluation and Study of a Fibre-Reinforced Membrane to Inhibit Reflective Cracking"[R]. Proceedings, 4th International RILEM Conference on Refle ctive Cracking in Pavements, Ottawa, Ontario, Canada,2000.

[47] Ghassan RC, Palacios CJ. "Evaluation Study of Fibermat B© Interlayer System for Roadway Pavement Rehabilitation"[R]. Pennsylvania Transportation Institute, Pennsy lvania State University, University Park, Pennsylvania, USA :2007.

[48] 张宗辉. 同步碎石封层技术在道路养护和建设中的应用前景[J]. 建筑机械,2004(3):51-53.

[49] 张兰. 纤维封层于中国首次施工[J]. 筑路机械与施工机械化,2007,24(9):17.

[50] 谭峰,包惠明. 同步碎石封层新技术的应用[J]. 桂林工学院学报,2007,27(1):69-72.

[51] Douglas. D. Gransberg, P. E, Ellker. Karaea, Sanjaya. Senadheera. Caleulating roller Requirements for chip seal Projects[J]. Journal of Construction Engineering and Management(ASCE),2004,130(3):378-384.

[52] Douglas D. Gransberg P. E. Using a New seal and Performance Specification evaluate U. 5. ehiPseal Performance. Journal of transportation Engineering(ASCE),2007,133(12):688-695

[53] Buttlar WG , Bozkurt D , Dempsey BJ. Cost-Effectiveness of Paving Fabrics to Control Reflective Cracking[R]. Transportation Record No 1730, Issues in Pavement Design and

Rehabilitation, Transportation Research Record search Board . National Research Council. National Academies. Washington, D. C. , 2000:139 -149

[54] Cleveland GS, Lytton RL, Button JW. Reinforcing Benefits of Geosynthetic Materials in Asphalt Concrete Overlays using Pseudo Strain Damage [R]. Pre-Print CD-ROM, 82nd Annual Meeting of the Transportation Research Board, National Research Council, National Academies, Washington, D. C. ,2003.

[55] Jean-Wartin Croteam, P. Eng. A Four-Year Performance Review of North American and International Fiber-Reinforced Membrane Systems Interlayer System for Roadway Pennsylvania Transportation Institute, Pennsylvania State University, University Park, Pennsylvania, USA ,2007:400-415.

[56] Yeates C. An Evaluation of the Use of a Fibre-Reinforced Membrane to Inhibit Reflective Cracking[J]. in Cabrera JG, Dixon JR. Performance and Durability of Bituminous Materials: Proceedings of Symposium, University of Leeds, March 1994, E&F Spon, London, UK,1996.

[57] Lysenko J, Scott G. Are Your Roads Getting Enough Fibre[R]. Proceedings Focusing on Performance Conference , Australian Asphalt Pavement Association (AAPA) , Sidney , Australia,1998.

[58] 李坤.纤维封层力学性能试验研究[D].大连:大连理工大学,2008:78.

[59] 杜隽.纤维封层应用技术研究[D].大连:大连理工大学,2009

[60] 赵晓亮.纤维沥青碎石封层配合比设计研究[D].西安:长安大学,2010.

[61] 张宗辉,法国 SECMAIR 纤维封层技术及在中国应用[R].北京埃盟泰机械设备有限公司,2008.

[62] 辽宁省公路管理局. 纤维碎石封层技术的推广与应用[R].辽宁省普通公路养护新技术,2008.

[63] 李伟.纤维增强封层技术在公路沥青路面养护中的应用研究[D].重庆:重庆交通大学,2011:40.

[64] Sukumar N, Prevost J H. Modeling quasi-static crack growth with the extended finite element method Part Ⅰ: Computer implementation[J]. International Journal of Solids and Structures,2003, 40(26):7513-7537.

[65] 曾川川.沥青混合料小梁裂缝扩展的黏弹性分析[D].武汉:华中科技大学,2013.

[66] Giner E, Sukumar N, Tarancon J E, et al. An Abaqus implementation of the extended finite element method[J]. Engineering Fracture Mechanics, 2012,76(3):347-368.

[67] 张震韬,李芳武,杨擎,等.用扩展有限元法分析沥青路面表面裂缝二维扩展[J].土木工程与管理学报,2012,28(02):22-25.

[68] 胡蓉,王金昌,刘婕.沥青路面反射裂缝扩展有限元分析[J].低温建筑技术,2013,11(02):135-138.

[69] MYERS L, R ROQUE. Top-Down Crack Propagation in Bituminous Pavements and Implications for Pavement management [J] Proceedings of the Association of Asphalt Paving

Technologists, 2002(71): 651 -670.
[70] 王汝敏.聚合物基复合材料[M].北京:科学出版社,2011.
[71] 郝元恺,肖加余.高性能复合材料学[M].北京:化学工业出版社,2004.
[72] 陈小兵,李荣,丁一.高性能纤维复合材料土木工程应用技术指南[M].北京:中国建筑工业出版社,2009.
[73] 王振清, 雷红帅, 周博,等. 形状记忆合金增强复合材料界面剪应力研究[J]. 哈尔滨工程大学学报, 2012,(06):690-695.
[74] 李小宏. $3Al_2O_3 \cdot 2SiO_2$/Ai-3.5Cu 复合材料界面研究[J]. 热加工工艺, 2012,(16): 98-100,84.
[75] 杨序纲.复合材料界面[M].北京:化学工业出版社,2010:1-2.
[76] Hefer, A. W., D. N. Little, and R. L. Lytton. A Synthesis of Theories and Mechanisms of Bitumen-Aggregate Adhesion Including Recent Advances in Quantifying the Effects of Water [C]// Al-Qadi, Imad L, 2005 Journal of the Association of Asphalt Paving Technologists: From the Proceedings of the Technical Sessions. Association of Asphalt Paving Technologist, 2005:139-196.
[77] 蒋兆华,孙德智,邵光杰.应用表面化学与技术[M].哈尔滨:哈尔滨工业大学出版社, 2000:124-127.
[78] 邓锐,李敏,张佐光,等.接触角法测玄武岩及玻璃纤维表面能实验[J].北京航空航天大学学报,2007,33(11):1349-1352.
[79] 罗晓斌,朱定一,石丽敏.基于接触角法计算固体表面张力的研究进展[J].科学技术与工程,2007,7(19):6-8.
[80] 韩森,刘亚敏,徐鸥明.材料特性对沥青-集料界面粘附性的影响[J].长安大学学报(自然科学版),2010,30(3):6-9.
[81] 凌天清,王元元,刘燕燕,等.功能原理在纤维封层沥青胶浆配合比中的应用[J].武汉理工大学学报,2012,34(4):32-36.
[82] 黄晓明.沥青与沥青混合料[M].南京东南大学出版社,2002.
[83] 肖桂彰.道路复合材料[M].北京:人民交通出版社,1996.
[84] 陈华鑫.SBS 改性沥青路用性能与机理研究[R].长安大学,2006.
[85] 赵瑶兴,孙祥玉.有机分子结构光谱鉴定[M].北京:科学技术出版社.2003.
[86] Potts. W. J. Chemical Infrared Spectroscopy. [J]. Techniques Wiley,1963.
[87] 周玉玺,曾金芳,王斌.杂环芳纶纤维及表面改性[J].纤维复合材料,2006,2:51-54.
[88] 张晓明,刘雄亚.纤维增强热塑性复合材料及其应用[M].北京:化学工业出版社, 2006:77-82.
[89] 郑安呐,吴叙勤,李世缙.碳纤维的表面处理及其复合材料界面优化的研究进展[J].华东理工大学学报,1994,20(4):485-491.
[90] 杨彪.聚合物材料的表面与界面[M].北京:中国标准出版社,2013.
[91] 陈平,陈辉.先进聚合物基复合材料界面及纤维表面改性[M].北京:科学出版社,2010.

[92] 李春阳,李微微,李瑞培,等. 超高分子量聚乙烯纤维复合表面改性及其橡胶基复合材料的力学性能[J]. 复合材料学报,2015,32(2):219-229.

[93] 张莉. 玄武岩纤维表面处理对复合材料性能的影响[D]. 北京林业大学,2011.

[94] 贺福,杨永岗. 碳纤维的表面处理与复合材料的层间剪切强度[J]. 航空材料学报,1994,14:55-61

[95] Tarantili P A, Andreopoules A G. Mechanical properties of epoxies reinforced with chloride-treated aramid fibers[J]. Journal of Applied Polymer Science, 1997, 65(2): 267-275.

[96] Wu G M, Hung C H, You J H et al. Surface modification of reinforcement fibers for composites by acid treatments[J]. J Polym Res,2004,11:31-36.

[97] Park S J, Seo M K, Ma T J et al. Effect of chemical treatment of Kevlar fibers on mechanical interfacial properties of composites[J]. Journal of Colloid and Interface Science,2002,252: 249-255.

[98] 柳力,刘朝晖,向宇,等. 硅烷偶联剂改性玄武岩纤维的机理及其路用性能[J]. 建筑材料学报, 2017, 20(1):150-155.

[99] 张志坚,花蕾,李焕兴,等. 硅烷偶联剂在玻纤增强复合材料领域中的应用[J]. 玻璃纤维,2013,(3):11-22.

[100] Li J Q, Huang Y D, Xu Z W et al. High-energy radiation technique treat on the surface of carbon fiber[J]. Materials Chemistry and Physics,2005,94(2-3):315-321.

[101] Zhang C H, Huang Y D, Zhao Y D. Surface analysis of γ-ray irradiation modified PBO fiber[J]. Mater Chen Phys,2005,92:245-250.

[102] 刘丽,刘翔,黄玉东,等. 超声作用对芳纶纤维表面性质的影响[J]. 复合材料学报, 2003,20(2):35-40.

[103] 龙军,张志谦,魏月贞,等. 接枝偶联剂对 F-12 纤维/环氧复合材料界面改性的研究[J]. 复合材料学报,2000,17(3):15-19.

[104] 储长流,周敏东,方第超,等. 连续玄武岩纤维冷等离子改性处理性能研究[J]. 化工新型材料,2013,41(8):89-91.

[105] 肖鹏,康爱红,李雪峰. 基于红外光谱法的 SBS 改性沥青共混机理[J]. 江苏大学学报, 2005,26(6):529-532

[106] 徐志荣,陈忠达,常艳婷,等. 改性沥青 SBS 含量的红外光谱分析[J]. 长安大学学报, 2015,35(2):7-12.

[107] 王宁. 玄武岩纤维及其改性沥青的性能研究[D]. 北京:中国地质大学,2013.

[108] Carswell, W. S., R. C. Roberts. Environment Fatigue Stress Failure Mechanism for Glass Fibre mat Reinforced Polyester, Composites, April 1980:57.

[109] 顾震隆. 短纤维复合材料力学[M]. 北京:国防工业出版社,1987.

[110] 黄争鸣. 复合材料细观力学引论[M]. 北京:科学出版社,2004.

[111] 荻江. 复合材料原理[M]. 武汉:武汉工业大学出版社,1998.

[112] 冯小明,张崇才. 复合材料[M]. 重庆:重庆大学出版社,2011.

[113] 李清富,张鹏,刘晨辉. 聚丙烯纤维半刚性基层抗裂性能研究[M]. 郑州:黄河水利出版社,2010,6:81.

[114] J. M. 霍奇金森,美国试验和材料学会(ATSM)-D3039 标准. 北京:化学工业出版社,2005:38.

[115] 尹双增. 断裂·损伤理论及其应用[M]. 北京:清华大学出版社,1992.

[116] 张东. 基于内聚力模型的沥青路面断裂研究[D]. 南京:东南大学,2010.

[117] 梁乃兴,萧赓. 水泥粉煤灰碎石基层力学性能对沥青路面结构的影响分析[J]. 中国公路学报,2003(7):19-21.

[118] 任贵明. 耐久性复合式路面技术[M]. 北京:人民交通出版社,2009.

[119] 张红. 沥青路面近荷载区 Top-Down 裂缝形成机理及扩展规律分析[D]. 西安:长安大学,2011.

[120] 黄仰贤. 路面分析与设计[M]. 北京:人民交通出版社,1998.

[121] Song, S. H. Fracture of Asphalt Concrete: A Cohesive Zone Modeling Approach Considering Viscoelastic Effects [D]. University of Illinois, 2006.

[122] 吴赣昌, 张淦生. 沥青路面温缩裂缝的应力强度分析[J]. 中国公路学报, 1996, 9(1):37-44.

[123] 刘燕燕,陈洁,黄中文. 水泥稳定碎石基层不同层间接触情况下的力学性能分析[J]. 桂林理工大学学报,2011(8):372-374.

[124] Belytschko T, Black T. Elastic crack growth in finite elements with minimal remeshing[J]. International Journal for Numerical Methods in Engineering,1999,45:601-620.

[125] Moes N, Dolbow J, Belytschko T. A finite element method for crack growth without remeshing[J]. International Journal for Numerical Methods in Engineering, 1999, 46: 131-150.

[126] Dolbow J. An extended finite element method with discontinuous enrichment for applied mechanics[D]. PhD thesis, Northwestern University, 1999.

[127] Sukumar N, Chopp D L, Moran B. Extended finite element method and fast marching method for three-dimensional fatigue crack propagation [J]. Engineering Fracture Mechanics, 2003, 70: 29-48.

[128] Sukumar N, Chopp D L, Bechet E, Mos N. Three-dimensional non-planar crack growth by a coupled extended finite element and fast marching method[J]. International Journal for Numerical Methods in Engineering, 2008, 76: 727-748.

[129] Osher S, Sethian J. Fronts propagating with curvature dependent speed: algorithms based on Hamilton Jacobi formulations[J]. J ComputPhys, 1988, 79(1): 12-49.

[130] Duflot M. A study on the representation of cracks with level sets[J]. International Journ al for Numerical Methods in Engineering, 2007, 70: 1261-1302.

[131] Gracie R, Ventura G, Belytschko T. A new fast finite element method for dislocations based on interior discontinuities [J]. International Journal for Numerical Methods in Engineering, 2007, 69: 423-444.

[132] Gracie R, Oswald J, Belytschko T. On a new extended finite element method for dislocations: core enrichments[J]. Journal of the Mechanics and Physics of Solids,2008, 56:200-214.

[133] SUKUMAR N, Prevost J-H. Modeling quasi-static crack growth with the extended finite element method Part Ⅰ: Computer implementation[J]. International Journal of Solids and Structures, 2003, 40: 7513-7537.

[134] XIAO Q Z, KARIH ALOO B L . Direct evaluation of accurate coefficients of the linear elastic crack tip as-ymptotic field[J] . Fatigue &Fracture of Engineering Materials & S tructures, 2003,26:719-729.

[135] 郭历伦,陈忠富,罗景润,等. 扩展有限元方法及应用综述[J]. 力学季刊, 2011 , 32 (4) :612-625.

[136] 中华人民共和国国家标准. 载重汽车轮胎规格、尺寸、气压及负荷:GB/T 2977—2008 [S]. 北京:中国质检出版社,2008.

[137] 中华人民共和国行业标准. 公路沥青路面设计规范:JTG D50—2017[S]. 北京:人民交通出版社,2011.

[138] 廖公云,黄晓明. Abaqus 有限元软件在道路工程中的应用[M]. 2 版. 南京:东南大学出版社,2014.

[139] 郭寅川. 纤维沥青碎石封层结构行为及材料设计研究[D]. 西安:长安大学,2012.

[140] 倪良松,陈华鑫. 纤维沥青混合料增强作用机理分析[J]. 合肥工业大学学报, 2003, 26(5): 1033-1037.

[141] 肖桂彰,郑传超. 道路复合材料[M]. 北京: 中国铁道出版社, 1999.

[142] Y H ZHAO, G J WENG. Effective Elastic Moduli of Ribbon-Reinforced Composites[J]. Journal of Applied Mechanics, 1990, 57 (1): 158-167.

[143] 艾馨书. 华南湿热地区纤维沥青碎石封层配合比设计及施工关键技术研究[D]. 西安:长安大学,2013.

[144] 中华人民共和国行业标准. JTG F40—2004 公路沥青路面施工技术规范[S]. 北京:人民交通出版社,2004.

[145] 李玉华,祖熙宇. 纤维碎石封层经验设计方法[J]. 中外公路,2011,31(2):208-212.

[146] 李修磊,复合式路面防裂夹层防反射裂缝的效果评价[D]. 重庆:重庆交通大学,2011.

[147] 李云雁,胡传荣. 试验设计与数据处理[M]. 北京:化学工业出版社,2005.

[148] 郦正能,何庆芝. 工程断裂力学[M]. 北京:北京航空航天大学出版社,1993.

[149] 黄维扬. 工程断裂力学[M]. 南京:航空工业出版社,1992.

[150] 徐世娘,赵艳华,吴智敏. 楔入劈拉法研究混凝土断裂能[J]. 高洪水力发电学报:2003 (4):15-18.

[151] 郭向勇,方坤河. 冷发光混凝土断裂能的理论分析[J]. 哈尔滨工业大学学报 2005 (9):1219-1222.

[152] 曹永智,张生坦,孟庆鑫. 高强混凝土断裂能加载速率效应研究[J]. 建筑材料学报,

2010,13(1):90-93.

[153] 李小青,王火明,陈李峰. 刚柔复合式路面界面层强度特性试验研究[J]. 现代交通技术,2009,4(6):1-3.

[154] 袁明. 复合式路面永久变形及界面黏结强度变化规律研究[D]. 重庆:重庆交通大学,2012.

[155] 曹晓雨,张程煜,殷小玮,等. C/C-SiC 复合材料的制备及其层间剪切强度分析[J]. 热加工工艺,2012(12):87-90.

[156] 侯芸,王效杰,贾非. 超薄沥青混凝土磨耗层层间剪切应力状态与抗剪指标分析[J]. 公路交通科技(应用技术版):2010(01):19-21.

[157] 朱耀庭,雷茂锦,时宁. 基于层间剪切疲劳等效的沥青路面轴载换算研究[J]. 华东公路,2011(4):87-90.

[158] 曹荣吉,白启峰. 橡胶沥青下封层在盐通高速公路上的应用研究[J]. 公路交通科技(应用技术版),2006(10):120-122.

[159] 朱洪州,高爽,唐伯明. 沥青混合料常应变小梁弯曲疲劳试验[J]. 华中科技大学学报(城市科学版). 2009(26):5-8.

[160] 冯新军,郝培文,查旭东. 沥青稳定碎石基层抗反射裂缝能力评价方法[J]. 中国公路学报,2011(3):6-10.

[161] 杨斌,陈拴发,王秉纲,等. 模拟沥青加铺层反射裂缝扩展的 MTS 疲劳试验[J]. 公路,2006,2(2):117-120.

[162] 廖卫东,陈拴发,刘刚. 疲劳荷载下沥青加铺层抗反射裂缝试验研究[J]. 武汉理工大学学报,2005,12(27):30-33.

[163] 张肖宁,邹桂莲,王绍怀. 旧混凝土路面上沥青加铺层的抗反射裂缝能力[J]. 华南理工大学学报,2001,8(8):82-85.

[164] 李善强,王选仓. 沥青加铺层反射裂缝发展疲劳模拟试验研究[J]. 中外公路,2009,4(29):190-193.

[165] 任贵明. 耐久性复合式路面技术[M]. 北京:人民交通出版社,2009.

[166] 吴顺祥. 灰色粗糙模型及其应用[M]. 北京:科学出版社,2009.

[167] 刘思峰,郭天榜,党辉国. 灰色系统理论及其应用[M]. 科学出版社,1999.

[168] Lantenois S, Nedellec Y, Prelot B. Thermodynamic Assessment of the Variation of the Surface Areas of Two Synthetic Swelling Clays During Adsorption of Water[J]. ScinnceDirect, 2007(7):1003-1011.

[169] 赵艳新,张晷利. 改性乳化沥青纤维封层在路面面层施工中的应用[J]. 辽宁省交通高等专科学校学报,2007,12(9):24-25.

[170] 中华人民共和国行业标准. 公路工程沥青及沥青混合料试验规程:JTG E20—2011[S]. 北京:人民交通出版社,2011.

[171] 周泽洪. 同步碎石下封层应用技术研究[D]. 西安:长安大学,2009.

[172] 邓洪亮,廖晷丹,王正念. 半刚性基层沥青路面温度型反射裂缝的扩展机理分析[J]. 水利与建筑工程学报,2009,7(4):4-6.